손에 잡히는
프랜차이즈 경영

전략&사례

경영전문 연구도서

손에 잡히는
프랜차이즈 경영

오세조(연세대 경영대학 교수) **김상덕**(경남대 경영학부 교수) 지음

Franchise
전략 & 사례

중앙경제평론사

가을이 떠나는 소리

장미라

비에 젖어
촉촉해진 구름이여
산허리에 걸려서
자욱한 안개로 떠도는구나

낙엽된 단풍
이리저리 지쳐 나뒹구는데
그리움은 몽실몽실
피오르는 연기되어
어디론지 날아가려나

운악산 자락에 걸린 구름이여

무에 그리 서러운지

비를 뿌리나

멀리서 들려오는 기차소리처럼

굴뚝에서 자근자근 피어나는 연기

칙-폭 칙-폭 칙-폭

정겨운 가락이어라

머리말

프랜차이즈 시대가 활짝 열리고 있다. 외식 업체든, 편의점이든, 전문점이든, 서비스 업체든 간에 사업확장의 수단으로 프랜차이즈의 매력을 외면하기 어렵다. 심지어 중소 슈퍼마켓들도 경쟁력을 제고하기 위해 프랜차이즈 도입을 꾀하고 있다. 본격적인 프랜차이즈 시대가 도래하고 있는 것이다.

그럼에도 불구하고 가장 발달된 유통 시스템이라 할 수 있는 프랜차이즈 사업을 성공시키기는 쉽지 않다. 그런 의미에서 이 책은 프랜차이즈 사업의 성공을 바라는 많은 기업들에게 체계적인 접근 시각과 전략수립, 그리고 성공적인 운영방침을 제공하는 경영 지침서가 될 것이다.

이 책은 저자들이 그동안 연구한 저서와 논문, 그리고 사례들을 보다 체계적으로 종합 정리한 것이다.

이 책은 크게 일곱 개의 파트로 이루어져 있다.

Part 1 '프랜차이즈 기본 개념 : 프랜차이즈를 쉽게 이해하자'에서는 프랜차이즈의 기본 개념과 장단점, 그리고 적용 가능한 사업분야가 무엇인지를 제시하고 있다.

Part 2 '프랜차이즈 사업의 접근 시각 : 시장 지향적 경영사고를 가지자'에서는 프랜차이즈 사업을 영위할 때 지녀야 할 5가지 접근 시각, 즉 최종 소비자 관점, 제로베이스 접근, 시스템적 접근, 상호 원원 관점, 그리고 미래 지향적 접근 시각을 소개하고 있다.

Part 3 '프랜차이즈 사업전략의 수립체계 : 7단계 전략 수립절차를 활용하라'는 프랜차이즈 사업의 전략수립시 이용 가능한 7단계 절차, 즉 사업미션 정의, 상황분석, 전략적 기회의 파악과 평가, 자원배분, 소매 믹스와 프랜차이즈 시스템 개발, 그리고 성과평가 및 조정 등을 정리한 것이다.

Part 4 '프랜차이즈 시스템의 개발 및 운영 전략 : 프랜차이즈는 시스템 사업이다'에서는 프랜차이즈 시스템 개발절차와 성공적 운영, 그리고 가맹본부와 가맹점 간의 관계유지 방법에 대하여 언급하고 있다.

Part 5 '프랜차이즈 사업의 현황 및 전망 : 프랜차이즈 시대가 도래한다'에서는 프랜차이즈 시대의 도래, 현황과 문제점, 국내외 최근 동향과 향후 발전방향 등을 소개하고 있다.

Part 6 '도·소매 프랜차이즈 전략 연구 : 편의점 프랜차이즈 사례를 중심으로'에서는 세계적으로 가장 성공한 프랜차이즈 사업 모델인 세븐일레븐 재팬의 편의점 프랜차이즈 모델을 근간으로 하며, 이를 도입한 국내 프랜차이즈 사업의 현황과 향후 성공 모델, 그리고 마케팅 전략을 소개하고 있다.

Part 7 '외식 프랜차이즈 전략 연구 : 햄버거 프랜차이즈 사례를 중심으로'는 우리나라 외식 프랜차이즈의 대표주자인 롯데리아가 세계적 기업인 맥도날드를 이길 수 있었던 비결을 소매 마케팅 전략적 관점에서 해부한 것이다.

이 책을 읽는 모든 분들이 프랜차이즈 사업의 기본 원리와 접근 체계를 쉽게 이해하여, 성공적인 프랜차이즈 사업의 도입과 정착을 꾀하였으면 하는 마음이 간절하다. 그리고 프랜차이즈 사업을 연구하고 지도하는 분들께도 좋은 참고자료가 되기를 바란다.

본 연구를 위해 지원을 아끼지 않은 많은 분들과, 특히 연구에 동참한 세븐일레븐과 롯데리아에 진심으로 감사드리며, 향후의 성공을 바라마지 않는다. 그리고 이 책이 출간되기까지 궂은 일을 마다하지 않은 연세대 유선기 조교와 홍인배 조교, 중앙경제평론사의 김용주 대표님께 고마움을 전하고 싶다. 마지막으로 시(詩)를 지어주면서 내용을 보다 부드럽고 따뜻하게 전달하도록 격려해준 장미라 시인에게 우리의 소중한 마음을 전하고자 한다.

또한 저자들의 연구와 집필에 항상 물심양면으로 지원을 아끼지 않는 다음의 파트너 기업들에게도 진심으로 감사의 마음을 전한다.

㈜광전자, ㈜고덴시, ㈜금비, ㈜남청, ㈜놀부, ㈜농협유통, ㈜Max Realty, ㈜부신물류, ㈜사보이호텔, ㈜윌렛코리아, ㈜유신쥬얼리, 인송문화재단, ㈜대한전선, ㈜일미농수산, ㈜지앤미, 태림포장공업㈜, 현대택배㈜, ㈜한국피지엘, ㈜Firstant, ㈜HD E&I, 한국유통클럽, 그외 여러 기업

Part 1 프랜차이즈의 기본 개념 :
프랜차이즈를 쉽게 이해하자

프랜차이즈는 자기 사업을 타인에게 허용해주는 것이다 /17
프랜차이즈는 본부·가맹점 형태가 주류를 이룬다 /20
프랜차이즈는 본부와 가맹점의 밀착된 상호관계이다 /24
프랜차이즈는 장점도 많지만 단점도 있다 /27
프랜차이즈는 다양한 사업분야에 적용 가능하다 /30

Part 2 프랜차이즈 사업의 접근 시각 :
시장 지향적 경영사고를 가지자

프랜차이즈는 시장 지향적 사고를 지니고 있어야 한다 /35
프랜차이즈는 최종 소비자 관점에서 시작해야 한다 /37
프랜차이즈는 항상 제로베이스 접근을 시도해야 한다 /39
프랜차이즈는 시스템적 접근을 시도해야 한다 /42
프랜차이즈는 상호 윈윈 관계를 유지해야 한다 /45
프랜차이즈는 미래 지향적이어야 한다 /48

Part 3 프랜차이즈 사업전략의 수립체계 :
7단계 전략 수립절차를 활용하라

프랜차이즈 사업의 7단계 전략 수립절차 /53

제1단계 : 사업의 미션을 정의하라 /58

제2단계 : 상황분석을 실시하라 /60

제3단계 : 전략적 기회를 파악하라 /67

제4단계 : 전략적 기회를 평가하라 /72

제5단계 : 세부 목표를 정하고 자원을 배분하라 /75

제6단계 : 전략수행을 위해 소매 믹스와 프랜차이즈 시스템을 개발하라 /77

제7단계 : 성과를 평가하고 조정하라 /78

7단계 절차를 실전적으로 활용하라 /79

Part 4 프랜차이즈 시스템의 개발 및 운영 :
프랜차이즈는 시스템 사업이다

프랜차이즈 시스템은 체계적으로 개발 및 운영해야 한다 /83

프랜차이즈 가맹점과 직영점의 비율은 적절히 조정해야 한다 /85

프랜차이즈 시스템의 개발절차는 전략적이어야 한다 /88
프랜차이즈 시스템의 운영은 지속적 성공의 열쇠이다 /91
프랜차이즈 본부는 끊임없이 프랜차이즈 패키지를 개발해야 한다 /95
프랜차이즈 본부는 파트너와 좋은 관계를 유지해야 한다 /99

Part 5 프랜차이즈 사업의 현황 및 전망 : 프랜차이즈 시대가 도래한다

이제는 프랜차이즈가 대세 /105
우리나라 프랜차이즈 어디까지 왔나 /108
우리나라 프랜차이즈 업체별 현황은 어떠한가 /117
우리나라 프랜차이즈 산업의 문제점은 무엇인가 /130
해외 프랜차이즈 산업은 어떠한가 /136
프랜차이즈 고객은 어떻게 변하고 있나 /145
프랜차이즈 경쟁환경은 어떻게 변하고 있나 /149
환경 변화에 따른 기회와 위협은 무엇인가 /157
우리나라 프랜차이즈 산업은 앞으로 어떻게 될 것인가 /164

Part 6 도·소매 프랜차이즈 전략 연구 :
편의점 프랜차이즈 사례를 중심으로

도·소매 프랜차이즈의 성공모델 세븐일레븐 / 169
도·소매 프랜차이즈의 환경분석 / 171
고객의 욕구에 따른 도·소매 프랜차이즈의 이상적인 점포 스타일 / 190
세븐일레븐의 소매 마케팅 전략 / 196

Part 7 외식 프랜차이즈 전략 연구 :
햄버거 프랜차이즈 사례를 중심으로

외식 프랜차이즈의 대표주자 롯데리아 / 239
외식 프랜차이즈의 환경분석 / 244
외식 프랜차이즈 시장 세분화, 표적고객 선정, 포지셔닝 / 282
롯데리아의 소매 마케팅 전략 / 291

Part 1

프랜차이즈의 기본 개념 :
프랜차이즈를 쉽게 이해하자

> **프랜차이즈는 자기 사업을 타인에게 허용해주는 것이다**

국내 프랜차이즈 사업은 1980년대 중반부터 본격적으로 소개되어 최근 각광을 받고 있다.

프랜차이즈는 100여 년 전 미국 서부 개척시대부터 시작된 판매 시스템으로서 전 세계에 보급되어 있다. 우리나라에서는 1979년 햄버거 전문점인 롯데리아가 롯데 1번가 지하에 점포를 개점한 것을 필두로, 현재는 치킨, 도시락, 문구, 액세서리, 편의점, 이발소, 미장원 등 다양한 업종에 폭넓게 적용되고 있다.

프랜차이즈(Franchise)란 넓게 보면 자기 사업을 타인에게 허용해주는 것으로 일종의 라이선싱(Licensing)이라고 할 수 있다. 보다 구체적으로 설명하면 프랜차이즈란 법적으로 독립적인 프랜차이즈 가맹본부(Franchisor)와 프랜차이즈 가맹점 사업자(Franchisee) 간의 관계에 기초한 마케팅·유통 시스템이다. 이때 상호, 상표, 기술을 가진 본부는 계약을 통해 가맹점에게 상호의 사용권, 제품의 판매권, 기술 등을 제공하고 그 대가로 가맹금, 보증금이나 로열티 등을 받는다.

이러한 프랜차이즈 사업의 특징은 프랜차이즈 본부와 독립사업자인 가맹점이 서로 협력하는 형태로서, 본부와 가맹점 간에는 계약된 범위 내에서만 서로 통제하거나 특정한 요구를 수행한다는 것이다.

프랜차이즈의 가장 단순한 형태는 프랜차이즈 본부의 상표를 이용한 제품과 서비스를 프랜차이즈 가맹점이 시장에서 판매할 수 있게 허가해주는 라이선스이다.

이런 경우를 흔히 '제품 프랜차이즈(product franchise)'라 부른다. 이때 제조업자 혹은 도매상은 소매업자를 자신의 유통경로의 전속적 혹은 배타적인 관계로 받아들이며, 그 대신 판매에 대한 권리(독점판매권)를 부여한다.

프랜차이즈 사업을 구성하고 있는 요소를 살펴보면, 앞에서 언급한 프랜차이즈 가맹본부와 가맹점 사업자 외에 상호 또는 상표, 프랜차이즈 패키지, 프랜차이즈 네트워크 등이 있다.

- 프랜차이즈 가맹본부 : 주로 다른 사업자를 통해서 그의 상호 또는 상표와 사업방식을 확장해가려는 기업이다.
- 프랜차이즈 가맹점 사업자 : 적정한 수수료를 지불하여, 프랜차이즈 본부의 상호나 상표를 사용하고 사업방식을 받아들여 시장기회를 추구하려는 기업이다.

- **상호 또는 상표** : 프랜차이즈 가맹본부가 개발하여 모든 가맹점이 공유하는 상호 또는 상표를 의미한다.
- **프랜차이즈 패키지** : 제품·서비스의 품질, 운영방식 등의 일관성을 보장하기 위한 프랜차이즈 본부와 가맹점 간의 협정, 운영 매뉴얼, 제품·서비스 매뉴얼 등을 말한다.
- **프랜차이즈 네트워크** : 본부와 가맹점, 가맹점과 가맹점 간에 각종 정보교환, 관리지원 등을 가능하게 해주는 연결망을 말한다.

> **프랜차이즈는 본부·가맹점 형태가 주류를 이룬다**

프랜차이즈는 크게 두 가지 종류로 구분된다. 하나는 본부가 가맹점에 권한을 이양하는 권한이양형 프랜차이즈 시스템(Authorized Franchise System)이고, 또 다른 하나는 본부가 만든 프랜차이즈 패키지에 대한 라이선스를 가맹점에 허가해주는 본부·가맹점 형태의 프랜차이즈 시스템(Franchisor/ Franchisee System)이다.

권한이양형(또는 제품) 프랜차이즈 사업(시스템)

제품의 흐름을 원활하게 하고 유통활동 전반에 걸친 통제를 일관되게 유지하기 위해서, 그리고 그러한 통제의 효율화를 유지하기 위해서 공급자는 도매상과 소매상에게 권한을 이양해야 한다.

권한의 이양이 가능해지려면, 공급자 입장에서 그들 제품의 유통망을 기존에 결정한 최소한의 기준을 갖춘 소매상이나 도매상으로 제한해야 한다.

  이러한 조건에서 소매상이나 도매상은 공급업자의 상호나 상표를 걸고 영업을 한다. 권한이양형 프랜차이즈에서 초점은 취급하는 제품이 무엇인가에 있으며, 이러한 종류의 권한이양은 제조업자는 물론 도매상 수준에서도 이루어질 수 있다.

본부·가맹점 형태(또는 사업형태) 프랜차이즈 사업(시스템)

  본부와 가맹점 프랜차이즈 사업은 하나의 프랜차이즈 본부가 다수의 가맹점에게 제품과 서비스를 시장에서 판매할 수 있고, 본부가 만든 상호와 상표, 서비스 상표, 노하우, 사업 운영방법 등의 사업형식을 사용할 수 있도록 라이선스를 제공하는 사업형태라고 정의할 수 있다.

  권한이양형 프랜차이즈와는 달리 이 시스템의 초점은 어떻게 사업을 운영하느냐에 있다. 본부가 받는 주된 보상은 로열티, 그리고(또는) 수수료 형식으로 제공된다. 법률에 설정된 바에 의하면 본부 또한 제품을 팔 수 있으며, 장비를 팔거나 리스할 수도 있고, 사업에 필요한 방식과 노하우를 팔거나 리스할 수도 있다.

  본부·가맹점 시스템은 외식업, 서비스업, 소매업 등 거의 모든 사업영역에 폭넓게 적용될 수 있다.

일반적인 기업가와 마찬가지로 가맹점 주인은 자신의 돈을 투자하지만 신제품을 개발하거나, 새로운 회사를 만들고, 시장조사를 하는 등의 활동을 하지는 않는다. 대신 가맹점은 독립적인 성격을 포기하고, 총 판매금액의 일부를 본부에 지불한다.

최근 프랜차이즈의 성장은 매장의 외형에서부터 종업원의 훈련에 이르기까지 거의 모든 영역을 담당하는 본부·가맹점 형태 프랜차이즈(Business Format Franchising)를 통해 이루어지고 있다.

본부·가맹점 프랜차이즈 시스템은 가장 일반적인 형태인 직접-단위 프랜차이징(Direct-unit Franchising)과, 지역개발 계약(혹은 단위개발 계약) 아래 프랜차이즈 본부가 지역개발자에게 일정 영역에 대해 프랜차이즈 가맹점을 경영·관리토록 하는 지역 프랜차이징(Area Franchising), 주(Master) 프랜차이즈 계약조건 아래 프랜차이즈 본부가 마스터 프랜차이지(Master Franchisee)에게 일정한 지역 안에서 프랜차이즈의 판로개척을 위해 프랜차이즈 시스템과 상표권을 사용할 수 있는 독점권을 주는 형태인 하위 프랜차이징(Sub-franchising), 프랜차이즈 본부가 그와 동종의 산업 내의 기존 사업자들을 모집하여 가맹점으로 전환시키는 전환 프랜차이징(Conversion Franchising), 한 프랜차이즈가 다른 종류의 프랜차이즈와 연결되거나 한 사업장 내에서 함께 이루어지는 형태인 복합 프랜차이징(Combination Franchising) 등의 변형된 형태가 존재한다.

그림 1-1   프랜차이징의 변형 형태

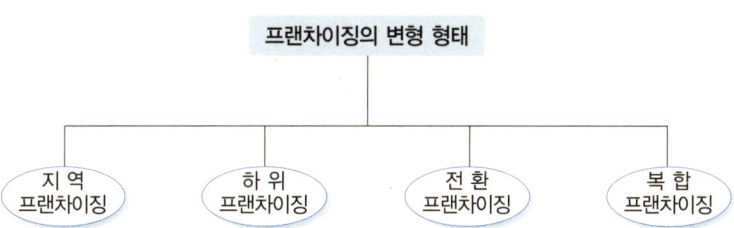

Part 1 프랜차이즈의 기본 개념

> ## 프랜차이즈는 본부와 가맹점의
> ## 밀착된 상호관계이다

　프랜차이즈 사업은 〈그림 1-2〉와 같은 과정을 통해 형성된다. 먼저 프랜차이즈 본부와 가맹점은 각각 파트너에 대한 사전조사를 하고, 이를 바탕으로 협상을 하며, 계약이라는 형태로 서로의 권리와 의무를 합의한다.

　이러한 준비과정이 끝나면 본격적인 프랜차이즈 사업 운영과정이 이루어진다. 브랜드를 소유하고 있는 본부는 구매, 광고, 교육·훈련, 회계정리, 재무, 상담·조언 등의 경영지원을 가맹점에 해주고, 브랜드를 사용하는 가맹점은 본부의 지원 아래 사업을 개발하고, 프랜차이즈 시스템을 활용한다.

　이렇게 해서 얻은 이윤으로 본부 및 가맹점의 이익이 증가하는 것이다. 가맹점은 제품의 판매를 통해 이윤을 얻는 반면, 본부는 초기 프랜차이즈 수수료, 로열티, 광고 수수료, 제품 판매, 렌

그림 1-2 프랜차이즈 사업 형성과정

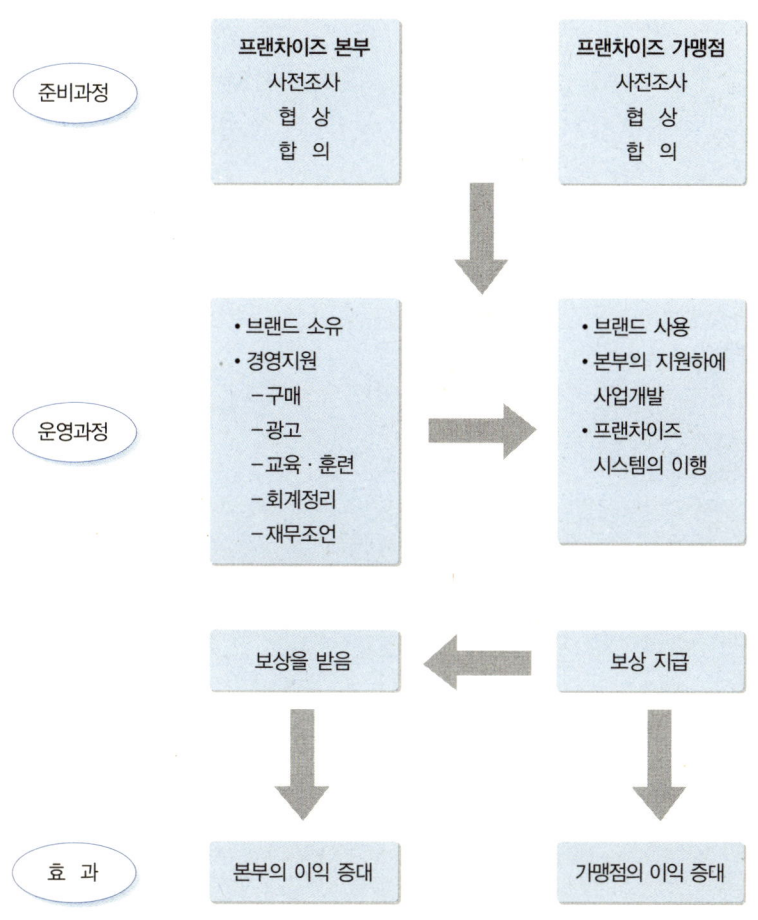

*자료 : International franchise association, franchising, 2000.

털·리스 비용, 라이선스 수수료, 관리 수수료 등을 통해 이윤을 창출한다.

프랜차이즈 본사와 가맹점이 상호 이익을 내고 윈윈(win-win)하기 위해서는 본사가 추진하는 사업의 정신과 혼을 서로 공유해야 하고, 상호 신뢰를 바탕으로 사업기획, 운영, 성과분배에 이르기까지 항상 밀착된 관계를 유지해야 한다. 그런 의미에서 프랜차이즈 사업은 모든 유통 관련 사업 중에서 가장 고도화된 사업 형태라 할 수 있으며, 지속적인 혁신과 관리가 요구된다고 할 수 있다.

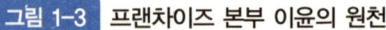

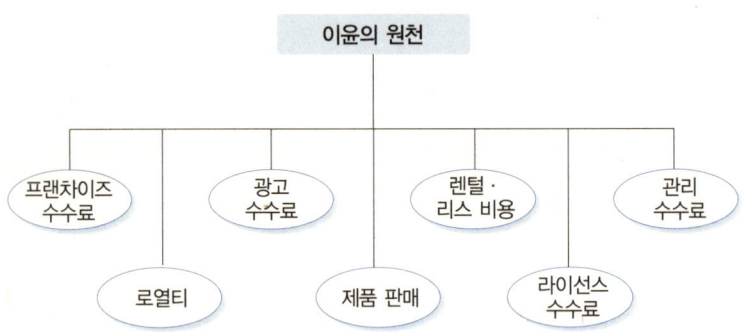

프랜차이즈는 장점도 많지만 단점도 있다

　프랜차이즈 본부 및 가맹점이 얻는 효과는 단순히 금전적인 측면만이 아니다. 먼저 본부의 입장에서 보면, 제품이나 서비스의 소유주는 빠른 속도로 저렴한 가격에 확장을 할 수 있고, 가맹점들로부터 프랜차이즈 운용자본 및 추가재원을 제공받는다. 사업을 운영할 때 수반되는 위험부담 또한 각 가맹점에게 분산되어 있다.

　가맹점 입장에서 보면, 가맹점주는 일정 수준의 독립성을 즐기면서 각자의 점포를 비교적 적은 비용으로 운영할 수 있다. 프랜차이즈 본부는 주로 널리 알려진 검증된 제품이나 서비스를 제공하기 때문에 이미 확보된 고객층을 누릴 수 있다. 뿐만 아니라 프랜차이즈 본부로부터 검증된 운용방법, 구체화된 교육, 지속적인 조언 및 관리 지원, 전국적 및 지역별 광고, 대량 구매시설 이용,

재무관리 등의 지원을 받으면서 비교적 쉽게 점포를 운영할 수 있다.

본부가 가맹점에게 지원하는 서비스를 표로 나타내면 〈표 1-1〉과 같다.

그러나 가맹점의 경우 불리한 점도 있다. 본부에서 제품개발 및 제반 활동에 대한 원조를 해주므로 본부에 대한 의타심이 생겨 문제해결이나 경영개선의 노력을 게을리할 가능성이 있고, 구입 제품의 원재료, 판매방법, 가격, 점포 장식 등이 표준화되어 있어서 더 개선할 방법이 있어도 적용하지 못하고 사장되는 경우도 있다.

또한 가맹점주는 완전히 독립된 것이 아니다. 계약조건에 따라서는 지역 특색에 맞게 사업을 변형하거나 양도하는 것이 불가능

표 1-1　프랜차이즈 본부의 가맹점에 대한 지원 서비스

초기 서비스	지속적인 서비스
• 시장조사 및 입지선정 • 점포 설계와 배치 • 리스 협상 조언 • 재무 서비스 • 운영 매뉴얼 • 가맹점주 관리기법 훈련 • 가맹점 종업원 훈련	• 영업 감독 • 상품기획 및 촉진자료 제공 • 관리자 및 종업원 재교육 • 품질조사 • 전국적인 광고 • 중앙집중화된 계획 수립 • 시장자료와 지침 안내 • 회계감사와 보고서 작성 • 관리보고서 • 단체보험 계획

*자료 : 오세조·박진용, 《시장지향적 유통관리》(개정판), 박영사, 2001, p. 190.

할 수도 있고, 가맹조건에 시간적 제한이 있을 수도 있다.

한편 프랜차이즈는 국가경제에도 영향을 준다. 국가경제의 입장에서 보면, 프랜차이즈 시스템은 기업활동의 제약을 풀어주는 역할을 하여 경제를 촉진시킬 수 있다.

뿐만 아니라 기술과 새 아이디어의 전파를 촉진시키고, 기존 제품에 오랫동안 불만을 품어온 고객이나 새로운 고객들의 욕구를 충족시킨다. 프랜차이즈에서 제공되는 제품은 품질 면에서 널리 인정된 것들이기 때문에 소비자가 구매할 때 위험이나 불확실성을 감소시켜준다. 성장하는 경제에서는 고용을 창출하기도 하며, 나아가서 프랜차이즈 국제화를 통해 국제교류를 촉진시키기도 한다.

그러나 지나친 표준화에 의해 창의적인 독립업체들이 어려움을 겪을 수도 있고, 개발도상국의 경우 단기적으로 무역균형이 깨져 서비스 분야에서의 외화획득에 저해요소가 되기도 한다.

전반적으로 프랜차이즈 사업 형태는 소비자의 좋은 인식과 유통환경의 개선 가능성이 커서 상당히 매력적 사업대안임에는 틀림없다.

프랜차이즈는 다양한 사업분야에 적용 가능하다

프랜차이즈는 다양한 사업분야에서 사업의 확장을 위해 이용된다. 프랜차이즈가 이용되는 사업분야는 크게 외식업, 도·소매업, 서비스업의 세 가지로 분류할 수 있다. 현재 국내에서 프랜차이즈를 적용하고 있는 사업을 사업분야별로 나누어 정리해보면 다음과 같다.

프랜차이즈 적용 사업분야

- **외식업** : 가격파괴 고기음식점, 갈비, 국수, 김밥, 꼬치구이, 냉면, 닭갈비, 도넛, 도시락, 떡볶이, 라면, 레스토랑, 만두, 맥주·호프, 배달음식, 족발·보쌈, 부대찌개, 삼겹살, 솥밥, 스파게티, 아이스크림, 우동, 일식, 제과, 주점, 중식, 철판요

리, 치킨, 카페, 칼국수, 커피, 피자, 한식, 햄버거, 회, 분식, 양식, 한식 등

- **도·소매업** : 귀금속, 농산물, 목욕용품, 반찬, 생활한복, 수입주류, 식품류, 안경, 액세서리, 완구, 유아용품, 이유식, 정육, 주류, 문구·팬시·캐릭터, 컴퓨터, 편의점, 할인점 등
- **서비스업** : 구두 수선, 대여(완구, 만화, 도서, 비디오, 그림, 게임기), 대행(구매, 음식 장보기), 미용(남자미용, 어린이), 방(노래방, 비디오방, 인터넷PC방, DVD방, 소주방, 만화방, 찜질방, 산소방, 원적외선체험실, 캡슐텔), 배달(꽃, 쌀, 오토바이, 지하철), 보육(어린이집, 특수교육), 부동산, 산후조리원, 애견관리, 오락(오락실, 레저게임, 실내 골프, 실내 스키, 다트), 용역(간판 청소, 건물 청소, 가정 청소, 카펫 청소, 욕실 코팅, 주방 리폼, 가구 리폼) 등

:: 읽을거리
교도소 운영도 프랜차이즈가 가능한가

대답은 물론 '예'이다. 현재 미국은 일부 교도소 운영을 민간기업에게 넘겨 프랜차이즈 사업으로 하고 있다. 주어진 정부 예산 내에서 교도소 운영의 노하우를 개발한 민간기업에게 프랜차이즈 사업을 허용함으로써 죄수들에 대한 훈육이나 복지를 개선하고 정부 예산을 효율적으로 운영하고 있다. 우리나라도 교도소를 비롯한 정부사업이나 공기업의 민영화를 추진하는 한 가지 방법으로 프랜차이즈를 도입해보는 것이 바람직하다 할 것이다.

위에서 살펴본 바와 같이 현재 국내에서 프랜차이즈를 적용하고 있는 사업분야는 다양하며, 앞으로도 계속 적용범위가 확대될 것이다. 그에 따라 프랜차이즈를 하나의 산업으로 재정립하여 국가적인 차원에서 육성·발전시켜야 한다는 견해도 많다.

Part 2
프랜차이즈 사업의 접근 시각:
시장 지향적 경영사고를 가지자

> **프랜차이즈는 시장 지향적 사고를 지니고 있어야 한다**

프랜차이즈 사업을 개설하고 발전시키기 위해서는 철저히 시장에 근거하여 경영활동을 수행하려는 사고, 즉 시장 지향적 경영 사고를 지니고 있어야 한다. 이 사고는 크게 5가지 접근 사고가 맞물려 돌아간다고 할 수 있다.

- 고객 지향적 접근(Customer-oriented Approach)
- 제로베이스 접근(Zero-base Approach)
- 시스템적 접근(System Approach)
- 시너지 중시 접근(Synergy Approach)
- 미래 지향적 접근(Dynamic Approach)

| 그림 2-1 | 프랜차이즈 사업의 접근 시각 |

고객 지향적 접근
(Customer-oriented Approach)
항상 고객의 관점에서 먼저 생각하고 그들이 원하는 상품과 서비스를 파악하도록 노력해야 한다. 프랜차이즈의 시작과 끝은 고객이다.

미래 지향적 접근
(Dynamic Approach)
새로운 고객요구에 부응한 상품 및 서비스 가치창출의 노력을 통해 프랜차이즈 시스템의 지속적인 경쟁력을 확보해야 한다. 지속적으로 고객가치를 창출해야 살아남는다.

시장 지향적 경영사고(이념):
프랜차이즈는 시스템의 관리이며, 고객이 최우선이다.

제로베이스 접근
(Zero-base Apporach)
고객의 관점에 가장 부합되는 이상적인 점포 및 프랜차이즈 전략을 우선 확인해야 한다. 항상 창의적이고 혁신적이어야 한다.

시너지 중시 접근
(Synergy Approach)
시스템 구성요소들간의 결합상승 효과의 극대화를 항상 추구해야 한다. : 전략요소들간의 상호 연계성(전략 시너지)과 구성원간 협력과 신뢰의 파트너십(관계 시너지)을 가져야 한다.

시스템적 접근
(System Approach)
최적 상품 및 서비스를 위한 전체 시스템 차원의 가치창출에 노력해야 한다. 힘을 모아 프랜차이즈 시스템 차원의 경쟁력 제고에 노력해야 한다.

프랜차이즈는 최종 소비자 관점에서 시작해야 한다

　프랜차이즈 사업을 할 때 가장 우선적으로 가져야 할 사고는 철저한 고객 지향적 접근 시각이다. 최종 고객이 원하는 상품과 서비스가 무엇인지 그들의 관점에서 이해하는 것이 출발점이 되어야 하며, 다음으로는 이를 철저하게 충족시킬 수 있는 점포를 설립해야 한다. 또 프랜차이즈 본부에서 점포의 활동을 원활하게 지원할 수 있어야 한다.

　프랜차이즈 본부는 이 경로의 리더로서 경로상의 가맹점과 고객에 대한 총괄적인 관리에 책임을 지게 된다. 프랜차이즈 본부는 최종 고객의 관점에서 프랜차이즈의 실마리를 풀어야 하며, 'The next process is your customer'와 'Customer Chain'의 사고를 가지고 중간고객(가맹점)의 관리에 임해야 한다. 물론 수송 및 보관(물류)기관이나 금융 등 조성기관에 대해서도 이러한 접근

그림 2-2 고객 지향적 접근 흐름도

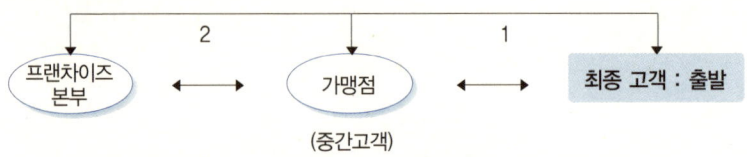

최종 고객을 시작으로 중간고객(가맹점)을 연계시켜야 한다.

시각이 요구된다.

　프랜차이즈는 시스템의 관리라는 점을 명확히 인식하고, 그 관리의 시작도 끝도 고객임을 명심해야 한다. 고객에 대한 이해는 결국 인간과 그들 조직에 대한 이해와 애정이 밑바탕이 되어야 하며, 그들의 생존과 행복에 대해 끊임없는 노력을 기울일 줄 알아야 한다.

　이러한 사고를 가진 프랜차이즈 본부일수록 고객의 새로운 욕구를 미리 파악하여 보다 나은 상품과 서비스를 제공해주거나, 기존 서비스의 불만을 신속히 개선하는 데 앞장서는 개척자 정신(Pioneering Spirit)이 강할 것이다. 이는 다음의 제로베이스 접근과 연결된다.

프랜차이즈는 항상 제로베이스 접근을 시도해야 한다

　프랜차이즈 본부의 경영활동은 지속적으로 고객의 상품과 서비스의 가치를 제고하도록 노력해야 한다. 고객의 가치인식은 고객이 받는 제품이나 서비스에 관련된 모든 혜택(Benefit, 편익)과 관련된 모든 비용(Cost) 간의 차이에 의해 결정된다. 혜택과 비용에는 경제적인 것은 물론 사회적이거나 심리적인 요소도 포함된다.
　상품과 서비스에 대해서 고객이 느끼는 가치는 고객이 실제 거래를 할 때 받는 다양한 경제적·사회적·심리적 혜택과 그에 대해 지불하는 경제적·사회적·심리적 비용의 차이로 나타나며, 프랜차이즈 본부는 이러한 고객의 가치를 극대화하고 경쟁자에 비해 나은 가치를 창출하기 위해 노력해야 한다.
　제로베이스 접근은 앞서의 고객 지향적 접근 사고를 바탕으로 하면서 모든 전략수립과 의사결정의 기초를 철저히 고객가치를 극대화하기 위한 차원에서 우선적으로 접근하는 것이다. 그러므로 전략수립에 있어 프랜차이즈 본부의 여건이나 한계, 그리고 주변 환경요소를 분석하기에 앞서 고객에게 가장 이상적으로 제공할 수 있는 것이 무엇인지를 고객의 욕구 및 가치제고의 차원에서 우선적으로 접근해야 한다.

예를 들어 새로운 시장인 어느 도심지역에 테이크아웃 아이스크림 전문점을 개설하려고 한다고 하자. 통상적인 차원에서는 기존에 있는 테이크아웃 형태로 그 지역에 입점하게 될 것이다. 그러나 그 시장의 원점, 즉 표적고객의 관점에서 보면 그들은 도심의 한 공간에서 편안한 휴식을 취하면서 아이스크림을 먹기를 원할지도 모른다.

그럴 경우 프랜차이즈 본부는 그에 걸맞은 이상적인 점포로서 테이크아웃과 카페 형태의 복합매장을 우선적으로 검토해야 한다. 그런 다음 프랜차이즈 본부의 여건이나 한계를 검토해가면서 최적안을 도출해내어야 한다. 물론 당장 실현할 수 없다 하더라도 향후 가야 할 방향을 알 수는 있으며, 그것을 위해 어떤 노력을 기울여야 하는지 알 수 있다.

그러나 만약 기존의 여건을 우선 생각하여 대안을 마련한다면 근시안적인 결정을 하기 쉬우며, 결국 고객이 가장 원하는 서비스 욕구를 충족시킬 수 없게 된다. 경쟁자는 끊임없이 고객에게 가까이 가려고 노력하지만, 상대 프랜차이즈 사업의 문제나 여건은 고려해주지 않는다는 사실을 명심해야 한다.

제로베이스 접근의 근본 취지는 고객의 새로운 욕구 변화에 대

| 그림 2-3 | 제로베이스 접근 흐름도

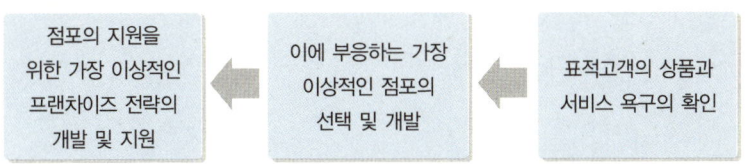

이상적인 프랜차이즈 전략 및 시스템 설계를 우선 검토해야 한다.

해 끊임없이 탐색하고, 항상 새로운 시각과 아이디어를 개발하기 위해 노력해야 한다는 것이다.

그러므로 프랜차이즈 본부는 항상 창의적이고 혁신적이어야 하며, 현재의 시장상황에 머물러서는 안 된다. 부족하면 힘을 모아야 한다. 이는 다음의 시스템적 접근과 연결된다.

프랜차이즈는 시스템적 접근을 시도해야 한다

　최종 고객의 상품과 서비스 욕구를 잘 파악해서 그들의 가치를 극대화하기 위해서는 프랜차이즈 본부는 물론이고 프랜차이즈 사업 내에 있는 모든 구성원이 힘을 모아야 한다. 각 구성원이 사업 전체의 목표를 명확히 인식하고 그것을 달성하기 위해 각자의 부가가치를 극대화시키려고 노력할 때, 사업 전체의 효율성(비용 경제성)과 효과성(소비자 욕구충족 정도)이 최고조에 달할 수 있는 것이다.

　고객의 가치를 극대화하기 위해서는 이에 부응하는 프랜차이즈 시스템의 가치를 극대화시켜야 하며, 이를 프랜차이즈의 시스템적 접근이라고 할 수 있다. 이의 주요 성공 요건을 간추려보면 다음과 같다.

　첫째, 프랜차이즈 사업의 목표가 명확히 정립되어야 하며, 사업

그림 2-4 시스템적 접근

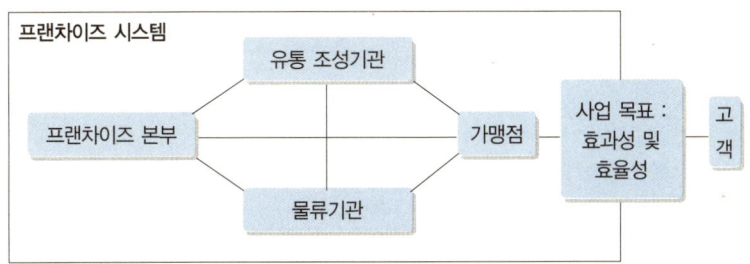

프랜차이즈는 시스템 차원에서 이루어져야 한다.

구성원들에게 하나의 공동 비전으로 제시해야 한다.

둘째, 프랜차이즈 사업의 목표달성을 위한 시스템 전반의 프랜차이즈 계획의 수립, 즉 프랜차이즈 시스템 설계와 시스템 구성원 운영체계의 설계가 우선 이루어져야 하며, 실행에 따른 성과평가방법도 미리 설정해두는 것이 바람직하다.

셋째, 프랜차이즈 본부를 중심으로 프랜차이즈 사업의 목표 달성을 위한 공유 가치(예를 들면 Pioneering Spirits 등)가 정립되어 규범화되어 있는 것이 바람직하다.

넷째, 시스템 구성원의 역할 수행과 의사결정에 도움을 줄 수 있는 시스템 내의 의사소통 체계 및 정보 시스템이 있어야 한다.

이상의 내용은 앞으로 더 자세히 논의될 것이다. 아무튼 프랜차이즈 사업을 할 때 시스템적 접근은 특히 중요하며, 프랜차이즈 경쟁력은 결국 시스템 차원에서의 경쟁력을 의미한다. 즉 자사 프랜차이즈 사업의 시스템 경쟁력과 경쟁사의 프랜차이즈 시스템 경쟁력이 비교되는 것이다.

이제 독불장군식의 프랜차이즈 사업 관리나 혼자만의 능력으로 모든 문제를 해결한다는 사고방식은 버려야 한다. 이는 프랜차이즈 사업을 할 때 프랜차이즈 시스템 구성원간 혹은 전략요소간의 결합 상승효과(시너지)가 동반되어야 한다는 걸 의미하며, 이는 다음의 시너지 중시 접근과 연결된다.

> ## 프랜차이즈는 상호 윈윈 관계를 유지해야 한다

　프랜차이즈 사업의 성패는 시스템 차원의 경쟁력이 있느냐 없느냐에 달려 있으며, 시스템 경쟁력의 핵심요체는 프랜차이즈 전략 요소간의 결합 상승효과(전략 시너지)와 시스템 구성원들간의 협력과 신뢰를 바탕으로 한 파트너십의 형성(관계 시너지) 여부라고 할 수 있다.

　시스템 구성원은 시스템 전체의 프랜차이즈 사업목표를 명확히 인식하고, 이와 일관성 및 보완성이 있는 프랜차이즈 전략을 수립해야 한다. 즉 프랜차이즈 전략은 프랜차이즈 시스템의 설계와 시스템 구성원 운영체계의 설계, 이 두 가지로 크게 나누어진다. 이들은 프랜차이즈 사업목표를 달성하기 위한 보다 구체적인 전략지침으로서 프랜차이즈 사업목표와 일관성을 유지해야 하며, 두 가지는 서로 보완적 관계여야 한다.

즉 프랜차이즈 패키지 개발, 직영점·가맹점의 선정 및 적정 수의 문제 등과 관련되는 시스템 구조적인 전략과, 시스템 구성원의 협력과 통제를 위한 영향력 행사와 갈등관리 등과 관련되는 시스템 조정(운영)적인 전략은 상호보완적으로 연계되어야 하고, 프랜차이즈 사업의 목표달성을 위해 그 비중이나 예산활동도 적절히 조정되어야 한다. 이것이 전략 시너지이다.

프랜차이즈 시스템에서 또 한 가지 중요한 이슈는 시스템 구성원간의 관계관리(Relationship Management)이다. 프랜차이즈 시스템은 한번 형성되면 변화시키기가 쉽지 않고 시간이 많이 소요된다. 그러므로 시스템 파트너를 선정하는 것이 시스템 관리에 있어 가장 중요한 업무 중 하나가 된다. 한번 형성된 파트너와는 지속적인 협력과 신뢰관계를 구축해야 하며, 이를 통해 불필요한 비용절감과 효과적인 전략수행의 이점을 얻어야 한다.

이들 시스템 구성원간의 파트너십은 서로에게 혜택을 주고, 이러한 관계들이 모여서 궁극적으로는 시스템의 경쟁력 제고에 중요한 요소가 되는 것이다. 이것이 상호 윈윈(상생)하는 관계 시너지이다.

프랜차이즈 본부는 끊임없이 프랜차이즈 전략의 조정과 개선을 통하여 전략적 시너지를 얻도록 해야 하고, 시스템 구성원간의 협력과 신뢰를 바탕으로 한 파트너십을 통해 관계 시너지를 창출하도록 노력해야 한다.

이러한 노력은 한 번에 끝나는 것이 아니고 지속적으로 계속되어야 한다. 이는 다음의 미래 지향적 접근과 연결된다.

그림 2-5　시너지 접근

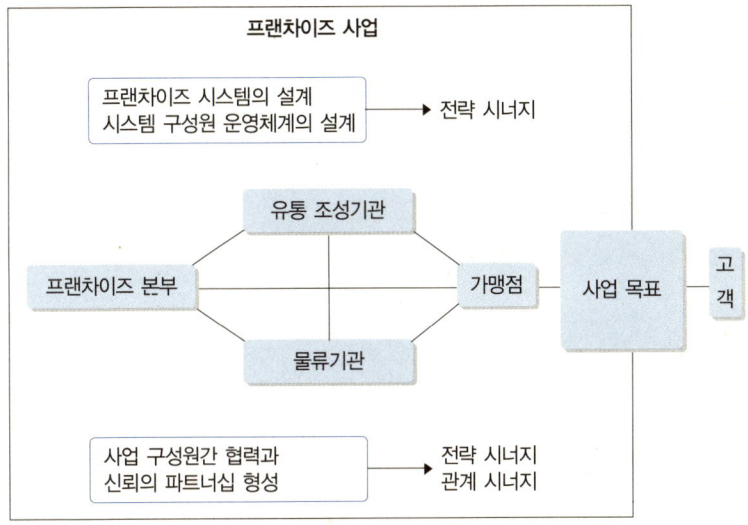

전략 시너지와 관계 시너지 달성에 최선을 다해야 한다.

프랜차이즈는 미래 지향적이야 한다

고객의 욕구도 변하고, 경쟁환경도 변하며, 프랜차이즈 본사 내외의 모든 환경요소도 변화의 여지를 안고 있다. 환경의 변화에 대응하고 고객을 위한 지속적인 가치창출을 하지 않는 프랜차이즈는 그 경쟁력을 상실하게 될 것이며, 궁극적으로는 살아남기 어려울 것이다.

프랜차이즈 전략의 실행은 때때로 많은 투자를 수반하기 때문에 신중한 의사결정을 해야 할 뿐만 아니라, 때로는 장기적 계획을 가지고 단계적으로 접근해야 한다. 예를 들어 정보 시스템을 구축하는 데는 수년간의 기간과 막대한 예산이 소요되며, 이를 통한 프랜차이즈 시스템의 경쟁력 향상에 대한 지속적인 검증과 피드백이 이루어져야 한다.

프랜차이즈 시스템의 경쟁력 우위는 시스템의 개선이든 혹은

그림 2-6   미래 지향적 접근

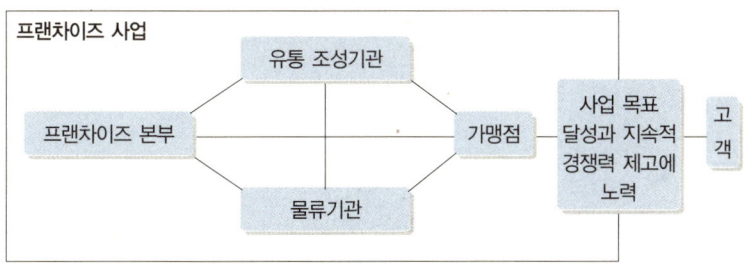

새로운 고객가치를 창출하기 위해선 시스템 경쟁력을 지속적으로 제고해야 한다.

시스템 조정의 개선이든 간에 끊임없는 성과 평가를 통하여 문제점을 개선해나가야 한다. 그 경쟁력의 방향이 가격 위주의 효율성(비용경제성)에 중점을 둔다면 지속적인 생산성(단위당 물류비용 등) 향상에 노력해야 할 것이고, 만약 상품과 서비스의 지속적 개선을 도모하는 것이 보다 중요하다면 고객만족 증대, 즉 효과성 제고에 노력을 맞추어야 할 것이다.

물론 효율성 중심이든 혹은 효과성 중심이든 둘 사이의 비중의 문제이지 극단적인 선택은 위험하다고 할 수 있다. 결국 이 의사결정도 고객들의 욕구가 편익 위주인가, 가격 위주인가로 직결되며, 그들의 변화상태를 면밀히 분석해야 한다.

미래 지향적 접근은 결국 고객의 욕구 변화를 미리 감지하여 본사의 프랜차이즈 전략을 끊임없이 조정해나가는 것이라고 할 수 있으며, 장기적인 시스템 경쟁력 확보에 필수불가결한 것이다.

Part 3
프랜차이즈 사업전략의 수립체계:
7단계 전략 수립절차를 활용하라

프랜차이즈 사업의 7단계 전략 수립절차

프랜차이즈 사업을 운영하기 전에 회사는 프랜차이즈의 모델점포를 만들기 위해 시범점포를 운영해야 한다. 이는 시범점포를 통해 프랜차이즈 사업을 운영할 때 생길 수 있는 문제들을 파악하고, 그 해결책을 개발할 수 있기 때문이다.

프랜차이즈 사업을 구축하기 전에 회사는 자신의 장점을 활용할 수 있는 시장영역을 가지고 있는지, 경쟁환경은 어느 정도인지, 회사의 표적시장 규모나 특성은 어떠한지 철저히 점검해야 한다.

프랜차이즈 사업을 수행하기 위해서는 회사가 적어도 한 개 이상의 점포를 성공적으로 운영하고 있어야 한다. 그리고 난 후 이 시범점포를 중심으로 사업을 좀더 발전시키기 위한 중장기적인 경영전략을 수립해야 한다.

만약 성공적인 점포경영의 토대 위에서 사업을 프랜차이즈화하기로 결정한다면 프랜차이즈 시스템의 설계와 운영전략을 수립해야 한다. 즉 효과적이면서도 효율적인 프랜차이즈 시스템의 구축이 필요하며, 나아가 시스템을 운영하기 위한 체계적인 전략개발이 필요하다.
　〈그림 3-1〉은 프랜차이즈 본부의 경영전략 수립에 대한 전반적인 체계를 나타낸 것으로, 프랜차이즈 사업전략의 수립, 프랜차이즈 시스템의 설계, 프랜차이즈 시스템의 운영, 프랜차이즈 사업의 실행, 프랜차이즈 사업의 성과평가 및 통제로 구성된다.
　프랜차이즈 사업전략의 첫 번째 과제는 프랜차이즈 모델점포의

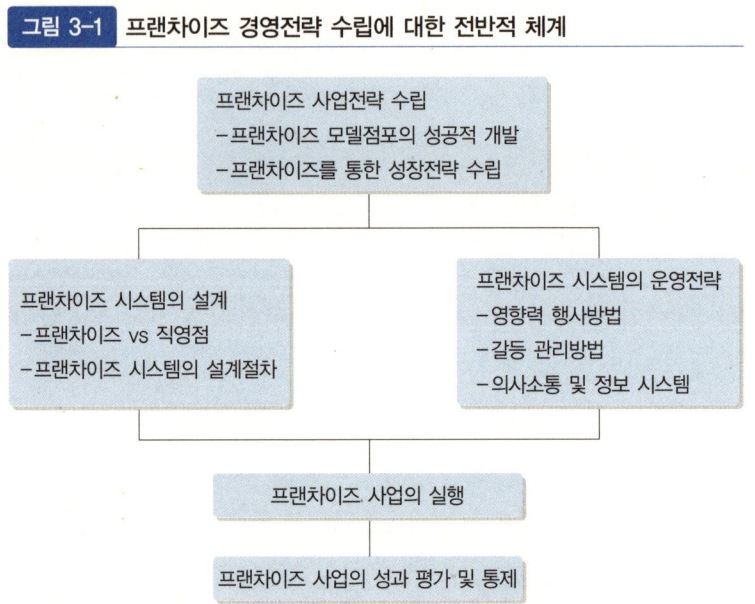

그림 3-1　프랜차이즈 경영전략 수립에 대한 전반적 체계

성공적 개발이며, 이를 위해서는 1) 표적시장의 선택, 2) 표적시장의 욕구를 충족시키기 위한 업태의 개발, 3) 지속적인 경쟁우위를 구축하기 위한 요소, 즉 핵심역량의 개발을 포함해야 한다.

표적시장은 가능한 세분시장 중에서 기업이 표적으로 하여 마케팅 활동을 수행함으로써 고객은 물론 기업에게 가장 유리한 성과를 제공해주는 매력적인 시장을 말한다. 소매업태는 점포 콘셉트와 고객에게 제공하는 마케팅 요소, 즉 상품과 서비스, 가격, 광고와 판촉 프로그램, 점포 디자인과 분위기, 점포 입지 등을 말한다.

그리고 점포의 지속적 성공을 위해서는 경쟁자에 비해 차별적 우위를 계속 개발해야 하고, 그것을 통해 새로운 경쟁자가 진입하지 못하도록 장벽을 구축해야 한다. 즉 지속적인 경쟁우위는 사업이 장기적으로 우위를 유지할 수 있는 이점이 될 것이다.

시범점포가 성공적으로 운영되어 이를 프랜차이즈 사업을 통해 확장하기로 했다면, 우선 좀더 구체화된 프랜차이즈 시스템의 개발이 필요하다. 즉 프랜차이즈 가맹점과 직영점의 적절한 배합이 필요하며, 나아가 가맹점을 위한 프랜차이즈 시스템의 설계절차를 세밀하게 짜야 한다. 그리고 프랜차이즈 시스템을 설계하고 난 후 그 시스템을 효율적으로 운영하기 위한 제반 전략, 즉 가맹점에 대한 영향력 행사방법, 갈등 관리방법, 의사소통 및 정보 시스템 등에 대한 체계적인 전략을 수립해야 한다.

프랜차이즈 사업전략은 7단계의 전략수립 체계를 이용하면 좋을 것이다. 본 사업전략 체계는 모델점포를 개설하거나 사업을 프랜차이즈화할 것인지 결정할 때나, 사업의 확장이나 축소를 결정할 때도 도움이 될 수 있을 것이다.

〈그림 3-2〉에서 보는 바와 같이, 프랜차이즈 사업전략을 수립하기 위한 7단계 모형은 우선 회사의 사업 미션이 무엇인지 정의하는 데서부터 시작된다. 회사의 존재이유와 향후의 모습을 우선 그려보아야 한다. 그런 후 제2단계에서는 추진하고자 하는 사업이 안고 있는 상황, 즉 미시환경(소비자 및 경쟁자), 거시환경(경제, 정치, 문화, 사회, 경쟁, 기술 등), 자신의 강·약점 등을 명확히 분석하여 사업의 시장 가능성을 파악해야 한다. 특히 꼭 모셔야 할 핵심고객, 즉 단골손님으로 만들 사람들이 누구인지, 그들의 특성이 무엇인지를 파악하는 것이 가장 중요하다.

제3단계와 제4단계는 소매점포의 개설이나 사업확장의 기회, 특히 프랜차이즈 사업기회가 있는지 확인하고 평가하는 과정이다. 소매점포의 창업기회가 바람직하지 않을 수도 있으며, 프랜차이즈보다는 직영점 운영이 더 나은 전략기회가 될 수도 있을 것이다.

제5단계에서는 앞선 단계에서 선정된 소매점포나 프랜차이즈 사업에 대해 각각의 사업별로 표적고객에 대한 시장 및 재무 목표를 설정하고, 중장기 자원 배분의 전략적 계획을 수립해야 한다. 제6단계에서는 위의 목표를 달성하기 위해 소비자에게 제공하는 소매 믹스(상품구색, 촉진활동, 가격, 서비스, 분위기 등)를 지속적으로 개발해야 하고, 프랜차이즈 사업을 위해서는 소매 믹스뿐 아니라 프랜차이즈 가맹점들을 위한 프랜차이즈 믹스(혹은 프랜차

이즈 패키지 : 상품, 서비스 제공, 교육, 회계 등 다양한 지원활동)도 개발해야 한다. 7단계에서는 위의 계획 아래 경영활동의 성과가 잘 달성되고 있는지 평가하고 그에 대한 조정활동을 꾀해야 한다.

그림 3-2 프랜차이즈 사업전략 수립절차 : 7단계 모형

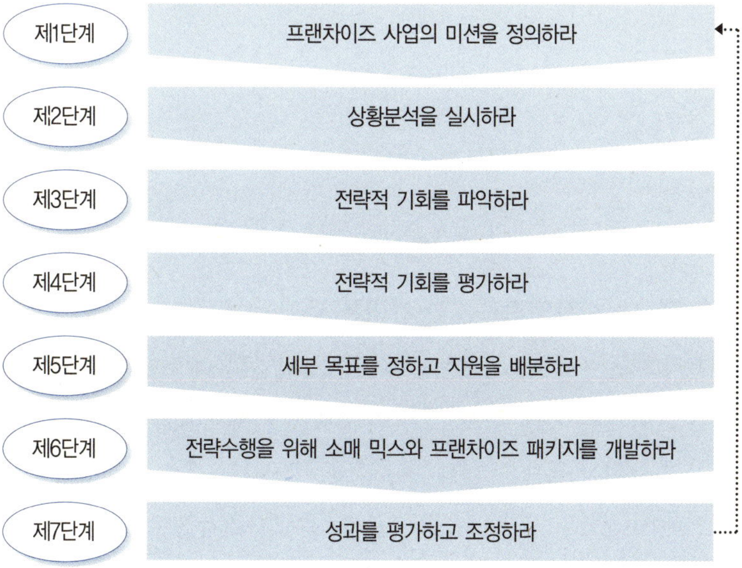

제1단계	프랜차이즈 사업의 미션을 정의하라
제2단계	상황분석을 실시하라
제3단계	전략적 기회를 파악하라
제4단계	전략적 기회를 평가하라
제5단계	세부 목표를 정하고 자원을 배분하라
제6단계	전략수행을 위해 소매 믹스와 프랜차이즈 패키지를 개발하라
제7단계	성과를 평가하고 조정하라

제1단계: 사업의 미션을 정의하라

프랜차이즈 사업전략을 계획하는 과정의 첫 번째 단계는 사업의 미션(혹은 사명)을 정의하는 것이다. 기업의 사명은 프랜차이즈 사업을 하려는 기업의 목적과 그 기업이 책임지고자 계획하는 활동범위에 대한 폭넓은 설명이다.

프랜차이즈는 본부와 가맹점이 통일성을 유지하면서 일반 소비자에게는 동일한 브랜드 이미지로 신뢰감을 심어주어, 궁극적으로 양쪽의 공동 이익을 추구해가도록 한 획기적인 사업교류 시스템이다. 즉 하나의 이념을 중심으로 이를 실현하는 것을 목표로 협력하는 공동체 관계를 말한다.

따라서 프랜차이즈 시스템을 운영하려는 업체의 사업미션은 공동 참여자인 본부와 앞으로 생길 가맹점이 명확하게 공감할 수 있어야 하고, 실행 가능성이 있어야 하며, 구체적으로 전략적 방향감각을 제공할 수 있어야 한다.

  기업의 사명을 작성할 때 경영자는 다음의 5가지 질문에 답해야 한다. 1) 우리는 어떤 사업분야에 있는가? 2) 앞으로 우리 사업은 어떻게 될 것인가? 3) 누가 고객인가? 4) 우리의 역량은 무엇인가? 5) 우리는 무엇을 성취하길 원하는가?

제2단계 : 상황분석을 실시하라

전략계획 과정에서 미션을 기술적으로 정의하고 목적을 설정한 후에는 상황분석을 실시해야 한다. 상황분석은 기업환경에서 기회와 위협 및 경쟁사에 대해 상대적으로 가지는 강점과 약점에 대한 분석을 말한다.

상황분석의 구성요소는 〈표 3-1〉에 나타나 있다.

시장의 요소

소비자와 이들의 구매패턴에 관련된 몇 가지 중요한 요소는 시장규모와 성장, 매출주기, 계절주기이다. 일반적으로 매출액으로 측정되는 시장규모는 회사에 투자에 상응하는 수입창출의 기회가 있는지 여부를 나타내기 때문에 중요하다. 프랜차이즈는 가맹

표 3-1 상황분석의 구성요소

시장요소	경쟁요소	환경요소	강점과 약점 분석
• 규모 • 성장 • 계절성 • 사업주기	• 진입장벽 • 공급업체의 교섭력 • 경쟁업체 • 우수한 대체업태의 위협	• 기술 • 경제 • 규제 • 사회	• 관리역량 • 재무자원 • 입지 • 운영 • 상품제공 • 점포관리 • 고객 충성도 • 물류관리

점이 늘어남에 따라 규모의 시장을 이룬다. 따라서 대규모 시장은 프랜차이즈 사업을 하려는 기업에게 매력적이다.

특히 성장 중인 시장은 성숙하거나 쇠퇴하는 시장보다 매력적이다. 일반적으로 성장 중인 시장에서는 성숙된 시장보다 경쟁이 덜 치열하기 때문에 매출이익과 가격이 더 높다. 반면 새로운 고객이 성장하는 시장에서는 점포를 애용하기 시작하는 단계이기 때문에 점포에 대한 충성심이 강하지 않아서 새로운 점포로 유인되기 쉬운 면도 있다.

기업들은 경기순환 주기가 매출에 미치는 영향력을 최소화하는 데 관심이 있다. 따라서 경제환경에 영향을 받는 제품(예를 들어 자동차와 주요 가전제품)의 프랜차이즈 시장은 경제환경에 영향을 받지 않는 프랜차이즈 시장(예를 들어 식품)보다 매력이 떨어진다.

일반적으로 계절주기를 많이 타는 시장은 피크 시즌에는 많은 자원이 요구되지만 그 나머지 시즌 동안에는 자원이 충분히 활용되지 않기 때문에 덜 매력적이다. 계절적 주기 때문에 생기는 이런 문제를 최소화하기 위해 요즘 아이스크림 시장은 커피와 차와 같은 후식이라는 새로운 개념을 도입하고 웰빙이란 이미지로 소비자에게 다가가 제품의 계절성을 타파해나가고 있다.

경쟁적 요소

경쟁의 성격은 진입장벽, 공급업체의 교섭력(Bargaining Power), 기존 및 신규 경쟁자, 우세한 새로운 업태의 위협 같은 것에 의해 영향을 받는다. 시장은 경쟁적 진입비용이 클 때 더욱 매력적이다.

규모의 경제는 프랜차이즈 업체의 규모로 인한 경쟁우위를 말한다. 규모의 경제를 가지고 있는 대형 경쟁사가 장악하고 있는 시장은 매력이 없다. 따라서 소기업을 경영하는 기업가는 대기업이 장악하고 있는 업태를 피할 것이다.

대기업은 소기업에 대해 상당한 경쟁우위를 가진다. 대기업은 제품을 좀더 저렴하게 구매하고, 최신 기술에 투자하며, 좀더 많은 점포에 간접비를 분산하면서 효율적으로 운영할 수 있기 때문이다.

이와 유사하게 충성도 높은 고객층이 잘 구축된 회사가 장악하고 있는 시장과 입지확보 가능성(Availability of Locations)이 낮은 시장은 역시 경쟁사가 진입하는 것을 방해할 수 있다.

진입장벽은 양날을 가진 칼이다. 높은 진입장벽을 가진 프랜차이즈 시장은 이 장벽이 경쟁을 제한하기 때문에 현재 이 시장에서 경쟁하는 프랜차이즈 업체들에게는 매우 매력적이다. 그러나 진입장벽이 높은 시장은 아직 그 시장에 자리 잡지 못한 입장에서는 매력이 없다.

또 다른 경쟁요소는 공급업체의 교섭력이다. 소수의 공급업체들이 제품을 장악한 시장은 매력이 없다. 이런 상황에서는 공급업체들이 가격을 비롯한 다른 조건들(예를 들어 배송일자 등)을 좌지우지할 수 있는 기회를 갖고 회사의 이익을 줄일 수 있다.

경쟁의 정도도 중요한 경쟁요소이다. 경쟁 정도는 경쟁사가 어떤 조처에 대해 반응하는 빈도와 강도를 말한다. 경쟁 정도가 높으면 가격전쟁과 종업원 빼내기(Employee Raids)가 일어나고 광고와 판촉비가 증가하며 잠재이익이 하락하게 된다. 경쟁이 과열되는 조건에는 1) 유사한 규모의 많은 수의 경쟁사들, 2) 성장의 둔화, 3) 높은 고정비용, 4) 경쟁하는 업체들 사이의 차별성 결여 등이 있다.

마지막 경쟁요소는 우수한 대체업태의 위협이다. 예를 들어 식품업에 있어서 대체상품으로 구성된 새로운 패키지의 개발로 기존의 상품이나 서비스의 형태를 변화시키거나 혹은 같은 제품에 대한 완전히 다른 업태의 개발 등이 있을 수 있다.

환경적 요소

시장의 매력에 영향을 미치는 환경적 요소는 기술적·경제적·

규제적·사회문화적 변화에까지 이른다. 어떤 시장이 기술분야에서 중요한 변화를 거치고 있다면 현재의 경쟁자들은 새로운 기술 사용에 능숙한 새로운 신규 업체에게 공격당하기 쉽다.

또한 어떤 업체는 다른 업체들보다 경제환경에 더 많은 영향을 받을 수도 있다. 예를 들어 모 백화점이 고품질의 고객 서비스를 제공하기 위해 고임금의 많은 판매원을 고용했다고 하자. 그러나 실업률이 낮을 때는 자질 있는 직원을 고용하는 데 어려움이 따르기 때문에 판매원의 임금이 상승하여 비용이 대폭 증가하게 된다. 반면 서비스는 거의 제공하지 않고 매출비율에 비해 훨씬 낮은 임금을 지출하는 할인점과 같은 소매업체들은 낮은 실업률의 영향을 적게 받는다.

정부의 규제는 시장의 매력도를 줄일 수 있다. 예를 들어 어떤 한 산업에 대한 정부의 지나친 규제는 해당 산업에 대한 발전을 저해할 뿐만 아니라 해당 시장의 매력을 떨어뜨린다.

마지막으로 인구통계, 라이프스타일, 소비태도, 개인의 가치 변화 등도 소매시장의 매력도에 영향을 미친다.

회사는 각각의 환경적 요소에 대한 다음 세 가지 질문에 대답할 필요가 있다.

1. 새로운 기술과 규제 혹은 상이한 사회적 요소와 경제여건 등 새로운 발전이나 변화가 일어날 수 있는가?
2. 이런 환경의 변화가 일어날 가능성은 어느 정도인가? 어떤 핵심요소가 이러한 변화의 발생 가능성에 영향을 미치는가?

3. 이 변화는 어떻게 시장, 기업, 경쟁사에 각각 영향을 미칠 것인가?

강점과 약점 분석

상황분석의 가장 중요한 면은 회사가 경쟁사에 비해 가지고 있는 강점과 약점에 근거하여 자사의 독특한 역량을 결정하는 것이다. 이런 강점과 약점은 업체가 능숙하게 기회를 잡고 환경이 가하는 위협을 피할 수 있는 방향을 제시해준다. 〈표 3-2〉는 강약

표 3-2 강점과 약점 분석

관리 역량	상품제공 역량
회사의 역량과 경험 관리적 심도-중간관리자들의 역량	바이어의 지식과 기술 공급업체와의 관계 물류 시스템의 선진화
재무자원	점포관리 역량
기존 사업으로부터의 현금흐름 채권과 주식을 통한 자금조달 능력	관리 역량 판매직원의 자질 판매직원의 성실성
운영	고객
경상비 구조운영 시스템의 질 유통 역량 경영정보 시스템 손실방지 시스템 재고관리 시스템	고객의 충성도
	입지

점을 분석할 때 고려해야 할 문제를 개략적으로 나타낸 것이다.

자사 분석을 수행할 때 회사는 표에 있는 경쟁우위를 개발하기 위한 잠재영역을 고려하고 다음 질문에 답해야 한다.

- 우리 회사는 어떤 점에서 우월한가?
- 우리 회사는 이 영역 중 어느 부분에서 경쟁사보다 우월한가?
- 우리 회사의 독특한 역량은 이 영역 중 어느 부분에서 경쟁우위나 이를 개발하기 위한 기반을 제공할 수 있는가?

제3단계: 전략적 기회를 파악하라

　상황분석이 끝난 다음 단계는 매출을 증가시키기 위한 기회를 파악해야 한다.
　성장전략에서 기업이 추구하는 4가지 형태의 성장기회(시장침투, 시장확장, 업태개발, 다각화)가 〈그림 3-3〉에 나타나 있다. 수직선은 회사의 기존 시장과 신규 시장을 가리키며, 수평선은 기존의 소매업태와 신규 소매업태를 가리킨다.
　기업이 소매사업의 성장 발전을 도모하기 위해서는 향후 어떠한 성장전략을 펴는 것이 바람직한지 살펴보아야 한다. 이에 대한 보다 구체적인 설명은 다음과 같다.

그림 3-3 성장전략의 유형

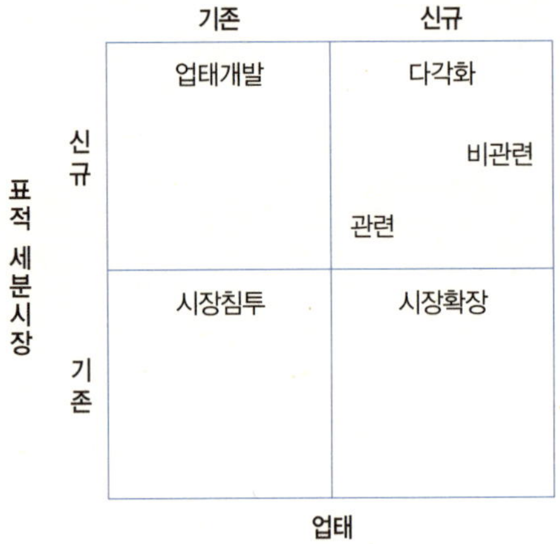

	기존	신규
신규	업태개발	다각화 　비관련 관련
기존	시장침투	시장확장

표적 세분시장 / 업태

시장침투

시장침투의 기회는 현재의 업태를 사용하여 기존의 고객을 향해 직접 투자하는 것과 관련된다. 이는 해당 점포의 표적시장 고객 중에서 자사의 점포에서 쇼핑하지 않는 고객을 유인하고, 현재의 고객들은 점포를 자주 방문하고 방문할 때마다 좀더 많은 제품을 구입하도록 유도함으로써 매출증가를 시도하는 것이다.

시장침투를 증가시키기 위한 방법에는 같은 표적시장에 프랜차이즈화를 통해 좀더 많은 가맹점을 개설하거나 기존 점포의 영업시간을 좀더 늘림으로써 새로운 고객을 유인하는 것이 포함된다. 또한 충동구매가 많아지도록 제품을 진열하고 다른 제품을 끼워 팔도록 판매직원들을 훈련시키는 방법 등을 시도해볼 수 있다.

끼워 팔기는 한 부서의 판매직원들이 자신의 고객에게 다른 부서의 제품을 함께 판매하는 것이다.

예를 들어 고객에게 드레스를 판매한 판매직원이 그 고객을 다른 매장으로 데리고 가서 그 드레스와 어울릴 핸드백이나 스카프를 판매하는 것이다. 끼워 팔기식 판매는 기존 고객의 매출을 증대시킬 수 있다.

시장확장

시장확장의 기회는 새로운 시장에서 기존의 업태를 이용하는 것이다. 예를 들어 놀부는 초기에 보쌈 전문점을 개발하였고, 이 점포의 성공을 바탕으로 전국적으로 프랜차이즈 체인을 확대했으며, 최근에는 중국 시장으로 그 영역을 확대하고 있다. 시장확장은 지리적 시장뿐만 아니라 인구통계적 차원에서도 시장범위를 확장할 수 있다.

업태개발

업태개발의 기회는 동일한 표적시장의 고객에게 주요한 마케팅 믹스 요소를 변화시켜 새로운 업태를 제공하는 것과 관련된다. 즉 제품구색이나 서비스 등 다양한 마케팅 요소를 획기적으로 변화시켜 기존 업태를 진화시키는 것을 의미한다. 일반적으로 제공되는 제품이나 서비스의 형태를 조정하는 것은 작은 투자만 하면

되지만, 완전히 다른 업태(가령 오프라인에서 온라인으로 전환하는 것)를 제공하기 위해서는 훨씬 크고 위험한 투자가 요구된다.

다각화

다각화 기회는 현재 전념하는 세분시장에 새로운 업태를 제공하는 것과 관련된다. 다각화 기회는 사업간에 관련이 있는 것일 수도 있고 아닐 수도 있다.

관련 다각화는 현재의 표적시장과 (또는) 업태가 새로운 사업기회와 공통점이 있는 경우이다. 이런 공통점은 동일한 유통과 경영정보 시스템을 사용하거나 비슷한 표적시장과 동일한 신문에 광고하면서 같은 공급업체로부터 구매하는 것일 수 있다. 대조적으로 비관련 다각화는 현재의 사업과 미래의 사업 사이에 어떠한 공통점도 없다.

수직적 통합은 소매업체가 도매 또는 제조에 투자하는 또 다른 다각화 방식의 하나이다.

전략적 기회와 경쟁우위

일반적으로 소매업체들은 자신들이 현재 가지고 있는 전략과 매우 유사한 기회에서 가장 큰 경쟁우위를 가진다. 따라서 소매업체들은 익숙한 시장, 유사한 운영방식의 시장에 진출하는 것이 가장 성공적일 것이다.

소매업체는 시장확장을 추구할 때 자신이 가지고 있는 강점에 기반을 두며 기존에 가지고 있는 경쟁우위를 새로운 시장에 이용한다.

소매업태 확장의 기회는 해당 소매업체가 현재의 고객에게서 얻은 명성과 성공에 기반을 둔다. 현재 소매업체가 새로운 업태 운영에 따른 경험과 성공이 없더라도 이 소매업체는 충성도가 높은 고객을 새로운 업태로 유인할 수 있다고 기대한다.

제4단계 : 전략적 기회를 평가하라

　전략적 계획과정의 네 번째 단계는 상황분석에서 파악한 기회를 평가하는 것이다. 평가는 지속 가능한 경쟁우위를 구축하여 평가된 기회로부터 장기적인 이익을 거둘 수 있는 잠재력이 있는가를 결정하는 것이다. 따라서 회사는 자사가 가진 강점과 경쟁우위를 활용하는 기회에 초점을 두어야 한다.
　시장 매력도와 회사의 강점과 약점 모두 전략적 기회를 평가하는 데 고려된다. 가장 큰 투자는 소매업체가 강한 경쟁우위를 가지고 있는 시장기회에 대해 이뤄져야 한다.
　전략적 기회를 평가하기 위한 하나의 분석모형인 시장매력도·경쟁위상 매트릭스 방법은 소매업체의 역량과 소매시장의 매력도를 모두 감안한 기회분석 방법을 명시적으로 제공한다. 이 매트릭스에 깔려 있는 전제는, 시장매력도는 시장기회를 위한 장기적인 잠재이익을 나타내고, 경쟁위상은 기회에 대한 잠재이익을 가리킨다는 점이다. 이 매트릭스에서 가장 큰 투자는 소매업체가 강력한 경쟁위상을 지닌 기회에서 이뤄져야 함을 지적한다.

전략적 투자에 대한 기회를 평가하기 위해 매트릭스를 사용하는 데는 다음의 6단계가 있다.

시장매력도 · 경쟁위상 매트릭스 방법

1. 평가될 전략적 기회를 정의하라.

예를 들어 점포 관리자가 점포 내의 부서를 평가하기 위해서나, 전문점 체인의 담당 부서장이 점포나 잠재적인 점포입지를 평가하기 위해서, 혹은 제품 담당 부서장이 소매업체에 의해 판매된 상품 카테고리를 평가하기 위해서 이것을 사용할 수 있으며, 때로는 소매 지주회사의 CEO가 국제적 성장기회를 평가하기 위해서도 이것을 사용할 수 있다.

2. 시장매력도와 경쟁위상을 결정하는 핵심적인 요소를 파악하라.

선택될 수 있는 주요 시장매력도 요소로는 시장규모, 시장 성장성, 사업풍토 등이 있으며, 경쟁위상 요소로는 비용, 브랜드명, 공급업체와의 관계, 입지, 마케팅 등이 있다.

3. 시장매력도와 경쟁위상을 결정하는 데 사용되는 각각의 요소에 중요도를 부여하라.

각각의 요소에 부여된 중요도는 시장매력도와 경쟁위상을 결정할 때 해당 요소의 중요성을 나타낸다. 일반적으로 중요도는 합해서 100이 되도록 한다.

4. 시장매력도와 경쟁위상에 대한 전략적 투자기회를 평가하라.

일반적으로 기회는 1에서 10까지의 범위로 결정된다. 이때 10은 매우 매력적인 시장이거나 매우 강한 경쟁위상을 나타내며, 1은 매우 매력이 없는 시장이거나 취약한 경쟁위상을 나타낸다.

5. 시장매력도와 경쟁위상에 대해 각 기회의 점수를 합하라.

점수는 중요도를 각 요소의 점수로 곱한 다음 각 요소의 점수를 합하여 산출한다.

6. 아래의 매트릭스에 각각의 기회를 표시하라.

그림 3-4 성장기회에 대한 평가 매트릭스

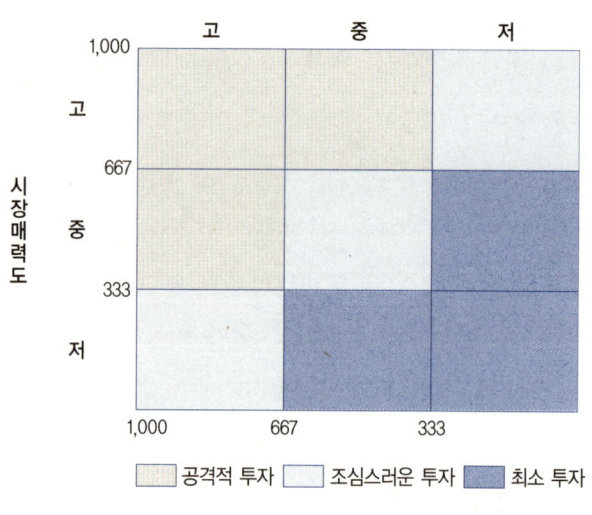

제5단계: 세부 목표를 정하고 자원을 배분하라

전략적 투자기회를 평가한 후 전략적 계획과정의 다음 단계는 각각의 기회를 위해 세부적인 목표를 설정하는 것이다. 기업의 전체적 목표는 기업의 사명에 포함된다. 세부적인 목표는 전체 목표를 향한 과정을 측정할 수 있도록 설정된 목표이다.

따라서 이러한 세부적인 목표는 다음의 세 가지 요소를 지녀야 한다.

1) 진척된 정도를 측정할 수 있는 숫자로 된 지수 등 추구하는 목표성과, 2) 목표 달성까지의 시간계획, 3) 목표를 성취하는 데 필요한 투자의 규모이다.

일반적으로 성취수준은 투자수익, 매출 혹은 이익 같은 재무적 영역이다. 일반적으로 사용되는 또 다른 목표인 시장점유율은 측정하기가 쉽고 회계정보(회계법칙에 의해 크게 영향을 받을 수 있는)

에 근거한 재무적 척도보다 객관적으로 접근할 수 있다. 조사에 의하면 많은 사업분야에서 시장점유율이 장기적 이익 가능성을 나타내는 좋은 지표라고 한다.

제6단계: 전략수행을 위해 소매 믹스와 프랜차이즈 시스템을 개발하라

　계획과정의 제6단계는 투자가 이루어질 각각의 기회, 즉 프랜차이즈 모델점포의 성공적 진입과 프랜차이즈를 통한 성장전략의 수립과 관련하여 각각 소매 믹스와 프랜차이즈 시스템을 개발하고 업무를 관리하고 평가하는 것이다.
　프랜차이즈 시스템의 개발 및 운영에 관한 전략적 체계에 대해서는 Part 4에서 검토할 것이다.

제7단계 : 성과를 평가하고 조정하라

　계획과정의 마지막 단계는 전략의 결과와 실행 프로그램을 평가하는 것이다. 만약 기업이 목표를 달성하고 초과한다면 변화는 필요치 않게 된다.
　그러나 만약 기업이 목표달성에 실패한다면 재분석이 요구된다. 일반적으로 이런 재분석은 수행 프로그램을 검토하는 것으로 시작하지만, 전략(혹은 기업의 사명까지도)이 재고될 필요가 있음을 의미한다. 이런 결론은 새로운 상황분석 등 새로운 계획과정을 시작하는 결과를 낳을 것이다.

7단계 절차를 실전적으로 활용하라

프랜차이즈 사업전략 계획과정은 전략적 결정이 연속적인 방식으로 이뤄짐을 나타낸다. 기업 사명이 정의된 후 상황분석이 수행되고 전략적 기회가 파악되며, 대안평가, 목표설정, 자원배분, 수행계획 전개의 단계를 거친 후 마지막으로 성과가 평가되고 조정이 이뤄진다.

그러나 실제 계획과정에서는 각 단계들 사이에 상호작용이 이루어진다. 예를 들어 기업의 사명에 전략대안이 포함되지 않는다해도 상황분석은 기업들이 재고해볼 좋은 대안을 제시해줄 수 있다. 이런 경우 기업의 사명은 재기술될 필요가 있다. 또한 수행계획의 전개는 기회에 대한 자원배분이 목표달성에 충분치 않음을 나타낼 수 있다. 이 경우 목표를 수정하거나 자원을 늘리거나 이 사업기회에 전혀 투자하지 않을 수도 있다.

Part 4
프랜차이즈 시스템의 개발 및 운영:
프랜차이즈는 시스템 사업이다

프랜차이즈 시스템은 체계적으로 개발 및 운영해야 한다

프랜차이즈 본부가 프랜차이즈 사업전략을 수립하고 나면 다음으로 프랜차이즈 시스템의 설계와 운영전략을 수립해야 한다. 즉 효과적이면서도 효율적인 프랜차이즈 시스템의 설계와 운영체계의 구축이 필요하며, 이를 실행하여 지속적인 평가와 개선을 도모해야 한다.

좀더 구체적으로 말하면 프랜차이즈 시스템의 설계에 있어서 본부는 가맹점 모델을 개발하기 위해 직영점을 운영하는데 향후 직영점과 가맹점의 적절한 비율에 대해 결정해야 할 것이며, 나아가 가맹점 관리를 위해 적절한 프랜차이즈 시스템을 설계해야 한다.

사업이 프랜차이즈화되면 프랜차이즈 시스템을 운영해야 하는데 프랜차이즈 사업은 본부와 가맹점의 신뢰관계를 바탕으로 이루어지기 때문에 가맹점에 대한 관계관리가 매우 중요하다.

따라서 가맹점에 대한 영향력 행사방법, 갈등관리 방법, 의사소통 및 정보 시스템의 구축 등을 통하여 시스템을 전략적으로 운영할 수 있어야 한다.

프랜차이즈 가맹점과 직영점의 비율은 적절히 조정해야 한다

 프랜차이즈 본부가 경로구조를 설정할 때 통상적으로 프랜차이즈 가맹점과 함께 직영점을 운영한다. 특히 시범점포에서 프랜차이즈 시스템을 구축하기까지 회사는 하나 이상의 성공적인 매장인 직영점을 갖고 있어야 한다. 즉 프랜차이즈 사업 초기에는 직영점 운영을 통하여 가맹점 모델의 개발을 시도하거나, 직영점의 성과를 높인 후 이를 높은 대금을 받고 가맹점으로 넘기는 경우가 많다.
 또한 프랜차이즈 운영 중에도 가맹점과 직영점의 수를 적절히 조정하거나 양자의 경영성과를 비교하여 경로구조의 조정을 시도하기도 한다. 그러므로 양자의 장점과 단점을 프랜차이즈 본부 입장과 가맹점 입장에서 알아둘 필요가 있다.
 프랜차이즈 가맹본부 입장에서 장점은 자본조달의 용이성, 규모의 경제 달성(구매 및 판매 등), 가맹점과의 협동적 광고효과, 지역적 특수성 고려 가능성, 과도한 관리업무 배제, 낮은 노사문제 발생빈도 등이다.

한편 직영점 관리본부 입장에서 장점은 높은 수익성, 높은 통제수준 달성, 점포 관리자에 대한 융통성 부여, 전략선택의 탄력성, 피드백 용이, 시장조사 등 전반적 서비스 체계의 효율화, 낮은 법적 문제 발생 등이다.

보통의 경우 본부는 가맹점과 직영점을 서로 보완적으로 활용하는 경우가 많다. 이렇게 보완적으로 할 경우 두 경로 사이의 시너지 효과를 고려하여 그 비중을 결정해야 한다.

또한 프랜차이즈 사업을 할 경우 가맹점의 입장에서도 장점과 단점을 알아두어야 한다. 가맹점 입장에서의 장점은 독립사업가로서의 만족감, 실패위험 감소, 사업 개시부터 효과적인 경영 가능, 사업의 경험이 없을 때라도 시도 가능, 본부의 광고지원, 안정된 공급, 그리고 판매에만 전념할 수 있다는 점 등이다.

그러나 가맹점 입장에서 단점은 본부 제공 서비스 등의 경비 항목이 애매하며, 최초 약속을 이행하지 않는 경우가 있고, 상표가치에 의문이 있거나, 의타심이나 매너리즘이 생길 수도 있으며, 특정 가맹점의 특수성 고려가 미흡할 수 있고, 다른 가맹점의 실패가 전체에 큰 영향을 줄 수 있다는 점 등이다.

그림 4-1 프랜차이즈 가맹본부 vs 직영점 관리본부

프랜차이즈 가맹본부의 유리한 점
- 자본조달 용이
- 규모의 이익 달성(구매 등)
- 협동적 광고효과
- 지역적 특수성 고려
- 과도한 관리업무 배제
- 노사문제 적음

직영점 관리본부의 유리한 점
- 높은 수익성
- 높은 통제 달성
- 점포 관리자에게 융통성 부여
- 전략의 탄력성
- 피드백 용이
- 인력확보 용이
- 시장조사 등 서비스 체계의 효율화
- 법적 문제가 적음

복합적 경로 형태 : 상호보완(성장촉진, 강화)

*자료 : 오세조·박진용·김상덕, 《시장 지향적 유통관리》(전정판), 박영사, 2006, p. 461.

프랜차이즈 시스템의 개발절차는 전략적이어야 한다

〈그림 4-2〉는 프랜차이즈 시스템의 구체적인 개발절차를 보여주고 있다. 우선 하나의 시스템을 개발할 경우 가장 먼저 고려해야 하는 것은 그 사업에 대한 충분한 경험이 있어야 한다는 점이다. 앞에서 설명했듯이 시스템을 구축하기 전에 프랜차이즈화를 위한 7단계의 사업전략 체계에 따라 잘 평가된 성공적인 하나 이상의 점포운영 경험을 쌓는 것이 중요하다.

직영점의 운영과 경험을 통해 축적된 노하우의 프랜차이즈화가 결정되면 프랜차이즈 사업계획이 수립되어야 한다. 프랜차이즈 사업계획은 사업에 대한 미션을 다시 정의해야 하고, 사업목표의 설정과 그 목표달성 방안에 대한 계획이 필요하며, 나아가 수익성 분석과 개설비용을 추정해야 한다.

이런 계획에 따라 프랜차이즈 시스템의 기본 모형이 설계되고,

그림 4-2 프랜차이즈 시스템의 개발절차

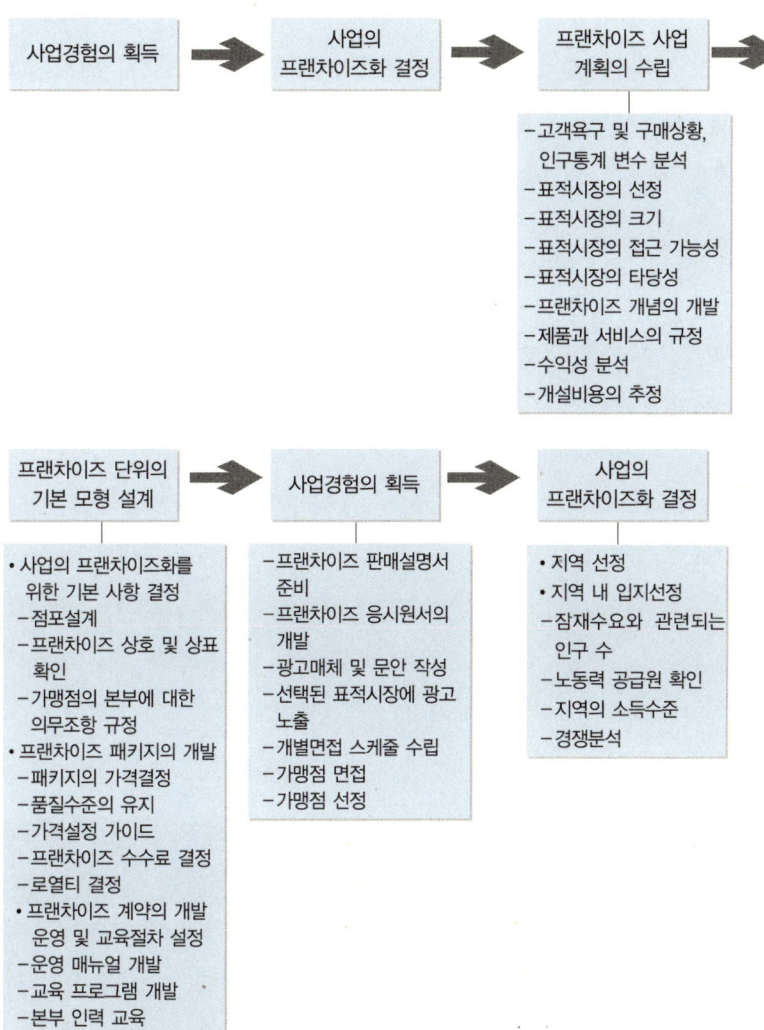

*자료 : 오세조·박진용·김상덕, 《시장 지향적 유통관리》(전정판), 박영사, 2006, p. 462

프랜차이즈 가맹점을 모집하기 위한 매뉴얼과 광고계획의 개발이 이루어져야 한다.

그 다음 단계로 프랜차이즈 사업계획의 실행으로서 입지선정 및 교육 실시, 대규모 개장전략 실시, 그리고 가맹점과의 지속적 지원방법 등을 신중히 검토하여 진행해야 한다.

> **프랜차이즈 시스템의 운영은 지속적 성공의 열쇠이다**

이제 마지막으로 프랜차이즈 시스템의 운영체계를 살펴보자. 프랜차이즈 시스템의 운영을 위해서는 프랜차이즈 본부가 가맹점에 대해 행사할 수 있는 영향력 행사방법, 갈등 관리방법, 의사소통 및 성과 평가방법 등에 관한 체계를 가지고 있어야 한다.

본부가 제공하는 현장 서비스와 운영에 대한 통제에 대해서 가맹점이 항상 긍정적으로 받아들이는 것은 아니기 때문이다. 가맹점이 본부와 프랜차이즈 계약을 체결했지만 가맹점은 각각 독립된 사업체라는 점을 항상 고려해야 한다.

프랜차이즈 시스템 내에서 본부의 감독이나 통제에 대해 가맹점과 갈등이 있을 경우, 본부는 일반적으로 현장에 파견된 본부 직원을 통해서 해결하려는 경향이 있다. 그러나 대부분의 경우 현장 직원들의 업무는 가맹점의 불만사항이나 점포운영상의 문제점에 대한 점검 이외에 가맹점 유치에 더 큰 비중을 두는 경우가 많아 근본적인 갈등 해결이 어렵다.

본부와 가맹점 사이에 발생하는 갈등의 또 다른 원천은 본부가 다수의 직영점을 소유하고 있고, 이들이 일반 가맹점과 서로 경쟁상황에 놓이게 된다는 점이다.

물론 여러 가지 이유에서 본부는 직영점을 운영하거나 가맹점을 직영으로 통합한다.

첫째, 기존의 가맹점이 파산하여 그 가맹점을 떠맡아야 하는 경우가 있다. 둘째, 다른 가맹점에 제공할 운영 시스템과 서비스 등을 조사하기 위한 목적으로 직영점을 운영하기도 한다. 셋째, 초기에 시장점유율을 확보하기 위해 직영점포를 다소 개설하기도 한다. 넷째, 완전히 소유, 운영하는 매장이 더 이익이 날 수도 있기 때문이다. 다섯째, 완전 소유의 매장에서 실시하는 가격정책을 바탕으로 제품과 서비스의 상한가격을 제시할 수 있다. 마지막으로 프랜차이즈 시스템 전반의 통제력을 강화하기 위해 직영점의 비율을 높일 수 있다.

감독권과 직영매장을 통해서 발생하는 문제점뿐 아니라, 본부와 가맹점 사이에는 계약기간 이후 경쟁 브랜드 취급, 부정확한 이윤계획, 관리와 촉진에서의 의무 불이행, 지역 전속권, 점포 리뉴얼 비용, 로열티 규모 등에서 많은 갈등이 발생할 수 있다.

한편 프랜차이즈 시스템에서는 일반적인 유통경로 시스템에 비해 의사소통의 질이 매우 중요하다. 프랜차이즈 본부는 첫째, 프랜차이즈 패키지의 지속적 개발, 신용과 전문성, 프랜차이즈 본부 및 거래 담당자의 이미지 관리 등을 통해 본부에 대한 신뢰를 강화시켜야 한다.

둘째, 가맹점과 의사소통을 할 때는 가급적 문서보다는 직접 접촉과 전화접촉을 하는 것이 바람직하다. 물론 정규적이거나 간단한 것은 공문발송, 팩스, 전자메일 등의 방법이 좋을 수 있으나, 그외에는 가급적 직접 혹은 전화접촉이 신뢰감과 동참의식을 높

그림 4-3 프랜차이즈의 의사소통 매체

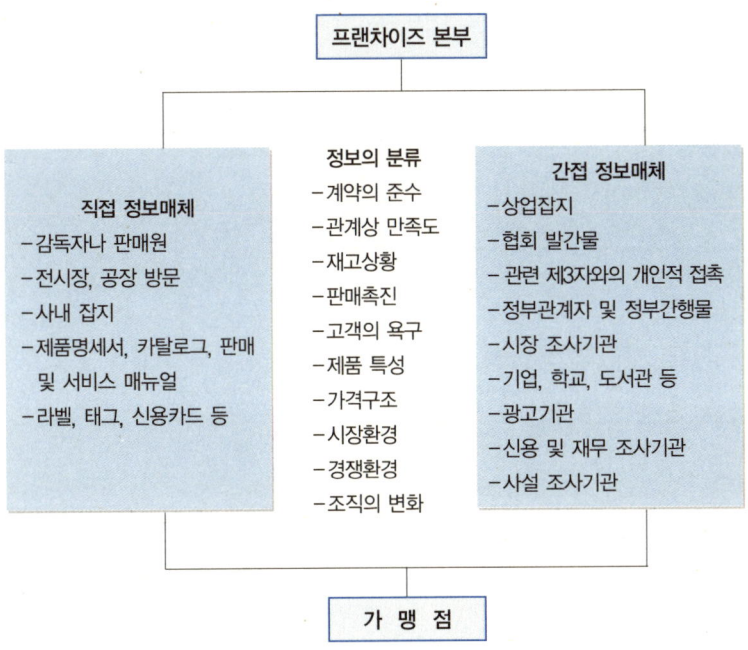

*자료: 오세조·박진용·김상덕, 《시장 지향적 유통관리》(전정판), 박영사, 2006, p. 464

일 수 있다.

셋째, 가맹점의 주의 환기, 공감이 가는 소재와 언어 사용, 가맹점의 사회적 여건 등을 고려해야 하며, 그들의 신체적·심리적 상태, 선택적 노출 여부, 왜곡 가능성 확인, 기억의 정도 확인, 신념, 교육, 사회계층, 출생지, 가족사항, 학력 등의 면에서 공통 경험영역의 확대가 필요할 것이다.

끝으로 무엇보다도 중요한 것은 본부와 가맹점 간에 의사소통이 자주 이루어져야 한다.

한편 프랜차이즈 가맹점의 만족을 증가시키는 방법 또한 사전에 고려해야 한다.

첫째, 가맹점의 기대치를 너무 높이지 말아야 한다. 즉 프랜차이즈 가맹점을 모집할 때 왜곡이나 과장을 하지 말아야 하고, 기대소득을 너무 높이지 않는 것이 중요하다.

둘째, 프랜차이즈 가맹점의 욕구와 만족도를 지속적으로 파악해야 한다.

셋째, 불만족 요소를 감소시키고 만족 증진에 노력해야 한다. 이를 위해서는 자긍심과 안정감을 고양시켜야 하고 개별적 인센티브나 지원도 고려해야 한다.

프랜차이즈 본부는 끊임없이 프랜차이즈 패키지를 개발해야 한다

 프랜차이즈 본부는 프랜차이즈 패키지를 만들어서 그것을 프랜차이즈 가맹점에게 지속적으로 제공해야 한다. 따라서 본부는 프랜차이즈 패키지를 판매하는 기업체라고 할 수 있으며, 이 패키지의 지속적인 개발과 혁신이 무엇보다도 중요하다.
 이를 위한 본부의 시스템 개발기능은 원재료 개발능력, 상품·서비스 개발능력, 교육·훈련·지도기능, 판매촉진 기능, 금융기능, 정보기능, 경영관리 기능 등 개개의 기능을 유기적으로 통합시켜야 한다.
 프랜차이즈 패키지 개발 중 가장 중요한 것은 판매할 상품의 개발이다. 우선 타사와 완전히 차별화된 새로운 품질의 상품을 만들어야 하고, 그 상품을 적절한 가격, 적절한 방법으로 가맹점에 제공해야 하며, 차별화된 주력상품을 중심으로 적절한 상품구색

:: 읽을거리
프랜차이즈 패키지를 만들 때 유의할 점

첫째, 본부가 가맹점에 제공해야 할 기능을 본부의 각 부서에 안배하고 부서간 상호작용이 원활하도록 해야 한다.
둘째, 각 기능이 제공되고 있어 본부의 조직이 이에 충분히 대응할 수 있도록 정비해야 한다.
셋째, 가맹점에 제공할 개개의 기능을 어떠한 순서로, 또 어떠한 방법으로 제시할 것인지 결정해야 한다.
넷째, 외부 환경조건의 변화, 내부 환경조건의 변화, 기업의 성장 등의 경영조건의 변화를 감지하고 있어야 한다.
다섯째, 위의 경영조건 변화에 프랜차이즈 시스템 전체가 어떻게 대처할 것인지, 그리고 변화에 따른 개개의 기능은 어떻게 변화하는가를 명확히 해야 한다.
여섯째, 경영계획에 대해 프랜차이즈 시스템의 목적이 효과적으로 달성되고 있는지 확인해야 한다. 만약 그렇지 않다면 원인을 발견하고 올바르게 개선해나가야 한다.

*자료 : 오세조·박진용·김상덕, 《시장 지향적 유통관리》(전정판), 박영사, 2006, p. 457

을 갖추어야 한다. 뿐만 아니라 환경의 변화에 따라 품질, 상품구색, 제공방법 등을 변화시켜야 한다.

　이러한 상품을 만들어내기 위해서 그 상품의 원재료 개발이 첫째 문제가 된다. 상품품질의 우수성은 원자재의 특성과 그 제품공정의 적합성 여부에 따라 결정된다. 따라서 본부는 원자재부터 개발한다는 발상이 필요하다.

　그러나 본부 스스로 이러한 원자재를 모두 개발한다는 것은 거의 불가능하다. 적어도 1차 원자재 등은 본부 이외의 공급처에서 개발 공급되는 경우가 많다. 이러한 경우에는 원자재를 사용하여 2차 가공 등을 본부에서 하거나, 원자재 회사와 공동개발을 통해 수행하는 대안이 있을 수 있다.

프랜차이즈 시스템을 운영하기 위해서는 각 점포단위에서 사용하는 원자재가 매우 많이 필요하다. 따라서 그 자재를 본부가 일괄적으로 특정 제조업자와 협상해서 개발하는 것이 바람직하다.

한편 본부가 아무리 훌륭한 프랜차이즈 패키지를 개발한다 하더라도 소비자와 직접 접촉하는 것은 가맹점이므로 가맹점이 소비자에게 확실한 판매활동과 서비스를 실시하지 못한다면 프랜차이즈 시스템의 성공을 보장할 수 없다.

그러므로 본부가 소비자를 위해서 개발한 것을 가맹점이 올바로 이해하고 정확하게 소비자에게 제공하는 능력을 갖추어야 한다. 이 때문에 본부의 교육·훈련기능의 중요성이 강조된다. 이를 위해서는 첫째, 교육·훈련을 위한 커리큘럼, 둘째, 교육·훈련을 지속적으로 시행하기 위한 조직의 구성 및 전담 기획자와 실제 교육 담당자, 셋째, 교육·훈련을 위한 시설과 기기를 갖추고 있어야 한다.

이밖에 본부의 매우 중요한 기능으로서 정보기능이 있다. 정보기능은 정보의 수집, 정보의 분석, 정보의 제공이 포함된다. 이때 정보는 정확하고, 새로우며, 구체적이고, 일정 표준을 토대로 해서 얻어야 하며, 가급적 시계열 자료여야 한다.

| 그림 4-4 | 본부의 교육·훈련을 위한 요구사항

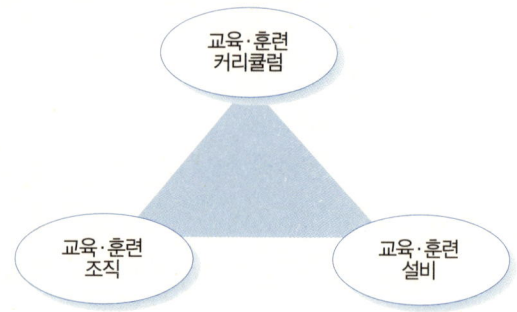

 이렇게 수집된 자료를 빠른 시간 내에 정해진 의사결정 기준을 토대로, 프랜차이즈 시스템 구성원들이 이해하기 쉬운 형식으로 분석해야 한다. 여기서 중요한 것은 분석된 정보가 무엇에 사용되는가, 어떠한 방법으로 쓰이는가를 명확히 해야 한다는 것이다. 어떠한 결과를 필요로 하는가에 따라 분석의 방법 및 분석도구가 달라질 수 있다.
 일반적으로 프랜차이즈 시스템 경영에 필요한 정보는 가맹점의 구매보고, 본부의 관리자료, 시장조사, 일일상황의 네 가지 정보원에서 구할 수 있으며, 이런 정보를 기초로 본부는 적절한 판매 프로그램, 판매촉진을 실행할 수 있다. 그리고 본부는 가맹점에 대해 조사한 내부 자료를 통해 가맹점별 상품구입 상황, 가맹점별 경영상황, 본부의 상품공급 상황 등의 정보를 얻을 수 있다.

> 프랜차이즈 본부는 파트너와 좋은 관계를 유지해야 한다

프랜차이즈 관계의 기본을 잘 마련하라

성공적인 프랜차이즈를 유지하기 위해서는 무엇보다도 프랜차이즈 본부와 프랜차이즈 가맹점 사이의 관계성(Relationship) 구축이 중요하다.

당사자들은 관계를 맺을지의 여부를 결정한 후 서로가 원하는 상대방을 찾고, 그 다음에는 신중하게 서로에게 이익이 될 수 있는 프랜차이즈 계약(Franchise Agreement)에 대해 협상해야 한다.

여기서 프랜차이즈 계약은 관계성 구축에 필요한 모든 요소를 포함하고 있으며 프랜차이즈 프로그램의 근간이 된다.

프랜차이즈 본부를 신중하게 선정하라

프랜차이즈 가맹점이 되고 싶은 사람은 프랜차이즈 본부를 신중하게 선정해야 한다. 그러기 위해서는 선정대상이 될 프랜차이즈 본부를 확인하고 그 시스템을 평가하는 단계가 필요하다.

프랜차이즈 본부를 확인하는 첫 번째 방법은 국내 프랜차이즈 협회와 접촉하는 것이다. 만약 프랜차이즈 본부가 그 협회에 가입되어 있고 협회 임원이라면 어느 정도 신뢰가 간다. 그러나 그것만으로는 부족하다. 기존의 프랜차이즈 가맹점주들과 관심 있는 프랜차이즈 본부에 대해서 대화를 나누어보거나, 프랜차이즈 본부에서 실시하는 광고나 프랜차이즈업 출판물 등을 꼼꼼히 검토해봐야 한다.

첫째, 프랜차이즈 본부에 근처의 프랜차이즈 가맹점 목록을 요구하고, 확장계획은 어떻게 관리될 것인지, 이용 가능한 참고문헌이 무엇인지, 해당 프랜차이즈의 강점이 무엇인지 파악해야 한다. 가능하면 프랜차이즈 가맹점의 평균 매출액을 보여주는 공인된 재무제표도 살펴보아야 한다. 재무제표에 대해서는 믿을 만한 회계사에게 자신의 투자수익률 평가를 의뢰하는 것이 좋다.

둘째, 기존의 가맹점들을 방문해서 그들에게서 최대한 정보를 얻어야 한다. 예를 들면 운영 소책자와 프랜차이즈 본부로부터 받는 지원의 신속성과 그 수준에 대한 정보, 프랜차이즈 본부가 잘 조직되어 있는지, 논리적인 방향으로 이끌어가는지에 대한 정보수집이 필요하다.

셋째, 프랜차이즈 본부의 배경정보를 파악하기 위해 거래은행을 포함하여 그밖의 자료들을 조사하고, 계약문서에 사인하기 전에 프랜차이즈 경험이 있는 독립적인 변호사와 상담하는 것이 필요하다.

프랜차이즈 가맹점을 신중하게 선정하라

가맹점 후보들의 주의를 끌기 위해서는 우선 시범운영에 의해 창출되는 홍보기회를 잘 활용해야 한다. 무엇보다도 시범점포를 성공적으로 운영하기 위해 전력을 다해야 한다.

다음으로 집중적인 사업확장을 바라는 곳에 프랜차이즈 관련 출판물을 배포하거나 지역신문에 광고해야 한다. 또한 문의하는 사람들에게 유용하고 인상적이면서도 객관적인 정보 패키지를 제공해야 하고, 항상 인내심을 갖고 좋은 가맹점 선택에 신중을 기해야 한다.

프랜차이즈 본부와 가맹점 간에 협상을 명확히 진행하라

일단 상대를 찾았으면 프랜차이즈 본부와 가맹점은 협상을 통해 프랜차이즈 프로그램을 주의 깊게 정의하고, 문서화된 프랜차이즈 계약을 통해 다른 핵심요소를 명확히 함으로써 프랜차이즈 관계를 만들어가야 한다. 성공적인 협상을 위해서는 무엇보다도 전문가들의 도움이 필요하다.

모든 중요한 단계에서 변호사나 회계사와 같은 전문인력이 투입된다면 관계가 좀더 원활하게 만들어질 것이다. 특히 미래의 가맹점주는 전문적인 도움을 찾는 일을 게을리해서는 안 된다. 왜냐하면 프랜차이즈 본부는 규칙적으로 협상을 하는 반면, 미래의 가맹점주는 전에 이러한 경험을 해본 적이 없을 것이므로 금전적인 손실을 당할 위험이 있기 때문이다.

또한 프랜차이즈 관계에서는 계약사항이 중요한데도, 프랜차이즈 계약을 맺을 것으로 기대되는 가맹점주는 문서를 주의 깊게 읽지 않는 경우가 많다. 가맹점주는 계약서 내용을 처음 접하지만, 본부는 계약서를 그들이 작성했고 또 계약체결을 많이 해보았기에 계약서의 내용에 관해 잘 알고 있다.

그러한 점을 고려하여 프랜차이즈 가맹점은 계약서를 검토할 때 1) 프랜차이즈 본부의 의무 이행사항이 계약서나 운영 매뉴얼에 명확히 명시되어 있는가? 2) 계약기간이 충분한가? 또는 계약기간을 합리적인 조건에 갱신할 수 있는가? 3) 매장을 상업적 이유로 제3자에게, 혹은 사망이나 장애로 인해 친척에게 양도하게 될 때 이에 관한 권리사항이 있는가? 4) 프랜차이즈 본부가 임의적으로 또는 이유 없이 프랜차이즈를 철수(또는 사업양도)하는 경우가 어떻게 제약되어 있는가? (동등한 조건일 경우는 제외) 5) 문제가 발생했을 경우 이를 스스로 해결할 수 없다면 중재 또는 소송을 어디에서 할 수 있는가? 등을 잘 고려해야 한다.

한편 가맹본부와 가맹점은 항상 프랜차이즈 관련 법령을 명확히 이해하고 필요할 때는 변호사와 상담해야 한다.

Part 5
프랜차이즈 사업의 현황 및 전망 :
프랜차이즈 시대가 도래한다

이제는 프랜차이즈가 대세

　국내 프랜차이즈 산업은 경제성장에 크게 기여하고 있다. 산업자원부와 한국프랜차이즈협회가 2005년에 실시한 프랜차이즈 산업 실태조사에 의하면 2005년 추정 국내 프랜차이즈 산업 전체 매출은 약 61조 3,100억 원에 달하고, 이는 2004년도 명목 GDP 778조 원 대비 7.9%에 해당하는 수치이다.

　더욱 의미 있는 것은 앞으로도 성장잠재력이 매우 높다는 점이다. 예를 들어 프랜차이즈 산업의 선진국인 미국은 프랜차이즈 산업의 소매점유율이 약 50%로 추정되고 있는 데 반해 한국 프랜차이즈 도·소매업의 매출은 약 34조 1,300억 원으로 2003년 전체 도·소매업 매출 431조 6,040억 원 대비 7.9%에 불과하다.

　우리나라가 꼭 미국처럼 되지는 않는다 하더라도 프랜차이즈 산업의 성장잠재력이 큰 것만은 분명하다. 실제로 미국의 경우

표 5-1 전체 도·소매업에서 프랜차이즈 도·소매업 비중

시장요소	전체 도·소매(2003년)	프랜차이즈 도·소매(2005년)	비중(%)
매출(10억 원)	431,604	34,180	7.9
종사자 수(명)	2,539,189	231,202	9.1
업체 수(개)	894,410	87,511	9.8

*자료 : 〈2005년 중소유통업 발전을 위한 연구-프랜차이즈 산업〉편(산업자원부, 2005)

사업형 프랜차이즈는 경기변동에 관계없이 안정된 성장률을 보이고 있으며, 성장기 선진국의 연 평균 점포증가율은 약 10%에 달한다.

이는 투자효과와도 연관지어 설명할 수 있다. 국내 프랜차이즈의 점포당 평균 초기 투자액은 1억 1,650만 원으로 연간 1만 개를 신규 개점할 경우 약 1조 2,000억 원의 투자촉진 및 소자본 창업확대 효과를 지니고 있다.

뿐만 아니라 프랜차이즈 산업은 고용창출에도 기여하고 있다. 2005년도 가맹본부 총수 2,211개, 가맹점 총수 약 28만 개, 가맹본부 종업원, 가맹점 사업자 및 가맹점 종업원을 포함한 정규 종사자가 약 83만 명이며, 비정규직을 포함할 경우 총 종사자는 약 104만 명으로 추정된다.

그밖에 프랜차이즈 산업은 지역경제 활성화에도 기여하고 있다. 국내 프랜차이즈 가맹본부 하나당 평균 가맹점 수는 약 160개인데, 이 중 68%의 가맹점이 수도권이 아닌 지방에서 개설되고 있다. 이는 프랜차이즈 산업의 특성인 가격 및 제품의 동질성으

을 유지해 지역간 소비자 후생의 격차를 해소하여 국민후생을 증대하는 역할도 하고 있다. 또한 중소 유통업의 프랜차이즈화를 통해 대형 유통업태와의 경쟁에서 보호하는 기능도 하고 있다.

하지만 국내 프랜차이즈 산업은 지나치게 외식업에 편중되어 있다는 점, 대체로 영세하고 생존율이 낮다는 점, 사업구조가 불안정하고 인프라가 취약하다는 점, 가맹본부의 창업과정이 체계적이지 못하고, 가맹점에 대한 통제 및 관리능력이 부족하다는 점, 프랜차이즈 전문인력이 부족하다는 점 등의 문제점도 가지고 있다.

우리나라 프랜차이즈 어디까지 왔나

국내 프랜차이즈 산업의 급성장 배경

　최근 3년간 국내 프랜차이즈 산업은 급성장하였다. 그 배경을 살펴보면 첫째, 최근 3년은 유례없는 불경기였는데, 프랜차이즈 산업은 불경기일수록 성장하는 산업이기 때문이다. 자세히 말하면, 대기업의 인력감축과 신규직원 채용 기피로 많은 실직자와 청년실업자가 소자본으로 프랜차이즈 산업에 진출하는 계기가 되었다는 것이다. 미국의 경우에도 1970년대 후반부터 1980년대에 걸친 장기 불황기에 오히려 프랜차이즈 산업이 다양한 분야로 확대되며 급성장하였다.
　둘째, 새로운 사업기회가 증가하였기 때문이다. 프랜차이즈 산업은 광범위한 업종에 적용 가능한 사업방식에 기초하는 산업이기 때문에, 오늘날과 같이 다양하고 심화된 고객욕구에 부응하는 외식업과 서비스, 그리고 도·소매업의 증가는 필연적인 흐름이라 할 수 있다. 실제로 국내 외식업과 서비스업의 가맹본부 수는 지난 3년간 2배 이상 증가하였다.

셋째, 가맹본부 평균 점포 수의 증가로 인해 매출이 증가하였다. 2005년 가맹본부 서베이에 의하면 3년 전에 비해 가맹본부의 평균 가맹점포 수는 2배 이상(2002년 74.8개, 2005년 159.4개), 직영점포 수도 50% 이상(2002년 7.1개, 2005년 12.0개) 증가하였다. 이는 많은 프랜차이즈 본부들이 다점포 전략을 수행한 데도 그 원인이 있다 할 수 있다.

국내 프랜차이즈 산업 현황

2005년 프랜차이즈 실태조사에 의하면, 국내 프랜차이즈 가맹본부 수는 2005년 7월 말 현재 2,211개로 추정되고 있다. 이는 2002년 9월 말 1,600개에 비해 38.2% 증가한 수치이다. 업종별로 살펴보면 외식업 1,194개(54%), 소매업 515개(23.3%), 서비스업 502개(22.7%) 등의 순으로 나타났는데, 3년 전에 비해 서비스업과 외식업의 가맹본부가 크게 증가한 반면 소매업은 감소했다.

다음으로 매출현황을 살펴보면, 2005년 추정 국내 프랜차이즈 산업의 매출은 61조 3,100억 원으로 2002년 41조 6,900억 원보다 47.1% 증가하였다. 업종별로 살펴보면 소매업 34조 1,300억 원, 외식업 24조 700억 원, 서비스업 3조 1,100억 원 순으로 나타

표 5-2 | 국내 프랜차이즈 산업 가맹본부 수

업종	1999년(개)	2002년 추정(개)	2005년 추정(개)	2002년 대비 2005년 증감률(%)
외식업	654(43.5%)	559(34.9%)	1,194(54.0%)	113.6
소매업*	311(20.7%)	817(51.0%)	515(23.3%)	-37.0
서비스업	536(35.7%)	224(14.0%)	502(22.7%)	124.1
계	1,501(100%)	1,600(100%)	2,211(100%)	38.2

*식품소매업 포함
*자료 : 〈2005년 중소유통업 발전을 위한 연구-프랜차이즈 산업〉편(산업자원부, 2005)

표 5-3 | 국내 프랜차이즈 산업 매출액

업종	1999년 (조 원)	2002년 추정 (조 원)	2005년 추정 (조 원)	2002년 대비 2005년 증감률(%)
외식업	24(53.3%)	11.18(26.8%)	24.07(39.3%)	115.3
소매업*	9(20.0%)	26.08(62.5%)	34.13(55.7%)	30.9
서비스업	12(26.6%)	4.43(10.6%)	3.11(5.0%)	-29.8
계	45(100%)	41.69(100%)	61.31(100%)	47.1

*식품소매업 포함
*자료 : 〈2005년 중소유통업 발전을 위한 연구-프랜차이즈 산업〉편(산업자원부, 2005)

났다. 이는 3년 전에 비해 외식업 매출이 크게 증가하였고, 서비스업 매출은 감소한 수치이다.

다음으로 프랜차이즈 가맹점 수를 살펴보면 2005년 가맹점 수는 28만 4,182개로 추정되었는데, 이는 2002년 11만 9,623개에 비해 137.6% 증가한 수치이다. 업종별로 외식업 14만 1,992개 (50.0%), 소매업 8만 7,511개(30.8%), 서비스업 5만 4,679개 (19.2%) 순이다. 세 업종 모두 3년 전에 비해 가맹점 수가 크게 성장하였는데, 특히 외식업의 성장이 두드러진다.

표 5-4 국내 프랜차이즈 산업 가맹점 수

업종	1999년 (개)	2002년 추정 (개)	2005년 추정 (개)	2002년 대비 2005년 증감률(%)
외식업	65,000(54.1%)	50,873(42.5%)	141,992(50.0%)	179.1
소매업*	24,000(20.0%)	44,175(37.0%)	87,511(30.8%)	98.1
서비스업	31,000(25.8%)	24,575(20.6%)	54,679(19.2%)	122.5
계	120,000(100%)	119,623(100%)	284,182(100%)	137.6

*식품소매업 포함
*자료 : 〈2005년 중소유통업 발전을 위한 연구-프랜차이즈 산업〉편(산업자원부, 2005)

다음으로 산업 종사자 수를 살펴보면, 프랜차이즈 산업에 종사하고 있는 인력(가맹본부 정규직 종업원 및 가맹점 사업자, 가맹점 정규직 종업원)은 83만 1,726명에 달하고, 무급 가족과 일용직을 포함할 경우 총 종사자는 104만 4,130명인 것으로 나타났다. 이는 2002년에 비해 46.9% 증가한 수치이다. 업종별로 살펴보면 외식업 39만 1,160명(47.0%), 소매업 23만 1,202명(27.8%), 서비스업 20만 9,365명(25.2%) 순이다. 3년 전에 비해 서비스 업종과 외식

표 5-5 국내 프랜차이즈 산업 종사자 수

업종	1999년 추정(명)	2002년 추정 (명)	2005년 추정 (명)	2002년 대비 2005년 증감률(%)
외식업	284,000(51.0%)	233,899(41.3%)	391,160(47.0%)	67.2
소매업*	105,000(18.9%)	223,507(39.5%)	231,202(27.8%)	3.4
서비스업	167,000(30.1%)	108,688(19.2%)	209,365(25.2%)	92.7
계	556,000(100%)	566,094(100%)	831,726(100%)	46.9

*식품소매업 포함
*자료 : 〈2005년 중소유통업 발전을 위한 연구-프랜차이즈 산업〉편(산업자원부, 2005)

업에서 종사자 수가 크게 성장한 것을 알 수 있다.

세부 업종별 현황

국내 프랜차이즈 산업의 업종구분을 살펴보면 외식업, 소매업, 개인 서비스업으로 대분류를 할 수 있고, 외식업에는 패스트푸드

표 5-6 국내 프랜차이즈 산업 업종 분류

업종 대분류	업종 중분류	업종 소분류
외식업	패스트푸드 사업	제과제빵업 패스트푸드 사업
	패스트푸드 아닌 사업	패스트푸드 아닌 사업
소매업	식품소매업	식품소매업
	소매업	소매업
개인 서비스업	서비스업 1	교육 관련 사업 유아 관련 사업 스포츠 사업 여행업 유지관리 서비스업 인적 서비스업
	서비스업 2	부동산업 빌딩/건축업 자동차 관련 사업 인쇄업 비즈니스 서비스업 숙박업 서비스업

*자료 : 〈2005년 중소유통업 발전을 위한 연구–프랜차이즈 산업〉편(산업자원부, 2005)

사업과 패스트푸드 아닌 사업, 소매업에는 식품소매업과 소매업, 개인 서비스업은 서비스업 1과 서비스업 2로 중분류를 할 수 있으며, 이는 다시 18개의 업종 소분류로 나누어진다. 이를 표로 나타내면 〈표 5-6〉과 같다.

여기서 업종 중분류를 기준으로 국내 프랜차이즈 산업의 업종별 현황을 살펴보면 〈표 5-7〉과 같다. 먼저 가맹본부 규모를 살펴보면 전체 2,211개의 가맹본부 중 패스트푸드가 아닌 외식업(710개), 패스트푸드 외식업(484개), 소매업(344개), 서비스업 2(255개), 서비스업 1(247개), 식품소매(171개) 순으로 나타났다.

표 5-7 국내 프랜차이즈 산업 세부 업종별 가맹본부 수

업종 중분류	조사 결과(2005)	추정(2005)	2002년 추정 결과
패스트푸드 사업	61	484	–
패스트푸드 아닌 사업	92	710	–
식품소매업	23	171	–
소매업	71	344	–
서비스업 1	31	247	–
서비스업 2	32	255	–
합계	310	2,211	1,600

*자료 : 〈2005년 중소유통업 발전을 위한 연구-프랜차이즈 산업〉편(산업자원부, 2005)

다음으로 세부 업종별 가맹점 수를 살펴보면 패스트푸드 외식업(8만 6,628개), 패스트푸드 아닌 외식업(5만 5,364개), 식품소매업(4만 2,497개), 소매업(4만 5,014개), 서비스업 1(3만 2,417개), 서비스업 2(2만 2,262개) 순으로 나타났다.

표 5-8 국내 프랜차이즈 산업 세부 업종별 가맹점 수

업종 중분류	조사 결과(2005 평균) (개)	추정(2005) (개)	2002년 추정 결과 (개)
패스트푸드 사업	179	86,628	-
패스트푸드 아닌 사업	78	55,364	-
식품소매업	249	42,497	-
소매업	131	45,014	-
서비스업 1	131	32,417	-
서비스업 2	87	22,262	-
합계	-	284,181	119,623
평균	130	129	75

*자료 : 〈2005년 중소유통업 발전을 위한 연구-프랜차이즈 산업〉편(산업자원부, 2005)

다음으로 세부 업종별 가맹본부 연간 매출액은 소매업(22조 5,664억 원), 패스트푸드 외식업(14조 2,677억 원), 식품소매업(11조 5,625억 원), 패스트푸드 아닌 외식업(9조 8,017억 원), 서비스업

표 5-9 국내 프랜차이즈 산업 세부 업종별 가맹본부 연간 매출액

업종 중분류	조사 결과(2005 평균) (억 원)	추정(2005) (억 원)	2002년 추정 결과 (억 원)
패스트푸드 사업	295	142,677	-
패스트푸드 아닌 사업	138	98,017	-
식품소매업	676	115,625	-
소매업	656	225,664	-
서비스업 1	61	15,138	-
서비스업 2	63	15,998	-
합계	-	613,118	186,600
평균	327	227	117

*자료 : 〈2005년 중소유통업 발전을 위한 연구-프랜차이즈 산업〉편(산업자원부, 2005)

표 5-10 국내 프랜차이즈 산업 세부 업종별 가맹점 전체 월 평균 매출액

업종 중분류	조사 결과(2005 평균) (만 원)	추정(2005) (만 원)	2002년 추정 결과 (만 원)
패스트푸드 사업	1,239	107,301,794	–
패스트푸드 아닌 사업	2,723	150,775,512	–
식품소매업	2,848	121,039,052	–
소매업	3,434	154,562,539	–
서비스업 1	1,363	44,195,674	–
서비스업 2	1,372	30,535,248	–
합계	–	608,409,820	192,000,000
평균	2,114	2,141	1,605

*자료 : 〈2005년 중소유통업 발전을 위한 연구-프랜차이즈 산업〉편(산업자원부, 2005)

2(1조 5,998억 원), 서비스업 1(1조 5,138억 원) 순으로 나타났다.

다음으로 세부 업종별 가맹점 전체의 월 평균 매출액을 살펴보면 소매업(1조 5,456억 원), 패스트푸드 아닌 외식업(1조 5,077억 원), 식품소매업(1조 2,103억 원), 패스트푸드 외식업(1조 730억 원), 서비스업 1(4,419억 원), 서비스업 1(3,053억 원) 순으로 나타났다.

다음으로 세부 업종별 가맹본부 종업원 수를 살펴보면 정규직과 비정규직을 합칠 때, 패스트푸드 외식업(64,462명), 소매업(59,387명), 식품소매업(19,859명), 서비스업 1(16,014명), 패스트푸드 아닌 외식업(15,160명), 서비스업 2(8,976명) 순으로 나타났다.

마지막으로 세부 업종별 가맹점 전체의 종업원 수를 살펴보면 패스트푸드 아닌 외식업(309,762명), 패스트푸드 외식업(210,568명), 서비스업 1(171,178명), 식품소매업(131,485명), 소매업(103,820명), 서비스업 2(46,219명) 순으로 나타났다.

표 5-11 국내 프랜차이즈 산업 세부 업종별 가맹본부 종업원 수

업종 중분류	조사 결과(2005 평균) (명)		추정(2005) (명)		2002년 추정 결과 (정규직) (명)
	전체	정규직	전체	정규직	
패스트푸드 사업	133	78	64,462	37,678	-
패스트푸드 아닌 사업	21	18	15,160	12,749	-
식품소매업	116	94	19,859	16,020	-
소매업	173	152	59,387	52,431	-
서비스업 1	65	54	16,014	13,250	-
서비스업 2	35	30	8,976	7,693	-
합계	-	-	183,858	139,820	97,885
평균	90.6	71.0	83.2	63.2	56.8

*자료 : 〈2005년 중소유통업 발전을 위한 연구-프랜차이즈 산업〉편(산업자원부, 2005)

표 5-12 국내 프랜차이즈 산업 세부 업종별 가맹점 종업원 수

업종 중분류	조사결과(2005 평균) (명)		추정(2005) (명)		2002년 추정 결과 (정규직) (명)
	전체	정규직	전체	정규직	
패스트푸드 사업	2	1	210,568	44,414	-
패스트푸드 아닌 사업	6	3	309,762	154,327	-
식품소매업	3	0	131,485	6,857	-
소매업	2	2	103,820	68,383	-
서비스업 1	5	4	171,178	115,091	-
서비스업 2	2	1	46,219	18,652	-
합계	-	-	937,032	407,724	348,585
평균	3.2	1.2	3.4	1.4	2.7

*자료 : 〈2005년 중소유통업 발전을 위한 연구-프랜차이즈 산업〉편(산업자원부, 2005)

우리나라 프랜차이즈 업체별 현황은 어떠한가

가맹점 및 브랜드 수, 매출

국내 프랜차이즈 업체의 가맹본부당 가맹점 수는 평균 159.4개로 나타나 2002년의 74.8개에 비해 2배 이상 증가하였다. 이 중 20개 미만의 가맹본부가 전체의 약 1/3을 차지하였고, 가맹점은 수도권(서울 35.7개, 경기·인천 31.6개)과 부산·경남(22.2개)에 집중되었다. 업종별로는 소매업의 점포 수가 평균 219.8개로 다른 업종에 비해 많았다.

또한 직영점 수를 살펴보면 가맹본부당 평균 12.0개로 나타나 2002년의 7.1개에 비해 50% 이상 증가하였다. 이 중 직영점을 전혀 가지고 있지 않은 가맹본부가 46%에 달했고, 지역별로는 서울(3.9개), 부산·경남(1.5개)에 많은 것으로 나타났다. 세부 업종별로는 제과·제빵업의 직영점 수가 평균 31.7개로 가장 많았다.

다음으로 국내 프랜차이즈 본부의 브랜드 수를 살펴보면 규모가 작고, 성공적으로 론칭한 브랜드 수가 적으며, 사업이 다양화되지 못하다는 특징을 가지고 있다.

실제로 본부에서 운영하는 프랜차이즈 브랜드 수는 평균 1.99개에 불과했으며, 1개가 62.6%로 가장 많았고, 이어서 2개 (17.4%)의 순으로 나타났다. 이는 대다수 가맹본부가 아직 규모가 작거나 성공적으로 론칭한 브랜드가 적고 사업이 다양화되지 못했다는 것을 암시한다. 업종별로는 개인 서비스업의 브랜드 수가 평균 2.13개로 다른 업종에 비해 높게 나타났다.

다음으로 매출을 살펴보면 가맹본부의 경우 2004년 평균 매출은 477.82억 원으로 나타나 2002년 프랜차이즈 본부의 평균 매출 116.60억 원보다 크게 향상되었다. 하지만 전체 프랜차이즈 본부 중 41.6%가 20억 원 이하의 매출을 기록하였고, 가맹본부 간 편차가 큰 것으로 나타났다. 업종별로 살펴보면 소매업 1,054.98억 원, 외식업 247.63억 원, 개인 서비스업 61.94억 원 순으로 나타났다.

한편 가맹점의 매출을 살펴보면 가맹점의 월 평균 매출은 2,334만 원으로 나타나 2002년의 1,556만 원에 비해 큰 폭으로 증가하였다. 성장이 두드러진 업종으로는 소매업이 2002년 1,603만 원에서 2005년 4,156만 원으로 2.6배 증가하였고, 패스트푸드 아닌 외식업이 1,320만 원에서 3,027만 원으로 2.3배 증가하였다.

설립연도와 프랜차이즈 사업개시 연도

국내 프랜차이즈는 대다수 가맹본부의 업력이 일천한 것으로 나타났다. 가맹본부의 설립연도는 '1996~2000년'이 37.4%, '2001년 이후'가 30.3%, '1990년 이하'가 19.0%, '1991~1995년'이 13.2%로 나타나 10년이 되지 않은 본부가 전체의 2/3 이상을 차지하고 있다.

이를 사업기간 측면에서 살펴보아도 소매업 13.38년, 외식업 7.65년, 개인 서비스업 평균 7.29년으로 나타나 외식업과 개인 서비스업의 업력이 매우 짧은 것으로 나타났다. 더욱이 가맹본부가 실제로 프랜차이즈 사업을 수행한 기간을 살펴보면 평균 6.84년밖에 되지 않는다. 업종별로도 소매업 평균 9.58년, 외식업 5.78년, 개인 서비스업 5.57년으로 더욱 일천한 것으로 나타났다.

뿐만 아니라 가맹본부 설립 후 프랜차이즈 사업을 시작하기까지 걸린 시간을 살펴보면 평균 2.4년밖에 되지 않았고, 가맹본부 설립과 동시에 프랜차이즈 사업을 시작한 가맹본부가 무려 전체 표본의 59%(2년 미만은 70%)를 차지했다. 이는 충분한 사업경험이나 준비 없이 프랜차이즈 사업에 뛰어든 가맹본부가 많다는 것을 의미한다고 할 수 있다.

가맹본부와 마찬가지로 가맹점의 업력도 미흡한 것으로 나타났다. 가맹점 사업자가 현재의 점포를 운영한 평균 사업기간은 3.8년으로 나타났다. 2002년 대비 평균 사업 지속기간은 2.7년에서 3.8년으로 약 1.1년 늘어나긴 했지만 여전히 업력이 짧다고 할 수 있다. 업종별로는 자동차 관련 사업 7.9년, 빌딩·건축업 0.8년, 서비스업 1.2년, 여행업 1.3년, 인적 서비스업 1.6년, 유지관리 서비스업 1.7년 등으로 나타났다.

자본금 및 사업자본 조달방법

국내 프랜차이즈 가맹본부의 자본금은 평균 25억 1,700만 원으로 나타났는데, 이 중 절반 이상의 프랜차이즈 본부가 '1~10억 미만'이 54.2%로 자본규모에 있어서 매우 영세하다고 할 수 있다. 이를 업종별로 살펴보면 소매업 57억 6,000만 원, 외식업 7억 4,700만 원으로 나타났다. 소매업의 자본금이 다른 업종에 비해 많았으며, 외식업이 다른 업종에 비해 상대적으로 적게 나타났다.

다음으로 사업자금 조달방법을 살펴보면 자금원으로 개인자본 의존도가 높았다. 구체적으로 말하면 프랜차이즈 본부의 사업 초기 사업자금 조달원은 '본인 소유 자본'이 83.9%, '은행·금융사 대출'이 56.1%, '공동출자(주식회사의 경우)'가 35.2%로 개인자본에 대한 의존도가 높게 나타났다.

업종별로 살펴보면 외식업이 다른 업종에 비해 사업자금 조달원으로 '본인 소유 자본' 비율이 높은 것으로 나타났다. 개인자본 의존도가 높다는 것은 자금확보가 용이하지 않거나, 경영권 확보 등을 위해 타인의 출자를 허용하지 않는 것으로 해석이 가능하다. 다만 대부분의 가맹본부가 가장 큰 애로사항으로 자금조달의 어려움을 호소하는 것으로 보아, 다양한 원천으로부터의 자금확보가 어렵다는 해석이 옳은 것으로 판단된다.

종사자

가맹본부당 평균 90.6명의 종업원을 고용하고 있는데, 이 중 정규직이 평균 71.0명으로 2002년의 정규직 전체 56.8명과 비교할 때 10명 이상 증가한 것으로 나타났다. 한편 비정규직은 평균 19.4명으로 조사되었다.

이를 업종별로 살펴보면 소매업이 159.0명으로 가장 많았다. 이는 외식업이나 개인 서비스업의 2~3배에 해당하는 수치이다. 2002년과 비교해보면 2배 가량 정규직 고용인원이 증가해 가장 큰 증가율을 보였다. 특히 외식업의 경우 비정규직 고용비율이 전체의 1/3 이상을 차지하여 다른 업종에 비해 비정규직 고용비율이 높은 것으로 나타났다.

다음으로 가맹점 종사자를 살펴보면 가맹점 사업자를 제외한 가맹점포의 전체 종업원 수는 평균 3.2명으로 나타나 2002년과 비교하면 평균 2.7명에서 3.2명으로 다소 증가하였다. 고용형태별로 살펴보면 돈 안 받고 일하는 가족 0.7명, 파트타임 종사자 1.3명, 정규직원 1.2명 등으로 임시직이나 일용직에 대한 의존이 높은 것으로 나타났다.

또한 세부 업종별로 살펴보면 교육 관련 사업 7.9명, 패스트푸드 아닌 외식업 5.6명, 제과·제빵업 5.3명, 비즈니스 서비스업 5.0명, 인쇄업 1.6명, 부동산업 1.3명, 자동차 관련 사업 1.2명,

유지관리 서비스업 1.0명, 유아 관련 사업 0.9명, 인적 서비스업 0.3명 등으로 나타났다. 인쇄업, 부동산업, 자동차 관련 사업, 유지관리 서비스업, 유아 관련 사업, 인적 서비스업의 경우 상대적으로 종업원 수가 적었다.

한편 가맹점 사업자의 프랜차이즈 사업 이전 직업으로는 자영업 출신(32.6%), 사무·기술직 출신(27.6%), 가정주부 출신(11.5%)이 가장 많았다. 세부 업종별로 살펴보면 자영업 출신은 소매업(39.9%)과 자동차 관련 사업(45.0%), 사무·기술직 출신은 교육 관련 사업(42.7%)과 부동산업(36.7%), 가정주부 출신은 제과·제빵업(18.8%)과 유지관리 서비스업(22.5%)이 많았다.

매뉴얼, 지적 소유권, 운영 시스템

매뉴얼은 프랜차이즈 시스템 운영전략의 핵심이고, 성공적인 프랜차이즈 시스템의 필수조건이라 할 수 있다. 하지만 국내 프랜차이즈의 경우 매뉴얼 보유수준이 선진 프랜차이즈 업체들에 비해 상대적으로 낮다고 할 수 있다.

먼저 본부 관련 매뉴얼의 보유비율을 살펴보면 운영 매뉴얼 84.5%, 직원교육 매뉴얼 77.4%, 경영전략 매뉴얼 68.4%, 점포개발 매뉴얼 65.2%, 판촉홍보 매뉴얼 64.8%, 슈퍼바이징 매뉴얼 64.5% 등의 순으로 보유하고 있었다. 주로 본사 관리 차원의 거시적인 경영 및 표준화된 운영 관련 콘텐츠 등을 보유하고 있다고 할 수 있다.

또한 가맹점 관련 매뉴얼 보유비율은 점포운영 매뉴얼 80.3%, 서비스 매뉴얼 78.4%, 상품관리 매뉴얼 74.2%, 가맹점 교육·훈련 매뉴얼 66.1% 등의 순으로 나타났다. 이를 업종별로 살펴보면 소매업의 본부 및 가맹점 관련 매뉴얼 보유율이 다른 업종에 비해 전반적으로 낮은 반면, 외식업의 매뉴얼 보유율이 상대적으로 높은 것으로 나타났다.

다음으로 본부당 평균 지적 소유권 보유 개수는 평균 11.97개로 나타났다. 여기에는 상표(브랜드) 의장등록 7.8개, 서비스표 3.2개, 기술특허 0.7개 등이어서 기술 관련 특허수준이 매우 낮은 것으로 나타났다.

업종별로 지적 소유권 보유수준을 살펴보면 외식업 14.5개, 소매업 13.1개, 개인 서비스업 4.21개로 외식업, 소매업이 개인 서비스업보다 9~10개 정도 많은 것으로 나타났다.

한편 본부의 운영 시스템을 살펴보면 현재 도입, 운영하고 있는 시스템으로 재고관리 시스템, 창고 및 배송 시스템, 회계정보 시스템, 점포(고객)관리 시스템에 대해서는 60% 이상의 가맹본부가 운영하고 있는 것으로 나타났으나 관련 시스템이 전혀 없는 경우도 12.9%에 달했다.

업종별로 살펴보면 소매업이 인적 자원 관리 시스템을 제외한 다른 시스템의 운영비율이 70% 이상으로 외식업이나 개인 서비스업에 비해 시스템 운영비율이 상대적으로 높게 나타났다.

가맹점 개·폐점 수 및 계약기간

국내 프랜차이즈의 경우 2005년 기준으로 개점한 점포 수는 평균 25.8개, 폐점한 점포 수는 평균 7.5개였다. 이는 2004년 총 개점 수 30.2개, 폐점 수는 8.4개에 비해 소폭 낮아진 수치이다.

업종별로 살펴보면 소매업이 다른 업종에 비해 개·폐점 점포 수가 많았고, 개점한 점포 수는 외식업이, 폐점한 점포 수는 소매업이 상대적으로 높게 나타났다. 2002년과 비교하면 개점한 점포 수는 평균 3개, 폐점한 점포 수는 평균 1개 정도 증가하였다.

한편 가맹본부와 가맹점 간 계약기간을 살펴보면 최초 계약기간은 평균 2.22년으로 2002년의 2.07년에 비해 다소 증가하였다. 업종별로는 외식업의 평균 계약기간이 2.56년으로 소매업이나 개인 서비스업에 비해 6~8개월 가량 더 긴 것으로 나타났다. 또한 갱신할 경우의 계약기간은 평균 1.86년으로 2002년의 1.75년에 비해 다소 증가하였다.

업종별로는 외식업의 평균 계약기간이 2.05년으로 소매업이나 개인 서비스업에 비해 5개월 가량 더 긴 것으로 나타났다. 하지만 전반적으로 계약기간이 짧게 나타났고, 이 또한 국내 프랜차이즈의 문제점으로 여겨지고 있다.

가맹점에 대한 지원

가맹점에 대한 지원은 프랜차이즈 시스템의 운영전략에 있어서 가장 기본이 되는 부분이라 할 수 있다. 이 중 가장 중요한 것이 교육·훈련이다. 국내 프랜차이즈의 경우 가맹본부에서 운영하고 있는 교육횟수는 1년에 평균 15.51회로 나타났고, 여기에는 영업 관련 교육 6.72회, 기술향상 관련 교육 5.32회, 정신교육 3.03회 등이 포함되어 있다. 업종별로는 외식업 연 평균 17.97회, 소매업 연 평균 13회로 외식업의 교육횟수가 소매업이나 개인 서비스업에 비해 높은 것으로 나타났다.

교육·훈련 외에 중요한 것은 가맹본부 슈퍼바이저(가맹점 지도원)의 가맹점 영업지원인데, 국내 프랜차이즈의 경우 슈퍼바이저 수가 본부당 평균 9.4명에 달하는 것으로 나타났다. 업종별로는 소매업의 슈퍼바이저 수가 평균 17.5명으로 다른 업종에 비해 많았다. 특히 식품소매업의 경우 평균 37.1명으로 다른 업종에 비해 매우 많은 것으로 나타났다.

슈퍼바이저의 가맹점당 월 평균 방문횟수는 3.00회로 대다수 본부들이 월 평균 1~3회 정도 가맹점을 방문하는 것으로 나타났다. 한 달에 한 번도 방문하지 않는 본부가 전체의 10% 정도에 달하는 것으로 나타났다. 전반적으로 슈퍼바이저를 통한 가맹점 영업지원이 활발하지 않은 것으로 나타났다. 업종별로 살펴보면 서비스업의 월 평균 가맹점 방문횟수가 4.50회로 다른 업종에 비해 높은 것으로 나타났다.

한편 가맹본부로부터의 지원 종류를 살펴보면 지속적인 영업 및 상품정보 78.5%, 광고 및 판촉활동 52.6%, 운영 소프트웨어 49.2%, 정기적 경영지도 및 컨설팅 교육 43.6%, 정기적 교육 및 훈련 41.9% 등의 순으로 이루어지고 있었다. 하지만 가맹점 경쟁력의 중요한 요인인 '정기적 경영지도 및 컨설팅 교육'과 '정기적 교육 및 훈련 지원'은 상대적으로 적게 나타났다.

마지막으로 향후 본부로부터 지원을 희망하는 분야를 살펴보면 광고 및 판촉활동 38.2%, 지속적 영업·상품개발 및 정보제공 25.7%, 지속적 교육 및 훈련 14.0%, 가맹점 운영 정보화 시설 13.6% 등의 순으로 나타나고 있다.

본부와 가맹점 간 갈등

프랜차이즈 시스템의 가맹본부와 가맹점 간 갈등은 거래관계의 불만족에서부터 시작된다고 할 수 있다. 거래관계에 대한 불만족은 주로 가맹점측에서 많이 이루어지고 있다. 가맹본부에서 제공하고 있는 경영 서비스에 대한 만족도를 살펴보면 만족한다 34.9%, 불만족한다 33.5%로 만족과 불만족이 거의 비슷한 수준으로 나타나고 있다.

이를 좀더 자세히 살펴보면, 투자수익률에 대한 만족도는 만족하지 못하는 업체(46.2%)가 만족한다는 업체(22.9%)보다 많은 것으로 나타났다. 또한 가맹본부 추천의사는 주변 친지나 친구에게 가맹본부를 추천할 것이다(52.9%)가 절대 추천하지 않을 것이다(19.6%)에 비해 높게 나타났다. 이를 세부 업종별로 살펴보면 '추천할 것이다'는 부동산업(69.4%), 소매업(66.5%), 패스트푸드 아닌 외식업(62.3%) 순으로 나타났고, '추천하지 않을 것이다'는 서비스업(58.7%), 식품소매업(57.6%), 자동차 관련 사업(55.0%) 순으로 나타났다.

한편 가맹본부와 가맹점 간 분쟁을 살펴보면, 가맹점 사업자와 자주 발생하는 분쟁 이슈로 영업지원 불만족 관련 사항 30.3%, 인테리어 비용 관련 사항 15.5%, 상권보장 사항(인근 지역 신규 가맹점 개설 등) 12.9% 등이 많았다. 이를 업종별로 살펴보면 외식업은 다른 업종에 비해 '인테리어 비용 관련 사항'에 대한 쟁점이 상대적으로 많았고, 소매업은 '상권보장 관련 사항', 개인 서비스업은 '광고비용 관련 사항'이 상대적으로 많았다.

이러한 분쟁으로 인해 프랜차이즈 가맹본부는 신뢰성이 낮아진다. 신뢰성 저하의 주요 요인을 살펴보면 과다한 인테리어 비용 산정 23.9%, 인근 지역에 신규 가맹점 개설 23.8%, 가맹점에 대한 지원약속 미이행 22.2%, 과장된 예상 매출액 제시 21.8% 등이 있었다. 이밖에 계약갱신 요구시 부당한 거절, 계약기간 중 부당한 계약해지, 홍보·운영 미흡, 품질저하 및 신상품 개발 미비, 인력·재료수급 부족, 과다한 로열티 등이 있었다.

한편 가맹본부와 가맹점 간 분쟁 발생은 2002년에 비해 19.4% 증가하였고, 분쟁이 발생한 경우 해결되는 비율은 52%로 나타났다. 주요 분쟁 해결방법은 '본부에 이의를 제기하여 가맹점 의견이 반영된 상태로 원만히 해결한다' 24.0%, '본부에 이의를 제기하지만 잘 해결되지 않고 본부의 결정에 따른다' 19.8% 등으로 나타났다.

세부 업종별로 살펴보면 가맹점 의견 반영 해결은 소매업

31.8%, 서비스업 30.6%, 자동차 관련 사업 29.7% 순으로 나타났고, 본부의 결정으로 해결은 서비스업 32.2%, 식품소매업 24.9% 순으로 나타났다.

마지막으로 가맹본부의 애로사항을 살펴보면 국내 프랜차이즈 가맹본부의 가장 큰 애로사항은 자금부족(35.8%)인 것으로 나타났다. 그 다음은 품질통제, 운영통제 등 가맹점 통제의 어려움(32.6%), 적절한 인력확보, 인센티브 제도 등 인사관리 문제(10.6%), 거래비밀, 특허권 침해, 전수비법 보호 등 비밀보안(6.5%) 순으로 나타났다.

가맹점의 초기 투자

프랜차이즈 시스템에 있어서 본부와 가맹점이 계약을 체결할 때 필요한 초기 투자비용은 크게 초기 가입비와 로열티, 그리고 기타 초기 투자비용으로 구성되어 있다. 이 중 초기 가입비는 평균 1,456만 원으로 2002년 872만 원에 비해 많이 증가했고, 초기 가입비가 없는 본부의 비율 또한 7% 가량 감소하였다. 하지만 가맹본부간에 편차가 큰 것으로 나타났다. 업종별로는 개인 서비스업의 초기 가맹비가 상대적으로 다소 낮게 나타났다.

다음으로 로열티를 살펴보면, 가맹점에 로열티를 부과하고 있는 프랜차이즈 본부는 전체 본부 중 34.8%밖에 되지 않았다. 업종별로 살펴보면 개인 서비스업의 로열티 부과비율이 50% 이상으로 소매업이나 외식업에 비해 20% 이상 높았다. 하지만 선진 프랜차이즈 업체에 비해서는 매우 낮은 수준이라 할 수 있다.

로열티 부과방식을 살펴보아도 매달 일정 금액 46.3%(월 평균 로열티 29만 7,000원)이 매출액 대비 일정 비율 33.3%(평균 로열티 비율 12.48%)에 비해 많았다. 업종별로 살펴보면 외식업이나 개인 서비스업에 비해 소매업의 경우 절반 이상이 매출액 대비 일정 비율 방식을 활용하고 있었다.

한편 가입비를 포함한 가맹점의 초기 투자비용은 평균 8,056만 원으로 나타나 2002년의 6,187만 원에 비해 25% 가량 증가하였다. 이 또한 본부간에 차이가 많은 것으로 나타났다. 업종별로 살펴보면 외식업이 평균 8,955만 원으로 7,000만 원대 초반인 소매업이나 개인 서비스업에 비해 매우 높게 나타났다.

우리나라 프랜차이즈 산업의 문제점은 무엇인가

　국내 프랜차이즈 산업의 문제점은 크게 가맹본부와 점포 수 기준으로 외식업 편중이 심하다는 것, 사업 인프라가 취약하다는 것, 규모가 영세하다는 것, 업력이 미흡하다는 것을 들 수 있다. 또한 사업 전개과정에서 부도덕한 일부 가맹본부에 의해 사회적으로 부정적 인식이 팽배하고, 정부의 정책지원을 위한 제도가 미비하다는 문제도 지니고 있다.

　뿐만 아니라 최근에는 장기간의 경기침체로 인해 신규 창업자 및 가맹점 매출, 가맹본부의 수익률이 하락하고 있다는 우려도 제기되고 있다. 이로 인해 2004년 7월에서 8월까지 전국 음식업소의 휴·폐업률이 전년 동기 대비 24% 증가하였고, 불황의 장기화로 프랜차이즈 기업의 부도 또는 프랜차이즈 기업간 M&A가 확산되고 있다. 이를 좀더 구체적으로 살펴보면 다음과 같다.

외식업 비중 과다

2005년 가맹본부 수 기준 외식업(패스트푸드, 패스트푸드가 아닌 외식업, 제과·제빵업)의 비중이 전체의 54.0%로 서비스업 22.7%, 도·소매업 23.3%에 비해 높게 나타났고, 업종의 불균형은 2002년에 비해 더욱 심화되고 있다.

미국의 경우는 프랜차이즈 산업에서 외식업이 차지하는 비중이 상대적으로 낮다. 가맹본부 수 기준으로 볼 때 외식업 28.9%, 소매업 16.0%, 서비스업 55.1%로 오히려 서비스업의 비중이 높다. 일본의 경우도 비록 외식업이 차지하는 비중이 약 40%로 높긴 하지만 가맹본부 수 기준 외식업 39.8%, 소매업 31.8%, 서비스업 28.5%로 비교적 균등한 비중을 차지하고 있다.

우리나라처럼 외식업의 상대적 비중이 여타 산업에 비해 지나치게 높을 경우 업종의 다양성이 낮아 산업의 안정적 성장을 저해할 가능성이 높다.

업종별로 보았을 때 도·소매업 비중은 일본보다 낮고 미국보다는 높기 때문에 문제가 된다고 보기 어렵다. 하지만 서비스업 비중이 선진국에 비해 매우 낮다. 업계의 저변을 확대하기 위해서는 향후 서비스 업종을 다양화할 필요가 있다.

규모의 영세성

선진국의 대형화 추세와는 달리 국내 프랜차이즈 산업의 구조는 소규모 업체들이 중심이다. 가맹본부가 보유하고 있는 가맹점 중위수는 40개이고, 20개 미만의 가맹본부가 전체의 약 1/3을 차지하고 있다. 또한 가맹본부가 보유하고 있는 직영점의 중위수는 1개, 직영점을 전혀 가지고 있지 않은 가맹본부도 무려 46%에 달한다. 뿐만 아니라 가맹본부의 매출은 중위수 21.5억 원이고, 전체 프랜차이즈 본부 중 41.6%가 20억 원 이하의 매출을 보이고 있다.

업력 부족

2005년 실태조사에 의하면 가맹본부의 평균 가맹사업 기간은 6.8년에 불과하다. 가맹본부 중 45.4%가 최근 3년 이내에 사업을 개시하였고, 신생 가맹본부의 비중이 높은 것으로 나타났다. 업종별로 보아도 외식업 5.76년, 서비스업 5.46년, 도·소매업 9.58년으로 모두 10년 미만의 업력을 보이고 있다.

또한 가맹본부 설립 후 프랜차이즈 사업을 시작하기까지 걸린 시간도 평균 2.4년밖에 되지 않는다. 가맹본부 설립과 동시에 프랜차이즈 사업을 시작한 가맹본부가 무려 전체 표본의 59%에 이르고 있다는(2년 미만은 70%) 사실은 충분한 사업경험이나 준비 없이 프랜차이즈 사업에 뛰어든 가맹본부가 많다는 것을 의미한다고 할 수 있다.

뿐만 아니라 가맹점 사업자가 현재의 점포를 운영한 평균 사업 기간은 3.8년밖에 되지 않아 가맹점의 업력도 미흡한 것으로 나타났다. 일부 업종의 경우에는 2년이 채 안 되는 것으로 나타나고 있다.

취약한 인프라

취약한 인프라도 문제이다. 프랜차이즈 전문인력이 부족하고 이를 양성하기 위한 교육·훈련기구도 없는 상황이다. 프랜차이즈 산업의 정보화 수준이 매우 낮고, 개별 가맹본부의 물류 시스템도 취약하며, 공동 배송이나 공동 물류단지 조성 등 공동 사업에 의한 효율화가 이루어지고 있지 않다.

국제경쟁력 부족

우리나라의 해외진출 가맹본부는 81개(2002년 64개에 비해 26.5%가 증가)에 불과하다. 이는 전체 추정 가맹본부(2,211개)의 약 3.7%밖에 되지 않는 수치로 선진국인 미국의 약 20%와 비교할 때 매우 저조한 수준이다.

불안정한 수익구조

국내 가맹본부 중 로열티를 부과하고 있는 가맹본부는 전체의 34.8%에 불과하다. 선진국의 경우 로열티가 가맹본부의 가장 중요한 수입원임을 감안할 때 이는 프랜차이즈 시스템의 내실경영을 저해하는 주요 원인이라 할 수 있다. 더욱이 가맹점에 대한 동기부여 수단인 매출액 정률 비율을 활용하는 가맹본부도 로열티 부과 가맹본부 중 33.3%에 불과하다.

낮은 가맹점 만족도

가맹본부에서 제공하고 있는 경영 서비스에 대한 만족도가 5점 만점에 평균 2.9점밖에 되지 않고, 투자수익률에 대한 만족도 역시 평균 2.6점('보통 이하' 수준)인 것으로 나타났다.

부정적 사회인식

우리나라의 경우 프랜차이즈 본부의 불공정 거래행위로 프랜차이즈 산업에 대한 사회적 인식이 부정적이다. 그 이유를 구체적으로 살펴보면, 사업경험이 일천하고 관리 시스템을 갖추지 못한 가맹본부가 사업 초기에 무리하게 빠른 성장을 추구하면서 가맹점을 무분별하게 모집하고, 가맹점은 충분한 사업분석 없이 계약을 체결하는 과정에서 능력 없는 가맹본부와 가맹점이 증가하여 결국 전체 프랜차이즈 시스템의 부실과 도산을 초래하기 때문이라 할 수 있다.

또한 프랜차이즈 시스템은 근본적으로 가맹본부가 가맹점에 비해 힘의 우위에 있는 산업인데, 일부 가맹본부는 가맹점에게 지나치게 우월적 지위를 행사하여, 이로 인해 가맹본부와 가맹점 사이에 계속 분쟁이 발생하고 있다. 일방적 계약 해지, 부당광고, 판촉비용의 전가와 같은 불공정 행위도 발생하고 있다. 이는 프랜차이즈 산업의 건전한 발전에 장애요인이 되고 있다.

특히 일부 가맹본부는 시스템을 성장시키겠다는 목적보다는 가맹비 취득 목적으로 사업을 시작하여 사술과 과장광고로 가맹점을 모집하고, 이로 인해 정확한 정보가 부족한 상태에서 사업을 시작한 가맹점 사업자들은 투자원금에 손실이 발생하고 있다. 더욱이 이러한 피해사례가 언론에 보도되면서 프랜차이즈 산업에 대한 일반 대중의 부정적 인식을 초래하고 있다.

제도적 인프라 부족

우리나라의 경우 프랜차이즈 산업의 발전을 지원할 수 있는 제도적 기반이 미흡하다는 것도 문제점 중 하나이다. 비록 유통산업발전법이 제정되어 있으나 프랜차이즈 산업에 적용하기가 어렵고 '가맹사업거래의공정화에관한법률'이 있으나 진흥법의 성격은 아니다.

정부의 프랜차이즈 산업 정책도 지원정책이 대부분의 중소기업에 국한되어 있고, 대기업으로 구분되는 가맹본부는 지원에서 배제되어 있으며, 외식업과 서비스 산업은 중소기업 업종에 포함되지도 않아 금융 및 세제지원의 혜택을 받지 못하고 있다. 외식업의 경우 세율이 다른 음식업보다 높다.

해외 프랜차이즈 산업은 어떠한가

미국의 프랜차이즈 산업 현황

미국 내 프랜차이징의 규모는 전체 소매의 50%에 이르는 것으로 추정된다(IFA). 2010년에는 전체 규모 2조 달러, 가맹본부 수 9,000개, 점포 수 100만 개에 달할 것으로 전망되고 있다. 또한 미국 내 프랜차이즈 산업은 미국 경제에서 매우 핵심적인 역할을 하고 있다.

이를 구체적으로 살펴보면 미국 내 프랜차이즈 점포 수는 2005년 현재 76만 7,483개이고, 프랜차이즈 산업으로 인한 경제적 효과도 고용 979만 7,117명(전체 직업의 7.4%), 임금 2,291억 달러(전체 임금의 5.0%), 총산출 6,246억 달러(전체 총산출의 3.9%) 등 매우 크다.

표 5-13 미국의 프랜차이즈 산업

	직·간접적인 영향		직접적인 영향	
	프랜차이즈 산업 및 관련 산업	미국 경제에서의 비중	프랜차이즈 산업	미국 경제에서의 비중
고용	18,121,595(명)	13.7%	9,797,117(명)	7.4%
임금	5,066억 달러	11.1%	2,291억 달러	5.0%
총산출	1조 5,300억 달러	9.5%	6,246억 달러	3.9%

이를 연관산업까지 확대해본다면 고용 1,812만 1,595명(전체 직업의 13.7%), 임금 5,066억 달러(전체 임금의 11.1%), 총산출 1조 5,300억 달러(전체 총산출의 9.5%)로 더욱 커짐을 알 수 있다.

프랜차이즈 산업이 가지는 경제적 의의는 무엇보다도 고용효과에서 두드러진다. 〈표 5-14〉에서 보듯, 프랜차이즈 산업 내 고용은 약 980만 명으로, 내구 소비재 산업의 1,000만 명에 버금가는 효과를 지니고 있다. 이는 정보산업이나 건설산업, 금융산업의 고용보다 월등히 많은 수치라 할 수 있다.

표 5-14 미국 프랜차이즈 산업의 고용효과

주요 산업간 고용효과 비교(명)	
정보산업	3,629,000
건설산업	6,826,000
금융산업	7,807,000
프랜차이즈 산업	9,797,000
내구 소비재 산업	10,335,000

일본의 프랜차이즈 산업 현황

일본의 프랜차이즈는 미국의 프랜차이즈보다 약 100년 후인 1960년대에 도입되었다. 일본 프랜차이즈의 성장과정을 살펴보면 1990년대 장기 불황에도 불구하고 연 평균 10% 이상의 신장률을 기록하고 있다. 이는 GNP 성장률의 7배에 이르는 수치이다. 특히 1991년부터 1995년 사이에 소매업 전체 매출이 약 0.7% 신장하였고, 백화점 1.8%, 슈퍼마켓 0.2%의 매출성장에 그친 반면 프랜차이즈 체인인 편의점은 13.2%나 성장하였다.

최근 10년간 추이를 살펴보아도 가맹본부 66% 증가, 가맹점 수 약 3배 증가, 매출 약 5배 증가라는 급속한 성장세를 보이고 있다. 더욱 놀라운 것은 일본의 프랜차이즈 산업은 외형적인 증가뿐 아니라 기반 인프라도 동시에 강화되고 있다는 점이다. 우리나라와 가장 유사한 일본의 프랜차이즈 산업에 대해 좀더 자세히 살펴보자.

먼저 일본 프랜차이즈 산업의 규모를 살펴보면, 2003년 일본 국내 프랜차이즈 가맹본부 수는 1,074개(전년 대비 9개 증가)이고, 총점포 수 22만 710개(전년 대비 1.4% 증가), 매출 17조 8,689억 엔(전년 대비 2.2%)으로 증가추세를 띠고 있다.

이를 업종별로 살펴보면, 먼저 일본의 가장 대표적인 프랜차이즈 시스템이라 할 수 있는 편의점의 경우 지방 가맹본부의 영업양도나 합병통합, 가맹본부의 수 감소, 대규모 소매상의 과점화가 진행되고 있다. 점포 수와 매상고도 일부 감소하고 있으며, 출

표 5-15 일본의 프랜차이즈 산업

	점포 수					매출(100만 엔)	
	체인 수	증감	점포 수	전년도 증감	전년 대비	매출	전년 대비
총계	1,074	9	220,710	3,043	101.4%	17,868,851	102.2%
외식업	427 (39.8)	10	53,322 (24.2)	2,103	104.1%	3,736,077 (20.9)	103.6%
소매업	341 (31.8)	3	79,498 (36.0)	2,296	103.0%	11,912,126 (66.7)	102.2%
(편의점경우)	33	-4	41,114	470	101.2%	7,195,728	100.6%
서비스업	306 (28.4)	-4	87,890 (39.8)	-1,356	98.5%	2,220,647 (12.4)	99.8%

*점포 수는 각 가맹본부의 가맹점·직영점 수의 합계, 매출은 가맹점·직영점의 매상고
**괄호 안은 총계 대비 %

점 경향은 더디게 계속되고 있다. 매출신장률도 전년도 +2.0%에 비해 +0.6%로 둔화되었다.

그외 각종 종합소매업에서는 100엔 숍의 출점이 눈에 띄고, 매출도 신장했다. 과자·빵 소매는 대규모 소매상의 점포 축소로 매출이 감소하고 있으며, 가정용품 소매업의 전기제품 판매에서 일부 가맹본부의 매출 호조세를 보이고 있다.

한편 외식업을 보면 일본 요리는 스시나 꼬치 가게의 신규 진입으로 매상이 큰 폭으로 늘었고, 라면점·햄버거 가게의 일부 가맹본부의 업적이 부진한 경향을 보이고 있으며, 불고기 가게(야키니쿠), 아이스크림 가게, 커피숍에서는 대규모 소매상의 업적 호조에 의해 신장률이 크게 나타나고 있다.

마지막으로 서비스업을 살펴보면 학습학원, 컬처스쿨에서는 기

존 대규모 업체의 출점이나 신규 진입에 의해 점포 수, 매출 모두 호조되었다. 또한 사진관(DPE), 인쇄 관련 서비스 프랜차이즈는 디지털카메라나 컴퓨터의 보급으로 프랜차이즈 사업을 중단하는 가맹본부가 생겨남에 따라 점포 수와 매출이 모두 감소하였다.

유럽의 프랜차이즈 산업 현황

유럽의 프랜차이즈 산업은 프랑스, 영국, 독일 등 3개국이 선도하고 있다. 먼저 영국의 프랜차이즈 산업 현황을 살펴보면, 영국의 프랜차이즈 산업은 여타 산업에 비해 꾸준히 성장하고 있는 산업으로 연간 매출이 2004년 현재 91억 파운드(약 156억 달러), 가맹본부 수 674개, 가맹점 수 3만 3,000개(95%의 가맹점이 흑자), 종사자 수 33만 명(1995년과 2002년 사이에 46.4%가 증가)에 달하고 있다.

다음으로 프랑스 프랜차이즈 산업의 현황을 살펴보면 2003년 현재 프랑스 프랜차이즈 산업의 매출규모는 유럽 전체 프랜차이즈 산업 매출의 40%를 차지하고 있다. 최근 수년간 가맹본부와 가맹점 수가 꾸준히 증가하고 있는데, 2003년 현재 연간 매출은 337억 유로(약 397억 달러, 2002년 대비 10.5%p 증가), 가맹본부 수는 719개(2002년 대비 10.1%p 증가), 가맹점 수는 3만 3,268개(2002년 대비 3.2%p 증가)에 달하고 있다.

한편 독일의 프랜차이즈 산업은 지난 10년간 계속 성장(2001년에만 가맹본부 일시 감소)하고 있는데 2003년 현재 연간 매출은 약만, 아직도 상당수 기업은 높은 가맹점 관리비용과 통제의 어려움으로 인해 가맹점 확대 자제, 직영점 확대 전략을 구사하고 있다. 요식업과 세탁업에서 이러한 현상이 많이 나타나고 있다. 2004년 요식업 가맹점의 증가율은 28%로, 이는 전체 산업 내 가맹점 평균 증가율인 38%에 비해 10% 낮은 수준이다.

한편 최근 들어 중국 프랜차이즈 산업의 가장 큰 특징이라 할 수 있는 것은 해외 기업의 중국 진출이 가속화되고 있다는 점이다. 중국은 2005년 이전에는 '외상투자상업기업시점판법(外商投資商業企業試点辦法)'(잠정안)(1999년 6월 25일부 시행)에 근거, 중국 내 유통업은 합자·합작만 가능하고, 중국 기업이 통제 주주권을 보유하도록 규제하고 있었다. 또한 유통기업의 매장확장은 직접 투자, 직접 경영에 국한되며 프랜차이즈 형태의 가맹점 모집은 금지하고 있었다. 그러나 WTO 가입에 따른 개방 스케줄에 맞춰 2005년 1월 4일 상무부의 '상업특허경영관리법(商業特許經營管理法)'에 의거, 2005년 2월 1일부터 외국인에게도 동일하게 개방함에 따라 많은 해외 기업의 진출이 가속화되었다.

예를 들어 맥도날드는 2003년 베이징, 광저우를 시작으로 전국 소도시까지 매장을 확장하였고, KFC는 2000년 8월 창저우 매장을 필두로 전국에 매장을 500여 개로 확대하였으며, 피자헛은 1990년부터 시작하여 전국적으로 120여 개의 매장을 운영하고 있다. 이밖에 서브웨이(Subway), 디코스(Dicos), 매리브라운(Marrybroun) 등 해외 스낵 브랜드도 50개 이상의 체인점을 경영하고 있다.

이들 해외 기업은 일반적으로 중국 시장 진출 2~3년 후 본격적으로 가맹점을 확대하고 있는데 이 시기에 가맹점 수는 100여 개로 확대되며, 어느 정도 인지도를 쌓는 것으로 조사되었다. 또한 과거에는 중국 내 법적 제도의 미비로 해외 브랜드의 경우 직영점 위주의 전략을 구사했으나 향후 가맹점 위주의 전략으로 확대해나갈 것으로 예상되고 있다.

앞으로는 현지 기업의 장점을 활용할 수 있는 지역 프랜차이징이 유효할 것으로 예상된다. 센추리21(Century21), 서브웨이 등 해외 프랜차이즈 기업들은 중국 내에서 이러한 방식을 채택해 중국 내 매장확대에 박차를 가하고 있다.

하지만 아직 중국 내 프랜차이즈 산업의 발전에는 몇 가지 문제점이 있다. 외국 기업에 대한 정부의 행정간섭으로 기업의 독립경영에 애로사항이 많고, 계약보다는 관습에 의한 거래에 익숙한 문화적 차이로 프랜차이즈 산업이 정착되기 어려우며, 아직 시장경제 체제 및 법제 환경이 미성숙된 중국 시장에서 사업확장에 애로사항이 많다. 또한 대부분의 가맹점 사업자가 50만 위엔 미만의 소규모 투자를 하고 있다는 점도 문제점 중 하나이다.

향후 중국 내 프랜차이즈 산업이 성공하기 위해서는 1) 리스크가 적은 가맹조건 개발, 2) 문화적 관습 차이에 따른 윈윈전략의 개념 이해, 3) 지역별·계층별 소득 차이를 감안한 메뉴개발 및 마케팅 전개, 4) 시장성숙도 및 법제 환경을 고려하여 투자자 유치, 5) 업계 관행 및 문화적 배경을 고려한 현지화 경영관리 등이 필요하다.

프랜차이즈 고객은 어떻게 변하고 있나

고객의 변화추세는 프랜차이즈 산업을 포함한 모든 기업에 영향을 미치고 있다. 최근 일어나고 있는 주요 고객의 변화추세는 1) 장기간의 경기침체로 인한 소비자 구매력 감소, 2) 특정 브랜드에 대한 고객 충성도 약화, 3) 구매에서의 편의성 추구, 4) 건강 붐(웰빙 붐), 5) 현명한 소비자의 증가, 6) 소득의 양극화, 7) 자기 고용인력의 증가 등이 있다. 이를 구체적으로 살펴보면 다음과 같다.

구매력 감소

전 세계적인 장기 불황으로 소비자가 제품·서비스 가격에 민감하게 반응하고 있다. 가격민감도가 커지면서 품질 대비 가격을 구매를 결정할 때 중요하게 고려하고 있다. 이로 인해 가격 대비 품질수준이 높은 제품·서비스를 선호하고 있고, 저가를 강점으로 하는 프랜차이즈 사업의 출현 가능성이 높다.

고객 충성도 약화

고객들은 갈수록 보다 우수한 품질과 서비스를 기대하고 있다. 특히 제품간의 차별화가 거의 사라짐에 따라 특정 제품이나 브랜드에 대한 고객 충성도가 약화되고 있다.

이로 인해 제품의 가격이나 상품, 점포설계 등 유사한 상점이 많아짐에 따라 이에 식상한 소비자들이 새롭고 자극적인 것을 제공하는 프랜차이즈 시스템을 선택할 가능성이 높다.

편의성 추구

취업 여성이 증가하고 있고, 여가에 대한 선호가 증가하고 시간의 효용이 증가함에 따라 편의성을 추구하는 소비자가 증가하고 있다. 예를 들어 장소적 편의성, 다양한 제품구색, 소량 구매, 편리한 배달에 대한 소비자 욕구가 증가함에 따라 패스트푸드점이 성장하고, 복합매장이 출현하고 있으며, 육아나 청소대행업과 같은 다양한 형태의 서비스 업종에서 프랜차이즈 산업이 발달하고 있다.

건강 붐(웰빙 붐)

웰빙 바람과 함께 건강이 지배적인 트렌드로 자리 잡고 있다. 미국의 경우 건강산업은 2010년 1조 달러에 이를 것으로 추정하고 있고, 우리나라의 경우 현재 2조 원 정도로 추정하고 있다.

이러한 건강에 대한 관심은 프랜차이징의 주요 성장동력 중 하나가 되고 있다. 외식업의 경우 건강을 중시하는 메뉴개발이 이루어진 것은 이미 오래 전부터이다. 샌드위치와 피자, 샐러드 등을 판매하는 숄츠스카이(Scholtzsky) 레스토랑의 경우 9g 이하의 지방을 지닌 13개 품목이 포함된 새로운 메뉴(Lighter Menu)를 개발하였다.

맥도날드도 숄츠스카이나 서브웨이 등 샌드위치 업계와 파네라 브레드(Panera Bread)와 같은 제빵업계, 바하 프레시(Baja Fresh)와 같은 멕시컨 푸드 업계의 강력한 도전을 받아 샐러드 라인을 크게 변화시키고 있다.

현명한 소비자 증가

소비자는 인터넷과 그밖의 정보원천으로부터 제품지식을 포함하여 많은 정보를 얻고 있다. 이처럼 현명한 소비자가 늘어남에 따라 소비자를 단순한 고객이 아닌 파트너로 인식하는 것이 중요해지고 있다. 이로 인해 제품에 대한 교육이나 AS의 필요성은 낮아지고 있으나, 제품간 비교구매가 가능해짐에 따라 소비자에게 좀더 많은 가치를 제공하는 것이 중요해지고 있다.

자기 고용인력 증가

직장 내에서 승진이 불확실하고, 연봉협상 결렬 등으로 전업 혹은 부업으로 소자본 개인 창업이나 재택근무에 투자하는 사람들이 늘어나고 있다. 이로 인해 개인의 직업에 대한 의식이 바뀌어 젊은 직장인의 상당수가 직장에 대한 충성심이 낮으며, 자신의 노력에 의해 독립적인 사업을 운영하고 싶어하는 성향을 보이고 있다.

예비 가맹점주들이 원하는 사업은 자신의 스타일이나 생활양식, 능력, 추구하는 가치, 성격에 맞는 사업이고, 자신의 생각이나 적성에 맞는 가맹본부를 찾고 있다. 이들은 대체로 중소규모의 가맹점을 운영하고자 하며, 사업에 관련된 많은 질문을 하고, 심지어 변호사나 회계사를 통해 매우 신중하게 가맹본부를 선택한다. 이처럼 현명한 가맹점주가 늘어나면서 프랜차이즈 시스템은 보다 강해지고 성장잠재력이 커질 것으로 기대된다.

프랜차이즈 경쟁환경은 어떻게 변하고 있나

프랜차이즈 사업영역 확대

프랜차이즈 사업은 거의 모든 산업으로 사업영역을 넓혀가는 추세이다. 1990년대 초반까지만 해도 주로 외식산업, 커피전문점, 베이커리점, 의류, 팬시, 치킨생맥주집 등에 국한되었지만, 최근에는 생과일주스, 컴퓨터방, 세탁점, 액세서리점, 귀금속점, 포토아트점, 피부관리점, 상설할인판매점, 스포츠서클, 실버산업, 편의점, 인쇄방, 건강식품, 포장이삿짐, 중소기업 특허제품, 어학교재, 스포츠용품, 실내골프장, 수입품, 주방용품, 토털패션, 가요주점, 홈인테리어, 자동차용품, 꽃집, 탕수육전문점 등 산업의 전 분야로 확산되어 다양화되고 있는 추세이다.

향후에는 상품 판매보다 서비스 판매 부문에서 크게 성장할 것으로 기대된다. 예를 들어 주택청소 및 보수와 같은 주택개선 서비스, 중소기업을 대상으로 하는 웹사이트 개발, 세무 및 회계 서비스를 제공하는 프랜차이징, 의료 및 건강분야에서의 프랜차이징, 스포츠 토너먼트 프랜차이징도 등장할 것으로 기대된다.

대기업의 프랜차이징 수용 확대

프랜차이징은 다른 사업방식에 비해 많은 장점을 지니고 있다. 따라서 자본조달이나 제품의 판로개척에 애로가 있는 대기업의 경우에는 프랜차이징을 유효한 사업방식으로 선택할 가능성이 높다. 프랜차이즈 시스템은 성장목표의 달성, 자본조달과 영업망의 구축, 위험의 분산 등에 많은 장점을 지니고 있다.

실제로 많은 대기업이 직접 프랜차이즈에 진출하거나 소규모 프랜차이즈 기업을 적극 인수하는 전략을 구사하고 있다. 예를 들어 보광(훼미리마트), GS(GS유통), 두산(켄터키치킨), 선경(선경유통), 미원(나이스데이), 동양(베니건스), 제일제당(스카이락), 남양유업(피아띠)처럼 재벌기업이 대거 참여하면서 점차 대형화 및 전문화되는 추세이다.

비용절감 강조

최근 프랜차이즈 업체들은 조직 내 인력을 감축하여 슬림화하고 가치사슬 분석에 의해 물류와 마케팅 등 다양한 기능을 효율화하기 위해 노력하고 있다.

미국의 경우만 보아도 프랜차이즈 가맹본부가 비용절감을 위해 주력하는 분야는 재고관리이다. 시장이 안정되고 평판이 높은 브랜드의 경우 새로운 재고관리 소프트웨어를 통해 매일매일의 판매자료를 분석하여 마케팅 전략의 수립과 재고관리에 활용하고 있으며, 이는 가맹본부나 가맹점의 현금흐름을 관리하는 데도 매우 유용하게 쓰이고 있다.

혁신적 정보기술 확산

지난 수년간 프랜차이징이 소매분야에서 선도적인 산업으로 발전한 배경은 POS, 물류, 교육, 의사소통, 고용과 같은 분야에서 정보기술과 프랜차이즈 사업모형이 잘 맞아떨어졌기 때문이다. 이러한 정보기술의 발전은 다양한 솔루션을 기업에 제공하고 있으며, 프랜차이즈 기업은 이를 매우 빠르게 수용하고 있다.

많은 프랜차이즈 기업이 경쟁우위와 수익성 확보를 위해 비용절감에 노력하고 있고, 경기침체로 소비자가격을 인상할 수 있는 여건이 아니기 때문에 정보기술 투자에 어려움을 겪고 있기는 하지만, 머지않아 기술적 솔루션을 업그레이드하여 사업모형을 개선하기 위해 이들 기업이 기술투자를 확대할 가능성이 크다.

예를 들어 패스트푸드 프랜차이징에 있어 무선 쿠폰과 무료 인터넷 접속에서부터 신속한 체크아웃 및 향상된 서비스에 이르기까지 혁신적인 무선통신 서비스가 제공되고 있다.

인터넷 확산

프랜차이즈 산업에 있어서도 인터넷은 성장의 지렛대로 크게 활용되고 있다. 예를 들어 1) 웹기반 인트라넷 시스템을 통한 판매 데이터 보고, 2) 내부 이메일 시스템, 채팅방, 인트라넷 포털, e-미팅, 게시판 등 의사소통 수단, 3) 웹기반 교육·훈련, 4) 인트라넷 데이터 웨어하우징, 5) 인트라넷 사이트를 통한 광고물, 로고, 마케팅 계획, 개점 소개, 6) 가맹본부로부터의 마케팅 및 POS 자료 요청, 과거 주문자료 추적 및 재고관리, 7) 가맹희망자 대상 UFOC, 판매실적, 입지 등 가맹본부의 정보제공, 8) POS 자료에 대한 분석 및 가맹점에 대한 피드백 등에 활용되고 있다.

아웃소싱과 전략적 제휴 강화

많은 프랜차이즈 업체들은 아웃소싱과 전략적 제휴를 통해 R&D 비용 및 위험의 공유, 규모의 경제 실현, 신기술의 신속한 개발 및 확보, 시장진입 속도 단축 및 확대, 경쟁방식 조정, 유연성 확보 등을 꾀하고 있다. 전략적 제휴를 통해 가맹본부는 자신의 핵심사업에 전념하는 한편 부가 서비스나 부차적 기능은 제휴 기업이 제공하고 있다.

이러한 전략적 제휴의 증가는 관계형 마케팅의 출현과 다수 기업간 네트워킹의 증가를 가져오고 있다.

미국 내 7,000개의 매장을 가지고 있는 라디오색(RadioShack)

은 무선통신 서비스 회사인 버라이즌 와이어리스(Verizon Wireless)와의 전략적 제휴를 통해 버라이즌의 휴대폰 서비스를 전국 동일요금으로 라디오섁이 판매 및 광고를 담당하고, 이를 통해 버라이즌은 전국적인 판매망을 확보하였다.

복합 브랜드 전략 채택

복합 브랜드 전략은 프랜차이즈에 있어 하나의 건물에 별도의 매장을 가지면서 여러 개의 브랜드가 입점하는 경우를 말한다. 예를 들어 KFC, 피자헛, 타코벨(Taco Bell)과 같은 레스토랑 프랜차이징을 운영하고 있는 윰 브랜즈(Yum! Brands)가 대표적으로 복합 브랜드 전략을 구사하고 있다(Yum!은 자사의 복합 브랜드 전략을 Multi-branding이라 표현하고 있음).

이러한 복합 브랜드 전략은 상이한 업종에서도 이루어지고 있다. 맥도날드는 비디오 프랜차이즈 기업인 블록버스터(Blockbuster Inc.), 대형 할인점인 월마트(Wal-Mart) 등과 복합 브랜드 전략을 구사한 바 있으며, 베스킨라빈스(Baskin-Robbins), 버거킹(Burger King), 던킨도너츠(Dunkin' Donuts), 하디스(Hardee's), 서브웨이, 웬디스(Wendy's) 등 많은 패스트푸드점이 편의점 프랜차이즈와 복합 브랜드 전략을 구사하고 있다.

상이한 업종에서의 복합 브랜드 전략은 이미 다른 업종이 위치하고 있는 좋은 입지를 확보하고, 공간을 보다 효율적으로 활용하는 것을 목적으로 한다.

또한 점포 내 점포(Stores-within-Stores) 전략은 복합 브랜드 전략의 특수한 형태이다. 이는 숍인숍(Shop-in-Shop) 형태로 볼 수 있다. 숍인숍은 매장의 일부를 개조하여 기존 가게의 상품과는 다른 상품을 파는 또 하나의 점포를 말한다. 숍인숍은 일본에서 성행하고 있다.

이러한 '점포 내 점포' 전략의 장점은 갈수록 점포 구하기가 힘든 상황에서 적은 투자비용으로 적절한 입지를 확보할 수 있다는 점과, 제품간 시너지와 기존 점포의 고객 활용을 통해 매출을 높일 수 있다는 점이다.

다점포 전략

최근 다점포 전략을 구사하는 가맹본부가 늘고 있다. 이는 다점포 가맹점주와의 계약체결이나 업무처리가 보다 효율적이고, 여러 개의 점포를 개설하더라도 하나의 가맹점주만 교육시키고 관리하면 되기 때문이다.

가맹본부의 다점포 전략은 흔히 지역개발자(Area Developer)나 프랜차이즈 총판점(Master Franchisee)을 선택하는 것으로 추진되는 경우가 많은데, 글로벌 프랜차이징에서는 현지 국가에서의 가맹사업과 관련된 모든 권한을 제공하는 프랜차이즈 총판이 주로 활용되고 있다.

1995년 IFA, 〈프랜차이징 월드(Franchising World)〉 보고서에 의하면 해외에 진출하고 있는 미국 가맹본부의 57%가 프랜차이즈 총판을 활용하고 있다.

점포의 소규모화

소규모 점포는 초기 투자비용뿐 아니라 로열티와 광고비도 낮은 수준이다. 라디오색이 1997년 시작한 라디오색 셀렉트(RadioShack Select) 프로그램은 작게는 500평방피트에 불과한 점포에서 라디오색의 2,000개 가량의 인기품목을 취급하고 있다. 라디오색 셀렉트의 점포 수는 크게 증가하여 4년 만에 800개 점포가 신설되었다. 당초 목표인 5년간 1,000개 점포 개점은 쉽게 달성될 수 있을 것으로 기대되고 있다.

또한 간이매점(Kiosk)은 초기 투자비용과 운영비용이 적다는 장점을 지니고 있다. 카트 형태의 간이매점은 고객의 발길이 끊어지면 적은 비용으로 고객이 있는 곳으로 쉽게 이동할 수 있다는 장점도 있다.

새로운 입지의 개발

선진국의 경우에는 많은 프랜차이즈 기업과 소매상들이 대도시의 내부도시(Inner City : 도심과 외곽의 경계)로 진출하고자 하는 계획을 가지고 있다. 내부도시는 서비스 인프라나 소매가 발달해 있지는 않지만 성장잠재력을 지니고 있기 때문에 현명한 가맹본부는 이들 지역을 진출표적으로 삼고 있다.

이러한 내부도시에 진출하는 가맹본부는 입지선정에 있어 지주의 지원을 받을 수 있으며, 리스 및 재건축 협상에서 유리한 조건을 얻을 수 있다. 또한 도시개발과 고용창출 효과를 지니고 있기 때문에 해당 지방자치단체 혹은 국가 차원의 재정지원도 받을 수 있다.

프랜차이즈 사업의 글로벌화

각국의 경제 및 인구통계학적 환경이 프랜차이즈 사업에 적합한 환경으로 변화되고 있다. 예를 들어 문화의 범세계화, 글로벌 소비패턴, 국제 수송 및 의사소통 수단의 발달, 도시로의 인구집중이 빠르게 진행됨에 따라 점차 국제 프랜차이징 사업을 수행하기에 용이한 환경으로 변화하고 있다.

국내 시장의 경우 외국인 투자의 허용범위 확대, 점포 수 및 점포망, 매장면적 제한 완전 철폐에 따라 외국 프랜차이즈 기업의 국내 진출이 확대되었다. 국내 기업의 해외진출은 빠르게 진행되고 있지는 않으나 중국 시장을 중심으로 점점 확대되고 있다.

환경 변화에 따른 기회와 위협은 무엇인가

세계적 대기업들이 불황에 허덕일 때 프랜차이즈 업계는 오히려 안정적으로 성장해왔으며 경제발전에 크게 기여해왔다. 국내의 경우 현재 프랜차이즈 산업은 성장기에 있다. 따라서 커다란 시장기회가 있는 반면, 국내외 경쟁의 심화 등 위협요인이 자리 잡고 있다. 이러한 성장기 프랜차이즈 산업의 기회요인과 위협요인은 다음과 같다.

기회요인

먼저 기회요인을 살펴보면 첫째, 글로벌 시장기회가 증가했다는 점이다. 개발도상국을 중심으로 자국의 경제발전을 위한 수단으로 외국 프랜차이즈 기업에 대한 지원을 강화하고 있다. 또한 글로벌 소비패턴이 빠르게 진전되고 있으며, 인접 국가인 중국 시장이 급속도로 성장하고 있다.

둘째, 정보화의 진전이다. IT산업 발달, 정보화의 진전은 프랜차이즈의 집중·분산·협업의 특성과 결합하고 있으며, 바코드 및 POS 시스템의 보급을 바탕으로 DB 마케팅 등 선진 경영기법을 도입하는 업체가 증가하였다. 이러한 정보화의 진전은 수·발주업무나 거래처 관리, 재고파악 등 가맹본부의 온라인 처리기능을 강화하여 관리비용을 절감함은 물론, 원격지에 위치한 가맹점 사업자의 주문·배송 등에 효율적으로 적용되고 있다.

셋째, 실업시대의 장기화이다. 경기침체와 기업들의 상시 구조조정에 따라 실직자들이 계속 증가하고 있으며, 특히 대학 졸업 후 취업하기가 점차 어려워지고 있어 청년 창업에 도전하는 분위기가 확산되고 있다.

2004년 7월 기준 청년실업자 수는 38만 6,000명으로 전체 실업자 81만 4,000명의 47.4%를 차지하고 있으며, 실업률 7.6%는 전체 실업률 3.5%의 2.2배 수준이다. 이러한 청년실업자들이 창업을 고려하는 가장 중요한 이유는 취업이 어렵기 때문이다.

넷째, 여성의 사회참여 증가와 창업에 대한 높은 열의이다. 중소기업청에서 2003년 실시한 창업성향 조사에 의하면 소규모 창업을 구상하고 있는 20대 예비 창업자는 조사자 중 51.4%가 여성(396명)으로 나타나 남성(375명, 48.6%)보다 다소 많다. 이는 점차 여성들이 가정에서 사회로 나와, 여성이 할 수 있는 소규모 창업에 나서고 있음을 반영하는 것으로 판단된다.

표 5-17   청년 창업자의 창업동기

항목	취업이 어려워서	생계유지를 위해서	직장생활이 어려워서	취미나 부업으로	돈을 많이 벌기 위해서	사업이 적성에 맞아서	아이디어를 사업화하기 위해	합계
전체 창업 구상동기별 (구성비)	441 (9.4)	1,527 (32.6)	600 (12.8)	312 (6.7)	807 (17.3)	664 (14.2)	326 (7.0)	4,677 (100)
청년 창업 구상동기별 (구성비)	218 (28.3)	120 (15.6)	77 (10.0)	67 (8.7)	126 (16.3)	95 (12.3)	68 (8.8)	771 (100)

*자료 : 〈중소기업청의 20대 청년 예비 창업자 소자본 창업동향 조사〉, 2003

 이처럼 여성의 사회참여 증가요인은 1) 20~30대 신세대의 사회활동 참여, 2) 고령화 사회의 진전, 3) 핵가족화, 4) 맞벌이 부부의 증가, 5) 24시간 근무자 증가 등으로 볼 수 있다.
 다섯째, 소비패턴의 변화에 따른 신사업 아이디어 창출이다. 소득수준 향상에 따라 소비패턴이 다원화되어가는 과정에서 새로운 비즈니스가 지속적으로 개발되고 있다. 이는 생활이 여유로워짐에 따라 색상·디자인 등 감성 중시, 브랜드 중시, 창조 지향형 DIY제품 선호 등의 성향이 나타나기 때문에 발생한 현상이라 할 수 있다.
 여섯째, 소비자의 권익 향상이다. 소비자 중심 사회가 도래함에 따라 소비자의 선택권이 더욱 중요시되는 과정에서 전국적인 인지도로 신뢰감을 갖고 있는 프랜차이즈 시스템의 경우 독립점포보다 비교우위가 크다. 이는 소비자들이 가격, 안정성, 품질 등에 대한 정보를 공유하고 전파하는 능력을 키워나가고 있다는 점을 의미하기도 한다.

일곱째, 대기업의 프랜차이즈 산업 진출 증가이다. 프랜차이즈의 유용성이 널리 인식되면서 대기업이 자사의 인력·조직·상품을 활용하여 분사 형태로 프랜차이즈 산업에 참여하고 있다. 특히 유통·물류산업이 21세기 신산업으로 부상함에 따라 삼성·SK 등 대기업도 대부분 프랜차이즈업 진출을 서두르고 있다. 뿐만 아니라 많은 국내 프랜차이즈 상위기업들이 해외시장 진출을 모색하고 있다.

마지막으로 창업 및 프랜차이즈 산업 발전을 위한 정부의 정책 강화이다. 현재 산업자원부에서는 프랜차이즈 산업의 발전과 성장을 위한 중·장기 정책개발 및 다양한 지원방안을 강구하고 있다. 중소기업청에서는 소상공인의 창업 활성화와 창업 성공을 위한 자금지원 및 교육지원 등 소규모 창업 전반에 대한 정책개발을 강화하고 있으며, 공정거래위원회에서는 가맹사업의 안정과 공정한 경쟁을 위한 감시역할을 강화하여 건전한 산업발전 기반이 조성되고 있다.

위협요인

한편 위협요인으로는 첫째, 해외 프랜차이즈 기업의 국내 진출을 꼽을 수 있다. IMF 이후 국내 서비스 및 농산물 시장이 개방되고 있고, 또한 1989년부터 시작된 유통시장의 단계적 개방은 1996년 1월에 마무리되었다.

이로 인해 외국인 투자의 허용범위가 확대되거나 점포 수 및 점포망, 매장면적 제한이 완전 철폐되었고, 1989년 이후에는 기술도입 및 도매업 투자폭 확대, 외국 지사에 대한 점포 수 및 매장면적 제한 완화 등의 조치가 일부 시행되어 외국의 프랜차이즈 기업들의 국내 진출이 증가하고 있다.

둘째, 프랜차이즈 산업의 중요성에 대한 인식 부족과 불신이다. 프랜차이즈 산업이 사회적·경제적으로 미치는 영향은 국가경제 발전에 매우 중요함에도 불구하고 프랜차이즈 산업의 중요성에 대한 인식이 다른 산업에 비해 매우 뒤떨어져 있다.

또한 독립창업에 비해 프랜차이즈 창업이 매우 안전하고 비용이 절감되며 성공 또한 높다는 장점이 있음에도 일부 부실 가맹본부의 불공정 행위가 남아 있어, 예비 창업자들은 여전히 실패율이 높고 창업시 여러 가지 어려움이 상대적으로 많은 독립창업을 선호하고 있는 과도기이다.

셋째, 프랜차이즈 기업의 낮은 경쟁력을 들 수 있다. 25년이라는 짧은 역사에도 불구하고 외식업을 중심으로 괄목할 만한 성장을 보이고 있으나, 국내의 프랜차이즈 기업들은 아직도 영세성을

표 5-18 창업시 프랜차이즈 선호도

항목	독립점	프랜차이즈 가맹점	합계
전체 창업 형태별(구성비)	3,467(74.1)	1,210(25.9)	4,677(100)
청년 창업 형태별(구성비)	552(71.6)	219(28.4)	771(100)

*자료 : 〈중소기업청의 20대 청년 예비 창업자 소자본 창업동향 조사〉, 2003

벗어나지 못하고 있는 실정이며, 평균적으로 사업경력이 6년을 넘지 못하고 있다. 특히 수익구조의 취약, 전문인력 부족, R&D 투자에 대한 여건 및 인식 부족, 가맹점 사업자들의 이해 부족, 그리고 체계적인 경영 미흡으로 인해 시장규모에 비해 생산성은 낮은 실정이다.

넷째, 가격경쟁의 심화를 들 수 있다. 가맹본부의 난립으로 인한 동종 사업간 경쟁이 격화되고 있으며, 프랜차이즈 산업과 비프랜차이즈 산업 간 갈등, 가맹본부와 가맹점 간 갈등이 증가하고 있다.

다섯째, 무분별한 브랜드 확대 경쟁을 들 수 있다. 주력 브랜드조차도 시장에 안정적으로 진입하지 못했음에도 불구하고 제2, 3의 브랜드를 출시하는 경향이 심화되고 있다. 이는 기업이 갖고 있는 핵심역량이나 조건과 상관없이 업종을 넘나드는 브랜드 출시 경쟁으로 기업들간의 출혈경쟁이 심화됨으로써 기업의 경쟁력 약화와 부실이 우려된다. 뿐만 아니라 산업 전체에 대한 소비자 불신이 커질 가능성도 있다.

여섯째, 이원화된 프랜차이즈 산업 정책 및 관리를 들 수 있다. 현재 소자본 창업, 유통혁신, 해외진출 등 프랜차이즈 산업 육성의 중요성에도 불구하고 정책개발부처가 중소기업청, 산업자원부, 공정거래위원회 등으로 분리 관리되고 있어 부처간 정책조정이 어렵고, 각 부처의 정책 우선순위에서 뒤처질 우려가 있다.

이는 창업지원 및 교육, 창업 및 프랜차이즈 산업 관련 조사나 통계업무가 분산되어 예산낭비는 물론 혼선 등으로 효율적이지 못하다는 약점을 갖고 있다. 향후 창업 및 프랜차이즈 산업과 관련되어 총괄하는 주무기관을 설정하고 관련 단체 및 기관들과의 유기적인 협조와 협력체제를 통해 효율적이고 체계적인 관리가 필요하다.

마지막으로 프랜차이즈 산업 관련 협회의 복수운영으로 인해 국제위상이 실추되고 있다는 점을 들 수 있다. 전 세계적으로 거의 모든 국가가 하나의 프랜차이즈협회를 갖고 있다. 이는 프랜차이즈 산업의 발전과 국제적인 이미지 제고에도 매우 중요하고 필요하기 때문이다. 그러나 우리나라는 현재 산업자원부 산하의 한국프랜차이즈협회와 노동부 산하의 한국프랜차이즈경제인연합회가 활동하고 있어 대외적인 위상 제고에 매우 부정적인 영향을 끼치고 있다.

우리나라 프랜차이즈 산업은 앞으로 어떻게 될 것인가

　국내 프랜차이즈 산업의 성장규모를 예측해보면, 주요 선진국의 성장률을 고려할 때 2010년 매출 114조 원, 2013년에는 150조 원에 근접한 규모로 성장할 것으로 추산된다. 또한 명목 GDP 대비 비율도 2010년에 이르러 9%를 넘어설 것으로 전망된다.
　또한 국내 프랜차이즈 산업 가맹본부의 수도 크게 증가하여 2010년에는 3,200개로 증가하고 가맹점 수와 상시 종업원 수도 각각 40만 개와 120만 명에 이를 것으로 추정된다. 단, 매출은 2010년까지 연 평균 성장률 10%, 2011년 이후 연 평균 성장률 6% 수준, 가맹본부, 가맹점 수, 종업원 수는 2007년까지 연 평균 성장률 10%, 2008년 이후 연 평균 성장률 6% 수준, GDP 연 평균 성장률 5%, 인플레이션 연 평균 3% 수준이 될 것으로 가정하였다.

표 5-19 국내 프랜차이즈 산업 성장전망

항목	1999년	2002년	2005년	2007년	2010년	2013년
매출(조 원)	45.00	41.69	61.31	78.70	114.46	148.97
명목 GDP(조 원)a	529	684	841b	984	1,244	1,574
명목 GDP 대비(%)	8.50	6.09	7.28	7.99	9.19	9.46
가맹본부 수(개)	1,501	1,600	2,211	2,675	3,186	3,794
가맹점 수(개)	120,000	119,623	284,182	343,860	409,543	487,772
상시 종업원 수(명)	556,000	566,094	831,726	1,006,388	1,198,625	1,427,581

*a : 당해연도 가격 GDP임
*b : 2004년 추정 명목 GDP 778조 원의 5% 성장예상치

이를 업종별 구성비로 살펴보면 먼저 매출의 경우 2013년에 외식업 25.9%, 소매업 61.5%, 서비스업 10.1%로 나타나 소매업의 비중이 매우 높아질 것으로 전망된다. 또한 가맹본부 수는 외식

표 5-20 국내 프랜차이즈 산업 업종별 구성비 전망(%)

항목	업종	1999년	2002년	2005년	2007년a	2010년a	2013년b
매출	외식업	53.3	26.8	39.3	33.3	25.9	20.9
	소매업	20.0	62.5	55.7	57.9	61.5	66.7
	서비스업	26.6	10.6	5.0	6.6	10.1	12.4
가맹본수 수	외식업	43.5	34.9	54.0	49.7	44.0	39.8
	소매업	20.7	51.0	23.3	25.2	28.3	31.8
	서비스업	35.7	14.0	22.7	24.0	26.3	28.4
가맹점 수	외식업	54.1	42.5	50.0	41.8	32.1	24.2
	소매업	20.0	37.0	30.8	32.0	34.0	36.0
	서비스업	25.8	20.6	19.2	22.8	29.5	39.8

*a : 2013년의 구성비를 고정시킨 후, 2005년 구성비를 업종별 연 평균 성장률로 역산한 것임
*b : 일본의 2003년 업종별 구성비임

업 44.0%, 소매업 28.3%, 서비스업 26.3%로 세 업종이 어느 정도 균형을 이룰 것으로 전망된다.

한편 가맹점 수는 외식업 32.1%, 소매업 34.0%, 서비스업 29.5%로 서비스업의 비중이 높아질 것으로 전망된다. 전반적으로 외식업의 비중은 감소하고, 서비스업과 소매업의 비중이 증가하여 프랜차이즈 산업이 다양화될 것으로 전망된다.

지금까지 국내외 프랜차이즈 산업의 현황과 전망에 대해 알아보았다. 다음은 프랜차이즈 업종별로 프랜차이즈 마케팅을 어떻게 수행하고 있는지 실제 사례를 통해 살펴보고자 한다.

국내 대표적인 외식 프랜차이즈인 롯데리아의 사례와, 도·소매 프랜차이즈 분야에서 세계적으로 가장 성공한 업체라 할 수 있는 세븐일레븐(7-Eleven)의 사례를 살펴볼 것이다.

Part 6

도·소매 프랜차이즈 전략 연구 :
편의점 프랜차이즈 사례를 중심으로

도·소매 프랜차이즈의 성공모델 세븐일레븐

세븐일레븐 1927년 미국 텍사스 주 댈러스 시의 사우스랜드 아이스 컴퍼니(Southland Ice Company)라는 회사로부터 비롯되었다. 이 회사의 진취적인 사고를 가진 종업원들이 음식을 냉장보관하기 위한 얼음조각뿐만 아니라 우유, 빵, 달걀 등의 식품을 다른 식료품 상점들이 문을 닫은 저녁시간과 일요일에도 판매하기 시작하였다. 새롭게 탄생한 이 비즈니스 아이디어는 고객들을 만족시켰고, 판매는 점점 증가하여 이를 계기로 편의점이라는 소매 업태가 탄생하였다.

1946년 점포의 영업시간을 당시로서는 획기적으로 일주일 내내 오전 7시에서 오후 11시로 늘렸고, 이를 반영하여 체인점의 이름을 세븐일레븐으로 바꾸었다. 이후 상품 트렌드 및 점포 서비스 향상을 주도하며 편의점 업태의 입지를 유통업계 내에 확고히 뿌리 내렸다. 오늘날 전 세계 18개국에서 4시간마다 하나의 세븐일레븐 점포가 문을 열고 있으며, 매일 3,000만 명의 고객이 세븐일레븐 점포를 방문하고 있다.

국내에서는 코리아세븐이라는 회사명을 사용하는데, 코리아세븐은 미국 세븐일레븐사와 기술도입 계약을 체결하고 세계 최고의 편의점 브랜드 세븐일레븐을 국내에 들여와 1989년 5월 6일 서울 송파구 방이동 올림픽선수촌 아파트 상가에 대한민국 최초의 편의점인 세븐일레븐 올림픽점을 오픈하였다.

세븐일레븐은 환하고 깨끗한 쇼핑공간과 다양한 상품, 친절한 서비스를 24시간 연중무휴 제공하는 매력적인 유통형태로 고객들의 폭발적인 사랑을 받으며 눈부신 성장을 이루어왔다. 2006년 11월 현재 전국 1,400개의 점포를 운영하고 있다.

이러한 세븐일레븐은 도·소매 프랜차이즈의 대표적인 성공모델이며, 세븐일레븐의 프랜차이즈 마케팅을 연구하는 것은 도·소매 프랜차이즈를 이해하는 기준이 된다고 할 수 있다. 세븐일레븐의 사례를 중심으로 도·소매 프랜차이즈 마케팅에 대해 살펴보겠다.

도·소매 프랜차이즈의 환경분석

도·소매 프랜차이즈의 환경분석은 고객분석, 경쟁분석, 핵심역량 분석을 중심으로 수행하도록 하겠다.

고객분석

편의점을 이용하는 실제 고객들은 과연 누구이고, 무엇 때문에 편의점을 이용하며, 얼마나 자주 이용할까? 고객들은 편의점에 만족하고 있는가? 만약 불만족하고 있다면 어떤 부분을 개선해야 하는가? 이러한 질문에 답변을 제시하고자, 주 1회 이상 편의점을 이용하는 고객 200명을 대상으로 편의점 이용실태를 조사하였다. 본 고객분석은 이 실태조사 결과를 정리한 것이다.

■ **편의점 이용고객은 누구인가**

〈그림 6-1〉을 바탕으로 전반적인 편의점 이용고객의 특성을 살펴보자. 우선 연령대는 20대와 10대 후반의 고객이 75.5%로 주류를 이루고 있다. 이들은 주로 회사원과 대학생이다. 특히 신촌, 대학로, 명동, 압구정동, 여의도 등과 같은 편의점 밀집지역은 대학생 이용고객이 매우 많다. 편의점 이용고객의 성별은 남자가 50.5%로 여자와 성비가 거의 비슷하며, 소득수준은 월 평균 가구 총소득이 300만 원 미만인 중소득자의 비율이 높다.

편의점 중 특히 세븐일레븐을 이용하는 고객의 특성 및 그에 따른 과제를 살펴보면, 연령대와 직업은 전체 고객과 비슷한 구성비를 보여 10대 후반에서 20대 초반의 대학생과 회사원으로 나타났다.

한편 세븐일레븐 이용고객의 성별은 편의점 전체 이용고객과는 달리 여자의 비율이 57.9%로 많은 비중을 차지한다. 그러므로 세븐일레븐은 여성고객을 단골로 유치할 수 있도록 감성적인 마케팅을 도입하는 것이 중요하다.

소득수준의 경우 세븐일레븐은 500만 원 이상의 고소득자 비율이 전체 평균보다 높아, 고급 이미지를 가짐과 동시에 편안하고 안정적인 이미지도 갖고 있다고 여겨진다.

■ **편의점 고객의 이용현황**

편의점 이용고객이 누구인지 알고 난 후에 파악해야 할 사항은 무엇일까? 그것은 고객들이 언제, 얼마나 자주, 무엇을 구매

그림 6-1　편의점 이용고객의 특성 및 세븐일레븐 이용고객의 특성

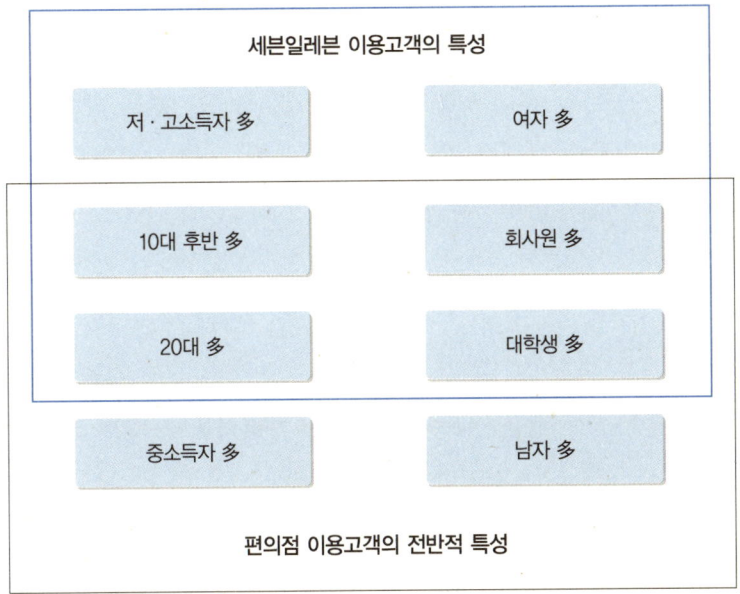

하기 위해, 어떻게, 어떤 상황에서, 왜 편의점을 방문하는가 하는 점이다.

이에 대한 자료가 나오면 그것을 바탕으로 고객이 진정으로 원하는 것이 무엇인지, 고객의 욕구수준에 따라 비슷한 특성을 가진 고객끼리 분류할 수 있는지, 어떻게 하면 분류된 집단을 만족시킬 수 있는지에 대한 생각을 전개시켜나갈 수 있다. 이 과정을 끊임없이 반복하는 것이 바로 고객 지향적 전략수립 과정이다.

그러면 우선 편의점 고객의 이용현황에 대해 조사를 토대로 생각해보자.

전반적으로 고객은 편의점에 1주일에 평균 3.5회 방문하며, 방문시간대는 밤 9시에서 새벽 2시(46.6%)가 가장 많고, 다음으로 오후 3시부터 오후 8시(29.5%)가 많았다. 특히 심야시간 이용자가 많은 것이 특징이다. 또한 대부분의 고객은 편의점을 방문하는 가장 큰 이유로 24시간 영업을 하기 때문에, 또는 가까워서 등의 편리 및 편의 지향적인 측면을 들었다.

제품을 구입할 때는 매장 내 선택구매와 계획구매를 많이 하는 것으로 나타났다. 매장 내 선택구매란 껌 제품을 산다고 정해놓은 후 매장에 들어와 '후라보노' 등과 비교한 후 '자일리톨'을 선택하는 것이다. 계획구매는 껌 중에서 '자일리톨'을 산다고 결정해놓은 후 구매하는 것이다.

편의점에서 소비자가 주로 구입하는 제품은 과자류, 음료류, 가공식품류 순이다. 패스트푸드의 구매비율은 아직 5.76%로 미비하지만 급속히 늘어나고 있다. 고객들이 향후 편의점에서 취급하기를 희망하는 제품과 서비스로는 의약품, 비디오 대여, 분식, 교통카드, 티켓예매 등을 들었다.

세븐일레븐 이용현황을 살펴보면, 심야시간 이용자가 55.4%를 차지하여 다른 편의점에 비해 심야 이용률이 높았다. 고객들의 주당 편의점 방문횟수는 3.88회로, 다른 업체에 비해 높은 빈도를 보였다.

■ 편의점 고객의 욕구분석

일반적으로 고객만족은 하드웨어적 요소(상품, 서비스, 기업 이미지), 소프트웨어적 요소(디자인, 포장, 편리성), 휴먼웨어적 요소(점포 분위기, 쾌적한 쇼핑환경)가 골고루 맞아야만 고객의 기대가치를 만족시킬 수 있다.

편의점도 마찬가지인데, 조사 결과에서도 고객이 가장 중요하게 여기는 속성은 가까운 거리, 청결한 매장, 편리한 위치, 반품가능, 친절한 판매원의 순서를 보여 하드웨어적·소프트웨어적·휴먼웨어적 요소가 복합적으로 나타났다. 좋은 배경음악, 판촉활동, 쇼핑활동, 문화시설 등도 고객 만족도나 재방문 의사와 밀접한 관련성을 보였다.

세븐일레븐 고객이 가장 중요시 여기는 속성도 편의점 전체와 비슷하게 나타났다. 상대적으로 다른 속성에 비해 덜 중요하게 언급되긴 했지만 다양한 제품, 외부 디자인, 인테리어, 좋은 냄새 등도 고객 만족도에 영향을 끼치는 요인들로 나타났다.

■ N세대가 요구하는 편의점

위의 조사 결과에서 볼 수 있듯이, 세븐일레븐을 가장 선호하고 주로 사용하는 고객들은 20대 초반에서 중반의 소위 N세대이다. 이들은 이전 대학생들이 밤새워 술마시던 '목로주점형' 세대였던 것과는 달리, 새로운 밤문화를 만들어나가는 '창조형' 세대이다. 따라서 그들은 술 따위로 시간을 보내지는 않는다.

대신 심야영화나 라이브콘서트, 게임, 채팅 등을 즐기며 그들만의 문화를 만들어낸다. 이전 세대가 대학로나 신촌 같은 특정 '공간'을 해방구로 선언했다면, 이들은 새벽이라는 '시간'을 해방구로 선언하고 있는 셈이다.

이 세대에게 밤은 소비하기 위한 것이 아니라, 새로운 문화를 창조하기 위한 시간이다. 바로 이 점 때문에 그들은 동료의식을 느낀다. 이렇게 자유로운 생활방식과 의사결정, 그리고 클릭 한 번으로 해결되는 왕성한 구매력 등은 새로운 쇼핑문화를 형성해 내고 있다.

그래서 모든 산업은 이들을 잡기 위해 최선을 다하고 있다. 이들을 적극적으로 공략할 수 있는 대표적인 업종으로는 정보통신, 유통 등이 있다.

유통업 중에서도 가장 정보화에 앞서 있고 가장 N세대를 잘 공략할 수 있는 업종이 편의점이라 할 수 있다. 특히 자기 개성에 맞는 맞춤식 서비스를 선호하는 N세대와 편의점은 실과 바늘의 관계라 할 수 있다.

그러므로 24시간 서비스, 매주 또는 매달 바뀌는 신상품 제공은 물론, 더욱 많은 변화와 투자가 필요하다. 즉 인터넷 서비스의 강화, 좀더 고객의 생활에 파고들 수 있도록 서비스 개선 등 많은 변화와 개선이 요망된다.

행동을 결정하는 속도가 빠르고 의사표현이 확실한 N세대, 컴퓨터와 인터넷 없이는 단 하루도 살 수 없다는 그들에게 편의점이 또 다른 밤문화 창조의 공간으로 자리잡을 수 있을지 여부는 고객을 이해하는 편의점의 노력 여하에 달린 셈이다.

경쟁분석

국내의 편의점 시장은 세븐일레븐 외에 보광훼미리마트의 훼미리마트, GS유통의 GS25 등 소위 빅 3에 의해 움직이고 있다. 세븐일레븐의 프랜차이즈 마케팅 전략을 수립하기 위해서는 고객의 인식 속에 있는 경쟁자들과의 경쟁구조를 파악하는 것이 필수이다.

먼저 이미지 포지셔닝을 살펴보면, 세븐일레븐은 위치 요인, 물적 시설 요인, MD(상품기획) 요인에서 강한 이미지를 가지고 있다. 하지만 중요도가 높은 판매원 요인, 분위기 요인, 서비스 요인에서는 경쟁자인 훼미리마트나 GS25보다 약한 이미지를 갖는 것으로 나타났다. 이러한 결과는 〈그림 6-2〉에 잘 나타나 있다.

다음으로 인지도와 만족도에 대해 살펴보자. 편의점 하면 가장 먼저 떠오르는 것이 무엇일까? 어떤 사람은 편의점 브랜드를 떠올리기도 하고, 어떤 사람은 편의점에서 파는 상품을 먼저 떠올리기도 한다. 전자의 경우 다수의 고객들이 머릿속에 떠올리는 브랜드로 선택된다면, 그 브랜드는 인지도가 높다고 볼 수 있다.

소비자 조사를 통해 살펴본 결과, 인지도 부문에서는 세븐일레븐이 가장 높은 것으로 나타났으며, 그 뒤를 GS25, 훼미리마트가 뒤따랐다. 고객 만족도도 세븐일레븐이 가장 높은 점수를 받았으며, 훼미리마트, GS25 순서로 이어졌다. 또한 고객이 재방문할 의도를 갖고 있다고 대답한 편의점도 세븐일레븐이 가장 높았으며, GS25, 훼미리마트 순으로 나타났다.

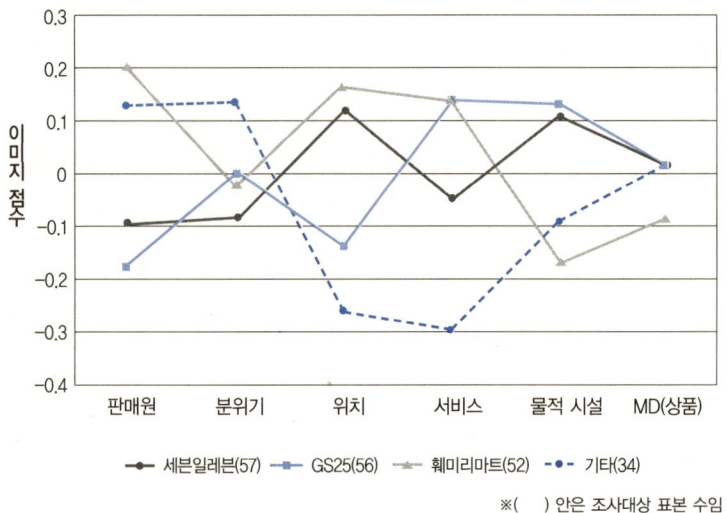

그림 6-2　각 편의점 업체별 이미지 포지셔닝

핵심역량 분석

세븐일레븐은 날이 갈수록 심해지는 경쟁 속에서 어떤 방식으로 경쟁우위를 얻고 있는 것일까? 이는 세븐일레븐의 업무방식에서 그 해답을 찾을 수 있을 것이다.

세븐일레븐의 업무방식의 궁극적인 목적은 고객만족을 통한 세븐일레븐 자체의 수준향상이다. 이를 위해 세븐일레븐의 근간을 이루는 업무방식은 급변하는 소비자의 욕구 변화에 대응하고, 기본적인 청결과 친절 유지를 통해 기존 고객 및 신규 고객에게 가장 기본적인 만족감을 주고자 한다. 이를 위해 FC(Field

그림 6-3 세븐일레븐의 업무방식

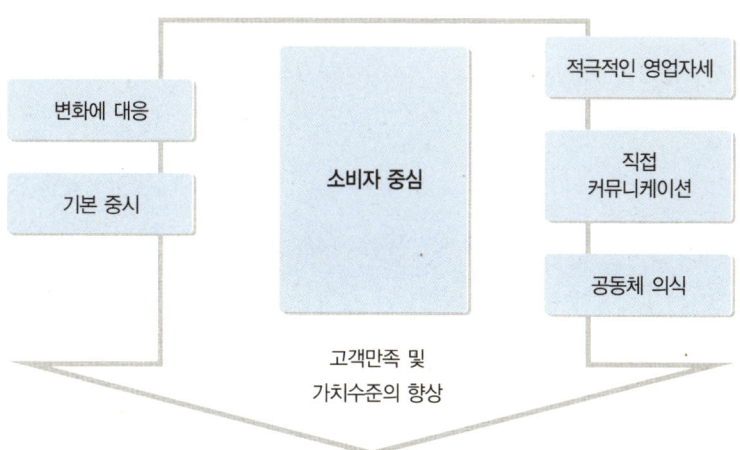

Counselor)를 포함한 모든 직원들이 단지 업무 매뉴얼에 따라 움직이는 수동적인 자세를 버리고 능동적인 자세로 임할 것을 강조한다. 또한 정기적인 FC 업무회의를 통해 영업본부의 의사를 FC에게 전달하고, 전달사항을 편의점의 점주에게 직접 커뮤니케이션(Direct Communication)하는 방식을 채택하고 있다.

위의 업무방식을 통해 세븐일레븐은 점포가 깨끗하고, 점두 이미지가 산뜻하며, 친절하고, 항상 새로운 상품이 준비되어 있어 사고 싶은 마음이 드는 점포라는 인식을 소비자가 갖도록 하는 것이다.

■ 소비자 중심

세븐일레븐은 점점 더 다양해지고 복잡해지는 고객의 욕구를 만족시키기 위해 여러 가지 혁신적인 조치를 취해왔다. 이런 업무방식이 오늘날 세븐일레븐을 성공으로 이끈 지름길이라고 할 수 있다. 두 가지 예를 들 수 있는데, 먼저 발주빈도의 확대를 예로 들겠다.

편의점에 들어선 소비자가 구미에 당기는 제품이 없어 빈손으로 매장을 나오게 되었다면 이는 매출의 손실로 이어진다. 예를 들어 일요일에 아이스크림의 재고가 떨어지거나 혹은 아이스크림 케이스에 아이스크림이 있다 하더라도 손님이 원하는 것이 없다면 이것은 결품이다. 흔히 이런 경우 결품이 아니라고 말하지만 이것은 잘못된 생각이다.

이를 개선하기 위해 세븐일레븐은 단품관리의 차원에서 발주의 2편 체제(하루에 두 번 발주를 받는 것)를 실시하였고, 최근 이를 다시 3편 체제로 개선하였다. 세븐일레븐의 업무개선은 여기에서 멈추지 않고 발주시간의 연장으로 이어졌고, 이로 인해 가맹점주들은 더 신속하고 유동성 있는 주문이 가능해졌으며, 그에 따라 고객은 욕구에 대응하는 서비스를 받게 되었다.

두 번째 예로 고객 맞춤형 서비스를 들 수 있다. 편의점에는 하루에도 수많은 고객들이 거쳐간다. 어떤 고객은 우연히 들렀을 것이고, 또 다른 어떤 고객은 일주일에 한 번 정도는 들를 것이다. 하지만 아침에 매장을 찾는 고객은 다른 고객들에 비해 내점 빈도수가 높은 편이다. 즉 이들은 하루에 2~3번 오는 고객일 가능성이 높을 것이며, 이들의 매출이 상당 부분을 차지함은 당연한 사실일 것이다.

이러한 고객을 어떻게 고정고객으로 만들 것인가? 더 좋은 제품으로 고객의 욕구를 충족시키는 것만으로는 부족하다. 단지 제품의 질만으로 고객의 욕구를 충족시킨다면 같은 제품이 있는 다른 곳으로 고객이 발길을 돌리지 말라는 법은 없다.

그러므로 이들을 단골로 만들 수 있는 다른 방법이 필요하다. 그 방법은 고객 맞춤형 서비스를 하는 것이다. 고객 맞춤형 서비스라고 해서 거창한 것은 아니다. 단지 고객의 이름을 외워서 단골고객 확보 및 친절 서비스를 보여주는 것이다.

■ 변화에 대응하는 능력

세븐일레븐에서 강조하는 '변화에 대한 대응'은 어떤 의미일까? 이에 대해 답하기 전에 다음 질문에 답해보자. 흔히 월말에 매장에서는 재고정리를 하는데 이는 과연 옳은 일인가? 날씨가 지난해와 달리 춥다면 호빵과 같은 따뜻한 음식의 양을 늘려야 할까? 어쩌면 쉽게 대답할 수 있는 문제일지도 모르지만 세븐일레븐의 업무방식, 즉 변화에 대응하는 방식은 그렇지 않다.

회사원의 월급날은 보통 월말에 많다. 이 시기에 재고정리를 하면 발주도 제대로 이루어지지 않을 것이고 매출도 줄어들 것이다. 또한 지난해에 비해 유난히 추운 날씨라도 호빵의 매출이 늘지 않을 수도 있다. 이는 고객들이 절대온도가 아니라 체감온도로 느끼기 때문이다. 혹한이 이어진다면 지난해보다 추울지라도 상대적으로 덜 춥게 느낄 수 있고, 호빵과 같은 따뜻한 음식보다는 햄버거나 샌드위치 같은 제품이 더 많이 팔릴 수도 있다.

편의점은 매일매일 변화에 대응해야만 영업이 가능하다. 그러기 위해서는 매장의 노력만으로는 안 되기 때문에 본부 중심으로 정보 및 물류 시스템 등 인프라를 구축해야 한다. 이는 매일매일의 변화에 대응하기 위해서 꼭 필요한 것이다. 백화점은 변화에 대응하지 않더라도 매일 영업이 가능하지만 편의점은 영업을 할 수 없다.

편의점에 있어서 변화란 그 어떤 것보다 중요하다고 할 수 있다. 어떤 방식으로 변화를 예측할 것인가는 모든 업체의 공통 관심사라고 할 수 있다. 하지만 변화에 대해 정확한 예측이란 있을 수 없다. 단지 대응만이 가능할 뿐이다. 대응이라는 것은 사람들이 의사를 가지고 대처하는 것이다. 예를 들어 POS 데이터의 수치를 예측의 수단으로 사용하는 것이 아니라, 이 수치를 기반으로 하여 실제의 변화에 대한 대응을 더해야 하는 것이다.

세븐일레븐에서 변화에 대응하기 위해 실시하는 방안은 FC에 의한 변화의 유발, 단품별 대응력 향상, 신상품을 통한 고객의 새로운 욕구에 대한 대응, 신속한 처리 등이 있다.

먼저 세븐일레븐의 FC는 FC에 의해 행해지는 매장관리의 결과를 점장에게 확인시켜준다. 예를 들어 라면 매출이 떨어지고 있을 때 단순히 고객 취향의 변화가 아니라 결품의 결과이거나 진열장소나 기온 등의 요인으로 설명할 수 있다는 것을 점장에게 확인시켜준다면, 이는 매출의 증가와 함께 가맹점주가 변화에 대해 인지하고 대응할 수 있는 동기유발이 될 것이다.

다음으로 결품이 나지 않도록 단품별로 확실히 점검하여 발주

그림 6-4 세븐일레븐의 변화에 대한 대응책

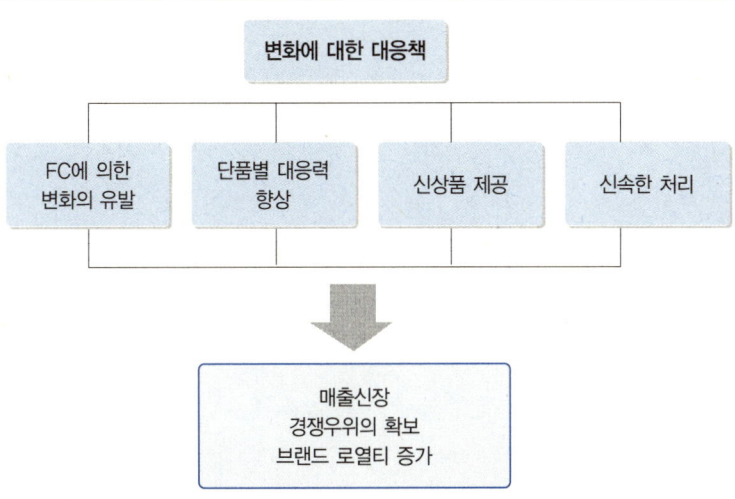

하고 진열장소도 염두에 둔다. 하지만 편의점에서의 단품관리는 그 이상의 의미를 지닌다. 예를 들어 한국이나 일본은 계절이 뚜렷해서 무엇이 바뀌는지 알기 쉽다. 계절의 변화에 따라 손님의 변화가 뚜렷하고 고객의 욕구 또한 계절의 영향을 받으므로 세븐일레븐은 단품별로 이에 대응하고 있다.

다음으로 신상품을 통해 고객의 새로운 욕구에 대한 대응을 살펴보자. 세븐일레븐은 매장이 좁고 상권도 좁지만 내점하는 고객의 빈도수는 높다. 그러한 좁은 매장에서 항상 상품이 똑같다면 내점 빈도가 높은 고객은 쉽게 질릴 것이다. 그러므로 신상품이 무엇보다 중요하다. 세븐일레븐은 신상품의 풍부한 진열 및 도입으로 고객에게 매장의 변화를 느끼게 하고 있다.

마지막으로 세븐일레븐에서 다루고 있는 잡화의 신상품은 계절

상품이기 때문에 더욱 변화에 대한 대응이 요구된다. 예를 들어 같은 카네이션이라도 어버이날과 스승의 날은 판매가 다르다. 이처럼 변화가 심하기 때문에 세븐일레븐은 대응을 위해 신속하게 대처하고 있다.

■ **적극적인 영업자세**

세븐일레븐의 각 점주에게 가장 요구되는 것은 적극적인 영업자세이다. '목'에만 집착하는 점주는 적극적인 영업자세를 견지할 수 없으며 그만큼 진일보한 서비스를 펼칠 수도 없다. 다른 영업점에서는 눈에 띄는 판매를 올리지 못했던 찐빵이 유독 어느 세븐일레븐 점포에서만 매출이 높은 이유는 그만큼 점주 자신이 팔면 된다는 자신감을 가지고 권유판매 등을 통한 적극적 영업자세를 보였기 때문이다.

적극적이기 위해서는 무엇보다 점포의 매출과 운영에 관심을 가져야 하며, 단품별로 매일의 판매량과 지난해 판매량을 비교하는 등 무수한 노력을 기울여야 한다. 매일매일의 판매량을 예측하고 가설을 세우고 검증하는 일을 반복하며 하루 업무를 마감해야 하는 것이다. 즉 적극적 영업의 시작은 영업의 심층적 관심과 고객의 구매유도이다.

■ **직접 커뮤니케이션**

일일 기준으로 대응하는 편의점에서는 일의 진행속도와 정확한 의사전달이 큰 비중을 차지한다. 본부에서의 의사결정 사항이 빠르고 정확하게 가맹점에 전달, 반영되어야만 관리가 수월하게 진행될 것이다. 세븐일레븐에서 택하고 있는 의사전달 방법은 직접적인 의사소통이다. 아무리 정보통신 수단이 발달해도 직접적인 의사소통만큼 중요한 커뮤니케이션은 없다.

세븐일레븐은 정기적인 FC회의를 통해 최고경영자의 방침을 숙지하고 이를 점포에 효율적으로 전달한다. 물론 역방향의 의사소통도 자연스럽게 일어난다. FC는 점주와의 면담을 통해 점포에 어떤 문제점이 있는지 알 수 있으며, 점포를 지원하기 위해 문제점을 FC회의에서 거론하여 해결책을 찾기도 한다.

■ 본부와 가맹점 간 공동운명체 의식

세븐일레븐 프랜차이즈 시스템은 본부와 가맹점이 하나가 되어 이룬 공동운명체이다. 작은 점들이 모여 하나의 선을 이루듯 한 점포 한 점포가 모여 전체를 이루며, 한 사업자 한 사업자의 힘과 노력이 개인의 행복을 넘어 회사 전체에 연결되고 있다. 개개 가맹점의 영업실적이 곧바로 본부의 영업실적에 영향을 주고, 그 여파는 다른 가맹점포에까지 미치며, 반대로 본부의 명성이나 영업실적 또한 가맹점에게 중대한 영향을 준다.

오늘날처럼 변화가 빠른 시대에 가맹점이 극심한 경쟁에서 살아남기 위해서는 고객의 가장 가까이에서 매일매일의 편리함과 즐거움을 제공하는 것 외에 다른 방법은 없다.

결국 가맹계약 관계에 들어선 세븐일레븐의 본부와 가맹점은 서로가 상대방을 위하는 것이 곧 자신을 위하는 것이기도 하다는

그림 6-5 세븐일레븐 본부와 가맹점의 관계

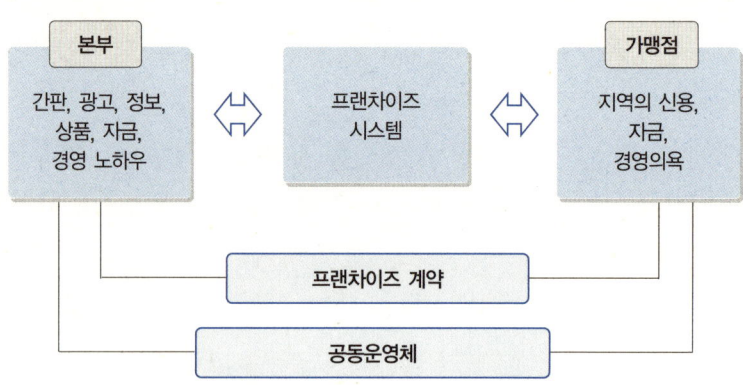

공동운명체적 인식을 바탕으로 하고 있다. 이렇듯 본부와 가맹점은 동일한 브랜드로 활동하므로 일반 소비자에게는 전체가 동일한 기업 이미지로 비춰질 뿐이므로 개별 점포로서의 구별은 의미가 없다.

세븐일레븐은 철저한 조사 시스템을 이용하여 출점전략을 세운다. 무엇보다도 가맹점주에게 요구되는 것은 하고자 하는 노력, 즉 의욕적인 마음가짐이 중요하다. 또한 체인의 일원으로서 본부에 대한 협조와 소매업에 대한 경영능력, 그리고 지역의 신용이나 건강은 필히 갖추어야 할 사항이다.

한편 본부는 각종 효율적인 시스템을 통해 경영 노하우나 정보 또는 상품 등을 지원함으로써 점포의 경영을 돕는다. 고객이 원하는 상품을 원하는 시간에 원하는 서비스로 제공받을 수 있도록 첨단 시스템을 개발하고, 여러 가지 제반 인프라를 구축하고 있다.

오늘날 격심한 경쟁환경 속에서 소비자의 선택은 날로 까다로워지고 있다. 이러한 시기에 고객의 만족과 가치실현을 위해 본부와 가맹점이 하나로 뭉쳐야만 강력한 힘을 발휘할 수 있다. 서로가 적이 아닌 동반자의 입장에서 양보와 타협의 미덕을 보이며, 신뢰를 바탕으로 긴밀하게 의존하는 협력적인 관계가 바로 세븐일레븐 프랜차이즈 시스템을 받치고 있는 든든한 기둥이 되고 있다. 세븐일레븐은 그 누구의 회사도 아닌 바로 프랜차이즈(점주)를 위한 회사이다.

■ 숙련된 FC의 역할 : FC는 컨설턴트

세븐일레븐에서 FC는 본부를 대표하는 기술이나 서비스의 전령사로서 점주와 본부 사이의 창구 역할을 하고 있다. 한 사람 한 사람 점주의 성격이 각기 다르기 때문에 거기에 맞추어 대응하는 FC의 프로정신이 중요하게 요구된다.

세븐일레븐에서 FC는 의사와 같은 존재이다. 환자를 치료하기 위해 여러 방법을 동원하는 의사와 같다. 점포가 감기에 걸렸는데 소화제를 먹인다면 병이 치료될 수 없다. POS 데이터를 포함한 객관적인 정보에 근거해서 적절한 방법으로 점포를 치료해야 한다.

편의점은 개별 점포별로 고객층이나 입지 등이 다양하므로, 담당 FC는 개별 점포에 따른 다양한 정보를 알고 있어야 한다. 그만큼 FC의 역할이 크게 작용하고 있다. 체인점에서 강자는 어느 점포를 가더라도 동일한(일정한) 수준을 유지하는 것이 생명이다.

FC는 먼저 점포 체크부터 실시해야 한다. "수준 이상의 친절과 서비스, 청결, 결품이 없는 상태를 유지하고, 또한 고객이 원할 때, 원하는 서비스로, 원하는 상품을 사기 쉽고, 보기 쉬운 점포를 만든다." 이런 것을 항상 체크하는 것이 FC의 업무이다.

버스기사는 신호를 하나하나 확인하면서 운전을 한다. 만약 한 번이라도 불성실하게 운전한다면 큰 사고가 날 수 있다. 세븐일레븐에서도 마찬가지이다. 만약 소시지 그릴이 지저분하다면 그 이유는 여러 가지가 있을 수 있다. 하나하나의 확인이 필요하다.

이렇듯 세븐일레븐의 FC는 세세한 손길을 통해 진정한 의미의 처방 진단자로 중요하게 자리매김하고 있다. 세븐일레븐 FC의 컨설팅 역할을 구체적으로 살펴보면 다음과 같다.

- **의사소통(Communication)** : 시간을 내어 점주와 함께 비즈니스에 관한 의견을 나눈다(청결, 접객태도 등).
- **상담(Counseling)** :
    - 점주의 문제의식을 이해하고, 동시에 점포별 문제점(기회손실, 폐기손실 등)을 분석한다.
    - '종업원의 채용 및 교육', '점포의 체계 작성(발주분산, 작업할당)'을 구체적인 수준으로 지도한다.
- **조정(Coordination)** : 점포별·지역별 단품 특성(판매동향)을 비교함으로써 각 점포의 특성을 파악한다.
- **통제(Control)** : 세븐일레븐 간판을 걸고 기본을 지킬 수 있도록 청결, 친절을 솔선해서 실시한다.

그림 6-6   세븐일레븐 FC의 역할

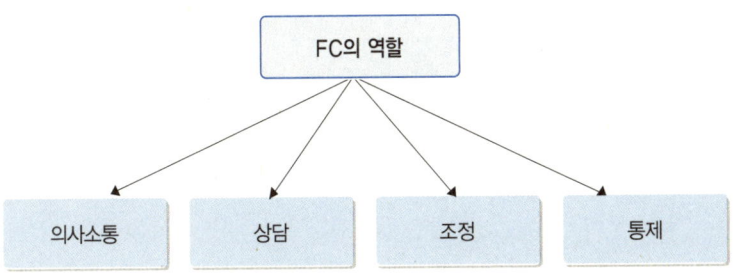

 세븐일레븐은 매주 화요일에 FC회의를 통해 본부의 방침을 전달한다. 이러한 FC회의를 하는 데는 교통비, 출장비 등 비용이 많이 들어가지만 전체적인 FC회의를 하는 이유는 무엇일까? 바로 여기에 세븐일레븐의 혼이 담겨 있다.
 "점포는 소비자(고객)를 위해서 존재하며, 본부는 점포를 지원하는 것이 업무의 전부이다." FC는 현재 점포의 어떤 점이 문제인지 알아야 하며, 본부는 FC를 통해서 점포를 지원하는 것이다. 이처럼 점포의 수준을 올리는 데 중간자로서 FC의 역할이 큰 부분을 차지하고 있다.

고객의 욕구에 따른 도·소매 프랜차이즈의 이상적인 점포 스타일

앞에서는 편의점과 세븐일레븐 이용고객의 전반적인 특징을 알아보았다. 하지만 이 결과만으로는 고객이 정확히 편의점의 어떤 부분을 좋아하는지, 또 어떤 고객이 선호도에서 비슷한 성향을 보이는지는 알기 힘들다.

여기서는 조사 결과 얻은 자료를 토대로 세부 구매욕구군을 추출해내고, 각 구매욕구군의 의견을 최대한 반영하여 이상적인 점포 스타일을 도출해냄으로써, 편의점의 고객유형 및 점포형태에 대한 발전적인 대안을 제시하고자 한다.

구매욕구군의 추출

소비자 조사 결과 편의점에서 가장 중요하다고 여겨지는 부분은 크게 6가지 요인으로 나타났다. 판매원, 매장위치, 분위기, 정책 및 서비스, 물적 시설, MD가 그것이다. 각 요인은 세부적으로 고객이 어떻게 느끼는지에 따라 고객 만족도와 고객 충성도를 높이는 데 민감하게 작용한다. 6가지 요인과 관련하여 세부적인 구매욕구를 살펴보면 다음과 같다.

■ 제1요인 : 판매원 관련 요인
- 판매원이 친절하다.
- 판매원이 공손하다.
- 판매원이 신뢰감이 있다.
- 판매원이 신속하다.
- 판매원이 용모 단정하다.

■ 제2요인 : 매장 분위기 관련 요인
- 좋은 냄새가 난다.
- 쇼핑을 하는 즐거움이 있다.
- 흥미로운 장식물이 눈에 띈다.
- 좋은 음악이 흐른다.
- 매장 내 문화시설이 있다.
- 매장이 청결하다.

■ 제3요인 : 위치 관련 요인
- 교통이 편리하다.

- 거리가 가깝다.
- 길목에 있어서 눈에 잘 띈다.
- 점포가 잘 알려져 있다.

■ 제4요인 : 정책 및 서비스 관련 요인
- 판매 촉진활동을 잘한다.
- 카드결제가 가능하다.
- 반품이 가능하다.
- 주변에 주차시설이 있다.
- 효과적인 광고를 통해 제품정보를 제공해준다.
- 제품 구입절차가 쉽다.

■ 제5요인 : 물적 시설 관련 요인
- 외부 디자인이 좋다.
- 인테리어가 좋다.
- 매장이 넓다.
- 진열이 제품구매에 편리하다.

■ 제6요인 : MD, 상품기획 관련 요인
- 구색이 다양하다.
- 제품의 수가 많다.
- 유명 브랜드 제품을 판매한다.
- 품질이 우수하다.

* 가격이 저렴하다.

이상적인 편의점 점포 스타일

위에서 도출된 구매욕구군을 기준으로 유사한 욕구를 가진 고객집단을 분류하고, 이들이 이상적으로 생각하는 편의점 점포 스타일을 도출해본 결과 크게 5가지의 이상적인 점포 스타일로 구분되었다. 패스트푸드형 편의점, 쇼핑형 편의점, 할인형 편의점, 서비스 집중형 편의점, 사무형 편의점이 그것이다. 각각의 유형은 시장에 따라 중요한 요인이 다르다.

■ 패스트푸드형 편의점

패스트푸드형 편의점은 MD, 물적 시설, 분위기 관련 요인에서 중요도가 높게 나타났다.

표적고객	패스트푸드를 즐겨 먹는 학생집단(28.2%) 10대와 20대, 여자, 고등학생, 대학생 중·고소득자(201~500만 원대), 중지출금액자(31~60만 원)
서비스 콘셉트	학교 근처에 있으면서 다양한 패스트푸드와 적절한 수준의 식사시설 및 분위기 제공
미충족 욕구	반품 가능, 친절한 판매원, 공손한 판매원
MD	식사 대용으로 먹을 수 있는 다양한 패스트푸드를 구비해야 하며, 식사를 할 수 있는 물적 시설과 분위기도 필요함
입지	학교 앞

■ 쇼핑형 편의점

쇼핑형 편의점은 서비스, 판매원, 분위기, MD 관련 요인에서 중요도가 높게 나타났다.

표적고객	쇼핑의 즐거움을 추구하는 집단(22.3%) 20대 초반, 여자, 중소득자(300만 원대) 고지출금액자(91만 원 이상)
서비스 콘셉트	심야에 단순한 생필품 이외의 제품·서비스를 쇼핑할 수 있으면서 즐거움을 제공
미충족 욕구	편리한 진열, 반품 가능, 가격할인
MD	생필품 이외에 쇼핑의 즐거움을 줄 수 있는 화장품, 액세서리, 인형, 팬시용품 등의 구성비율을 높이고, 대화를 나눌 수 있는 문화시설(미니바 등)을 갖춤
입지	상가

■ 할인형 편의점

할인형 편의점은 위치, 판매원, 물적 시설 관련 요인에서 중요도가 높게 나타났다.

표적고객	가격에 민감하며 부지런한 직장여성 집단(19.7%) 30대 이상, 여자, 전문직, 대졸 저소득자(100만 원대), 저지출금액자(30만 원 이하)
서비스 콘셉트	이른 아침 출근(등교)길에 저렴한 가격으로 식사를 제공
미충족 욕구	가격할인, 반품 가능, 저렴한 가격, 다양한 구색
MD	슈퍼마켓과 같이 시중의 다른 점포보다 할인된 가격의 제품 또는 원가절감을 통한 저렴한 가격의 제품을 공급
입지	학교나 직장 근처

■ 서비스 집중형 편의점

서비스 집중형 편의점은 구매욕구에서 두드러진 특징이 없고, 최소한의 서비스에 대한 욕구를 보였다.

표적고객	생활의 편리함을 추구하는 지역밀착형 집단(14.9%) 20대 후반, 남자, 고소득자(501만 원 이상), 전업주부도 포함
서비스 콘셉트	주 거주지 근처에 있으면서 생활에 필요한 어떠한 제품이나 서비스라도 제공
미충족 욕구	반품 가능, 가격할인, 저렴한 가격
MD	생필품 이외에 생활에 필요한 약품, 각종 잡화를 구비하고, 심야 택배, 비디오·책 대여, 티켓 예매, 지역정보 제공 서비스 등을 갖추어야 함
입지	주택가

■ 사무형 편의점

사무형 편의점은 위치 관련 요인에서 중요도가 높게 나타났다.

표적고객	야근을 자주 하는 직장남성 집단(14.9%) 남자, 회사원, 고졸 이하, 저소득자(100만 원 이하) 중지출금액자(61~90만 원 이하)
서비스 콘셉트	야근(야간학습)을 자주 하는 직장남성(대학생)을 위해 가까운 위치에서 사무 서비스를 제공
미충족 욕구	공손한 판매원, 친절한 판매원, 반품 가능
MD	컴퓨터, 통신, 복사기, 팩스, 휴대폰 충전기 등을 갖추어 편의점에서 간단한 일처리를 할 수 있도록 함
입지	학교나 직장 근처

세븐일레븐의 소매 마케팅 전략

기본 4원칙에 의한 점포관리

세븐일레븐의 기본 4원칙은 청결, 친절, 상품구색 갖추기, 선도(鮮度)관리이다. 세븐일레븐은 이러한 원칙을 잘 지켜나가는 업체로 유명하다.

■ **청결관리**
청결관리 측면에서 본다면 점포 점주들에게 청결은 매일매일의 축적으로 이루어지는 것이므로, 노력과 끈기를 가지고 청결을 유지하도록 제안하고 있다.
편의점에서 패스트푸드의 구성비가 높아지면서 청결의 유지는 더욱 강조되고 있다. 즉 점포 차원의 기본적 청결이 아닌 하나의 음식점으로서의 청결을 의미하는 것이다. 손님은 편의점에서 구매한 핫도그나 라면, 햄버거 등을 바로 그곳에서 먹어야 하기 때문에 입구 매트의 먼지나 간이 음식 테이블의 얼룩 등은 반드시 제거해야 한다. 또한 점원은 항상 손을 깨끗이 씻고, 머리는 짧게 깎고, 반지는 반드시 빼고 일해야 한다.

음식물을 전자레인지에서 데워 건네주는 그들의 용모가 지저분하다면 그 편의점에서 패스트푸드는 입지를 잃게 될 것이 분명하다. 어떠한 편의점도 30평을 넘지 않는다는 기본 전제에서 출발할 때 청결은 그리 어려운 일이 아닐 것이다.

세븐일레븐은 푸드 상품의 위생관리를 철저히 하고 있다. 예를 들면 여름에 푸드 상품의 적절한 재고관리로 상하지 않도록 하고 있으며, 종업원들은 손을 자주 깨끗이 씻게 한다.

점포 입구 반대편에서 점포를 관찰하여 점두상태, 쓰레기 등의 여부, P-Box, 간판 등 외관상 점포 점검뿐만 아니라 매장을 항상 깨끗하게 유지한다. 또한 오픈케이스에 먼지가 없도록 철저히 관리하고, 출입구에 있는 매트는 항상 깨끗하게 청결을 유지하고 있다. 청결을 중요하게 여겨야 하는 이유를 한 가지 예로 든다면 고객이 매장에서 빵을 살 때 근처의 유명 베이커리 점포도 고려하기 때문에 그곳 매장과 비교하여 최소한 같은 청결수준이 아니면 상품을 사지 않으려고 한다.

세븐일레븐에서는 손님이 뜸한 야간시간을 적절히 이용하여 언제나 개점 첫날과 같은 깨끗함을 유지할 수 있도록 종업원들을 교육시키고 있다. 물론 친절보다 청결은 지속하기가 더 어려운 것이 사실이다.

때문에 청결을 지속적으로 유지하기 위해서는 철저한 개인별 임무분담이 반드시 필요하다. 청결에 대한 세븐일레븐의 지침사항은 요소요소(창문, 진열대, 테이블, 진입로 주변 등)의 청결임무를 분담하여 책임 있는 위생관리를 실시하도록 하는 것이다.

하루를 사이클로 하되 바쁜 시간에는 10분(일반적으로 손님이 패스트푸드를 이용할 때 소비하는 정도의 시간) 간격으로 실시하는 융통성도 필요하다. 어떠한 음식점도 다음 손님을 전 손님이 쓴 테이블에 그냥 앉히는 법은 없다. 그만큼이나 편의점의 청결은 어렵고도 중요한 일이다.

■ 친절관리

친절은 경합하고 있는 여타 점포를 이기기 위한 차별화 요소이며 고정고객을 늘리는 수단으로 강조되고 있다. 또한 가맹점주가 모범을 보여야 한다고 제안하고 있다. 고객을 대할 때 밝은 미소로 대할 뿐만 아니라, 마음이 담겨 있는 대응과 고객의 이름까지도 기억하도록 지시하고 있다.

편의점의 포지셔닝은 슈퍼마켓과 일반 패스트푸드점의 중간쯤에 위치하고 있다. 상품목록을 훑어본다면 금방 알 수 있겠지만 과자와 아이스크림에서 샌드위치와 원두커피까지 다루고 있다. 그러나 어느 편의점도 패스트푸드점보다 친절하지 못하다는 것이 아직은 사실일 것이다. 편의점의 계산대는 다른 슈퍼마켓이나 할인점처럼 그저 '체크'의 이미지를 벗지 못하고 있는 것이 현실이다.

 어느 계산원도 손님의 기분을 살피거나 단골의 안부를 묻지 않을뿐더러 패스트푸드점에서 들을 수 있는 큰 소리의 인사도 편의점에서는 들을 수가 없다. 심지어 소비자는 그들이 들른 편의점의 점포명마저 기억할 수 없는 경우가 있다. 소비자들은 그저 24시간 문을 닫지 않는 슈퍼마켓쯤으로 편의점을 생각하고 있으며, 편의점의 점주 자신도 슈퍼마켓의 연장선에서 편의점을 평가하고 있는 것이다.

 때문에 편의점의 파트타이머는 철저한 친절교육을 점주로부터 받지 않으며, POS 시스템이나 재고파악만 주 업무로 오인하는 경우가 많다. 편의점은 어떠한 매장보다 친절해야 한다. 편의점에서 파는 모든 상품은 바로 근처에 그와 관련된 경쟁매장이 있을 수밖에 없다. 빵을 파는 제과점, 잡지를 파는 서점, 햄버거를 파는 패스트푸드점 등 바로 옆의 경쟁매장으로부터 고객을 지켜내기 위해서 편의점은 철저한 친절로 무장해야 한다.

 세븐일레븐은 편의점 구조상 발생할 수밖에 없는 친절의 문제에 대해 '고객을 맞이하는 7가지 용어'나 '시간대별 인사' 등으로 해결방안을 제시하고 있다.

 고객을 맞이하는 7가지 용어란 '어서 오십시오', '예, 알겠습니다', '잠시 기다려주십시오', '많이 기다리셨습니다', '죄송합니다', '감사합니다', '또 오십시오'이다. 이와 같은 인사를 습관화하면 매장의 기본적인 분위기를 환기시키는 한편, 고객에게 기본적인 가치만족을 제공해줄 수 있다.

시간대별 인사란 아침·점심·저녁별로 시간에 알맞은 인사를 함으로써 다른 시간대별로 오는 고객들을 친절하게 맞이하고 있다.

■ 상품구색 관리

신상품 관리 측면에서 본다면 세븐일레븐은 '편의점은 신상품을 파는 곳'이라고 생각하고 있다. 즉 편의점은 매장이 좁고 상권도 작지만 내점하는 고객의 빈도수는 높다. 이런 좁은 매장에서 항상 상품이 똑같다면 내점 빈도가 높은 고객은 쉽게 질린다.

그러므로 신상품을 다른 상품보다도 많이 발주해서 공간을 넓히고, 신상품 중심으로 진열해서 판매를 늘리고 이익을 올리는 전략을 사용하고 있다. 그리고 세븐일레븐에서만 판매하는 특화 상품개발에 주력하고 있다. 특화상품은 다른 곳에서는 판매하지 않는 제품이기 때문에 가격과 상관없이 판매할 수 있다는 이점이 있다.

또한 고품질이면서 고급 브랜드이고 차별화된 상품전략을 사용하고 있다. 그 이유는 편의점은 생활자들이 필요로 하는 모든 상품을 취급하는 '토털 머천다이징'이면서 편리함을 추구하기 때문이다. 또한 고객들이 가격에 민감하지 않기 때문에 수익성 높은 제품 판매에 주력하고 있다.

세븐일레븐은 서비스 상품을 계속 개발하고 있다. 현재 제공하고 있는 서비스 상품은 휴대폰 충전, ATM, 팩스 서비스, 세탁 서비스, 전기·전화요금 수납 서비스, 휴대전화 가입신청 및 중개 등이 있다. 향후에는 주민등록증 교부, 주택정보 무료 제공, 카탈로그 판매, 상품 택배, 여행상품 소개 및 취급, 일용품 렌털 중개, 택배업 중개, 클리닝 중개, 티켓 예매 및 예약판매 등 전반적인 생활 서비스를 취급할 예정이다.

세븐일레븐은 아침에 파는 상품, 예를 들면 푸드, 빵, 우유, 커피, 음료 등의 구색을 철저히 준비하려고 노력한다. 그 이유는 아침에 매장을 찾는 고객이 하루 평균 2~3번 정도 오는 내점 빈도가 많은 고객일 가능성이 높기 때문이다.

또한 상품진열 측면에서 보면 고객들이 점포에 들러서 원하는 상품을 찾을 때 상품 수가 적으면, 재고품으로 인식하여 구매를 하지 않는 심리가 있다. 때문에 상품 품목마다 풍성하게 진열한다. 예를 들면 어떤 세븐일레븐 점포는 몇 개의 오뎅만 진열해서 매출이 거의 일어나지 않자 점주는 날씨가 따뜻해져서 오뎅이 팔리지 않았다고 주장했다. 세븐일레븐 본부에서는 FC에게 지시하여 오뎅을 많이 진열하도록 했고, 결국 매출이 증가했다.

또한 계절이 바뀌기 전에 항상 곤돌라에 신상품을 진열한다. 예를 들면 2월 말쯤 되면 봄에 알맞은 상품을 신속히 진열하여 소비자의 구매를 촉진한다. 신상품은 눈에 잘 띄는 곳에 진열하는데, 그 이유는 고객이 점포가 많이 바뀌었다고 생각함으로써 관심을 유도할 수 있기 때문이다. 항상 곤돌라 효율을 검증하면서 계절별로 판매상품의 변화를 주시하고, 그 변화와 비례하여 점포배치도 변화시키고 있다.

그림 6-7 | 날씨정보, 정보 시스템의 지원을 통해 고객욕구에 대응

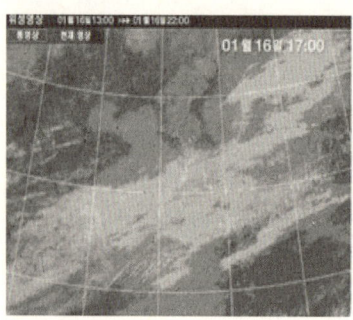 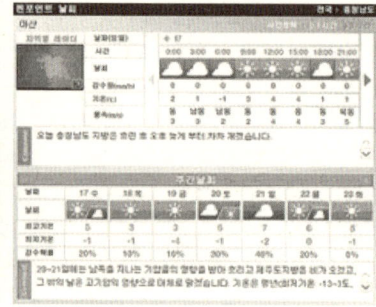

■ 선도관리

상품의 신선도를 관리하는 선도관리 측면에서 오픈케이스의 선도관리를 중요시하고 있고, 계절에 따라 각별한 선도관리에 주의하고 있다. 예를 들면 여름이 다가오면 김밥, 샌드위치, 도시락, 햄버거 등의 상품관리에 특히 주의한다. 즉 오픈케이스의 온도를 관리하고, 상품의 폐기시간대를 준수하며, 오픈케이스에 상품을 진열하기 전까지 냉장상태로 보관하는 등 철저한 선도관리를 하고 있다.

'세븐일레븐 우면점'의 재생 스토리

서울특별시 강남구 우면동의 다소 한적한 주택가에 편의점이 하나 있다. 118호점인 우면점(牛眠店)이다. 인근에 초등학교가 있는데 아파트 진입로로 연결되어 있다.

우면이란 소(牛)가 잠잔다는 의미로, 우면산을 바라보면 우공이 아무런 걱정 없이 평화로운 자세로 낮잠을 즐기는 지형인데, 도시 아파트 때문에 허리가 끊어져서 단아한 자태는 사라졌지만 여전히 황량한 세상에 선비(현인)를 탄생시키기에 충분한 산세다.

그 정도로 수려한 기슭에 진출한 우면점은 어땠을까? 산세의 정기를 받아 희망의 불꽃처럼 화려한 매출을 올렸을까?

그렇지 않았다. 적어도 2년 전까지는 지명과 어울리지 않게 매상과 경상이익 모두 저조했다. 게다가 그해 겨울에는 불명예를 떠안고 폐점 위기까지 갔다. 그 점포가 2년이 지난 지금은 매출이 날이 갈수록 신장하여 겨우 명산의 명예를 회복한 것 같다.

그러나 우면점은 단순히 그 이름만으로 재기한 건 아니다. 순수하게 본사와 가맹점주의 노력으로 달성한 결과이다. 지금부터 그 '노력의 과정'을 소개하려고 한다.

상품과 운영부문의 대책도 효력을 발휘하지 못하다

이 점포가 폐점이라는 퇴출위기에 직면한 것은 2년 전으로, 보증금 5억 원에 하루 고객 수 765명, 일일판매액 125만 원이 당시 재정상태였다. 너무 부진해서 차마 눈뜨고 볼 수 없는 점포였다. 당시 점포를 방문한 어떤 사람은 다음과 같이 부진이유와 대책을 설명했다.

- 상업활동이 적은 주택지의 코너에 위치하여 유동인구가 많지 않아서 힘든 것이다.
- 인근에 초등학교가 있지만, 맞은편에 있는 경쟁점에 손님들을 빼앗기고 있다. 경쟁점은 입지도 더 좋고 담배판매대도 있어서 연결구매가 발생한다.
- 보증금을 재협의하여 점유비율을 내려서 과다한 금융비용 지출을 막아야 한다. 또 맞은편에 있는 체스터 프렌드 치킨이나 제과점이 있는 쪽으로 점포를 옮기는 방법도 고려해야 한다.
- 학생층이나 주부층을 노린 타깃 마케팅(Target Marketing)을 확대해나가야 한다.

본사는 이와 같은 현상을 토대로 가설을 설정, 대대적으로 부진점포에 대한 '점포회생 대책'을 궁리했다. 개선절차는 '플랜 두 시(Plan Do C)'라는 관리 사이클이다. 그리고 결과는 1) 감시·평가, 2) 계속 운영, 3) 폐점의 3단계로 나눠 피드백시켰다고 기록되어 있는데, 그 당시 우면점은 폐점으로 결정되었다.

그렇다면 도대체 어떤 대책을 '실행'하여 폐점이라는 운명을 낳았는가? 당시 실행된 대책을 부문별로 살펴보자.

- 점포개발 부문 : 보증금을 내린다. 폐점하겠다는 각오로 건물주와 재협의한다. 힘든 경제상황에서 건물주가 5억이라는 거금을 마련하기는 어려울 것이다.
- 상품개발 부문 : 초등학생을 중심으로 한 레이아웃으로 변경하여 문구류와 과자류를 확대 진열한다.
- 점포운영 부문 : 주부와 초등학생을 대상으로 10% 할인판매를 실시하고 나비스코 키홀더를 증정한다.

이와 같은 대책에도 불구하고 매출은 향상되지 않았고 보증금 인하도 지지부진하여 점포향상에 대한 노력은 만족할 만큼의 성과를 거두지 못했다. 그래서 유감스럽지만 폐점할 수밖에 없다는 것이 보고서의 최종 결론이었다.

패스트푸드에 역점을 두고, 신생 '중화만두'로 재생

그런 점포를 회사는 위탁가맹으로 전환했다. 물론 점포를 회생시키기 위한 배수진이었지만, 폐점의 충격에서 벗어나기 위한 탈출구였다. 우선 가맹점주에게 운영방침을 강력히 전달하고, 긴밀한 협력을 부탁했다. 또 '점포개선 중장기 법안'을 수립했는데, 형식은 간단했지만 내용은 '심오한' 것이었다.

- 친절, 청결, 신선관리 등 기본 원칙을 충실히 실행한다.

- 각 상품 하나하나를 단품별로 분석한다.
- 고객의 요구에 맞는 상품을 진열한다(고객이 찾기 전에 미리 준비해놓는다).
- 패스트푸드 판매신장에 역점을 둔다. 고객은 오픈케이스를 보고 내점한다.
- 성심성의껏 고객을 대하며 초등학생이나 단골손님의 이름을 외운다.
- 구룡사(근처에 있는 큰 절)에 오는 고객에게 필요한 상품을 준비한다.
- 부부가 교대로 풀타임으로 근무한다.

가맹점주는 전직 자영업자이고 부인은 대졸 은행원 출신이다. 가맹사업을 시작한 동기는 세븐일레븐의 이미지와 과학적인 운영형태가 매력적이었기 때문이라고 했다. 유통업에 대해 상당한 이해를 갖고 있는 부부는 위의 내용을 금과옥조로 삼으며 점포운영에 열중했다. 특히 패스트푸드의 매출신장을 위해 본부의 발주지시를 충실히 따르며 최상의 서비스로 고객을 맞이했다.

한편 본사에서는 겨울 동안 중화만두를 판매하기 시작했다. 제조원은 샤니. 제조원과 공동으로 거의 6개월 동안 원재료인 소맥분이나 팥의 등급, 생산지는 물론 완성품의 외관, 보관성능, 견고성, 변색과정과 팥 소주입 위치, 만두피의 밀착도 및 분리도, 신축성 등 수많은 부분을 기존의 제품과는 비교할 수 없을 정도로 개선하여 차별화를 꾀했다.

말하자면 새로운 콘셉트의 중화만두를 탄생시킨 것으로 10월 1일을 D데이로 정해 전 매장에 도입했다. 가격은 시중가와 거의 비슷한 500원선이었다.

이 제품은 유사한 제품이 나돌고 있었으므로 실제로 차별화에는 한계가 있었다. 프로모션, 권유판매, 적극적인 광고 등 회사의 대대적인 지원 없이는 기존 제품 속에 파묻혀버리는 제품이다. 담당자는 물론 전 사원이 회사 전체 차원에서 점포를 힘껏 지원하고 손님을 끌기 위해 점포 앞에서 호객판매를 실시했다. 우선 기선을 제압하려는 회사의 방침은 판매 1주일 만에 궤도에 올랐다.

우면점에서는 어땠을까? 이 점포의 날짜별 판매실적을 검색해보자. 발매일에 35개를 팔았다. 그때는 이렇다 할 반응은 없었다. 다음날에는 29개, 그 다음날에는 6개, 그 다음날에는 9개…….

발매일 이후 점점 떨어지는 이유는 도대체 무엇일까? 임팩트가 없었기 때문이라고 판단한 점주 부부는 그때부터 평소 실시해왔던 '고객 이름을 외우는 일'을 강화하여 적극적인 호객판매를 실시했다. 그리고 품질과 맛을 기존 상품과 비교하여 설명하는 등 그 우수성을 집중적으로 전달했다. 이런 행위에 점주 부부의 진심과 친절한 마음이 담겨 있었기 때문에 그 효과는 바로 나왔다.

10월 7일에는 35개, 8일에는 31개, 9일에는 44개, 10일에는 60개, 12일에는 30개로 일단 그치고, 10월 14일에는 대략 78개로 뛰어올랐다. 이 점포의 중화만두 매상은 여기서 그치지 않고, 10월 18일 109개를 넘었으며, 19일에는 264개로 최고기록을 달성했다. 그후에도 계속해서 240개 수준을 유지하며 10월 평균 하루 판매량은 114개였다. 당시 전 점포의 하루 판매량이 평균 35개였으니까 3배 이상이었다.

한겨울도 아닌데 이렇게 판매할 수 있었던 것은 앞에서 말한 '특별하진 않지만 심오한' 회사의 정책 덕분이었다. 그후 11월에도 하루 평균 판매량은 178개로 늘어나, 전 점포 평균 61개의 292%에 해당하는 수치를 기록했다.

그때를 기점으로 매장의 매출은 회복되었으며, 점주가 대단히 기뻐했다는 것은 굳이 말할 필요도 없다. 아무도 이런 일을 예측하지 못했다. 당시 중화만두 같은 패스트푸드는 편의점에서 그다지 주목받지 못해서, 그저 구비용 상품으로만 생각했기 때문이다. 그러나 점주는 패스트푸드야말로 편의점을 재생시키는 견인차라는 본사 방침을 받아들여서 패스트푸드에 승부를 걸었던 것이다.

패스트푸드의 매상 구성비는 1.6%에서 약 7%로

중화만두에 대해 장황하게 설명한 이유는 2년 전 초겨울부터 시작한 패스트푸드에 대한 '노력'의 결과가 조금씩 나오기 시작하여 중화만두가 처음으로 소기의 성과를 거두었기 때문이다. 또 이 사건을 계기로 전 사원의 패스트푸드에 대한 마인드가 확 바뀌었다는 것을 말하고 싶다.

빵을 포함하여 김밥, 도시락, 샌드위치 등 패스트푸드의 판매가 증가함에 따라 전체 이익률도 두드러지게 변화되었다. 2004년 12월부터 지금까지 2006년 4반기별로 패스트푸드의 매상구성비를 살펴보면 1.6%, 1.9%, 2.3%, 3.1%, 5.0%, 6.8%, 7.6%로 지난 7월에는 7.7%까지 이르렀다. 또 전체이익률은 월별로 28.6%, 26.2%, 28.5%, 30.7%, 31.8%, 30.3%로 신장했다.

패스트푸드의 매출증가가 결정적으로 전체 이익률에 기여했다고는 확언할 수 없다. 또 그렇게 장담하는 것은 도리에도 어긋난다. 그러나 온갖 노력에도 매출이 향상되지 않던 상황에서 40%에 가까운 패스트푸드의 무서운 이익률을 빼면 이익률 향상을 설명할 방법이 없을 것이다.

이 기간의 매출신장으로 인해 이익은 어떻게 바뀌었을까? 하루 판매기준으로 매출신장을 살펴보면 다음 표와 같다.

표 6-1 분기별 매출신장
단위 : 천 원

분기별	2004년	2005년	2006년	평균 신장률
제1사분기	1,029	1,135	1,280	111.5% 증가
제2사분기	1,201	1,296	1,397	107.9% 증가
제3사분기	1,243	1,372	1,506	110.1% 증가
제4사분기	1,212	1,336	1,550	110.2% 증가

이 표에서는 1년 6개월 만에 하루 판매액이 24만 원 정도 신장했는데, 이것은 영업이익 22만 원이라는 결과가 된다. 그때 가맹점주에게 추가로 준 배분액은 월 100만 원으로, 지난 6월 본부에서 총소득액 520만 원을 받았다. 매상은 이익을 낳고, 이익은 평화를 낳는다. 수려한 우면산을 배경으로 샴페인이라도 터트려야 할 것이다.

여기서 2004년에 맨 처음 설정한 가설과 가맹 전환 이후에 설정한 안(案)을 비교하면 재미있는 사실을 알 수 있다. 전자에는 패스트푸드 개발이나 고객 이름을 외우는 등의 구체적인 처방은 없었다. 그 대신 보증금 인하나 판촉확대와 같은 '특이하지 않은' 것만 주를 이룬다.

왜 그랬을까? 2년 전 수준에서 보면 당연했을지도 모른다. 조잡한 맛과 품질, 시대착오적인 발주 시스템, 그리고 무엇보다도 회사와 메이커의 이해부족이 팽배한 환경에서 패스트푸드를 도입하는 것은 모험이었기 때문이다.

고객과 유대감 강화로 친근한 매장 만들기

세븐일레븐 홍대 2호점은 학생층이 주고객인 것을 감안하여 유행에 민감한 학생층을 수용하기 위해 이들의 기호에 맞는 패스트푸드, 탄산음료, 냉장·냉동식품을 강화한 매대 구성에 각별히 힘쓰고 있다.

상권의 범위 및 특성

홍대 상권은 크게 세 축으로 구분된다. 홍대 정문을 기준으로 와우산길과 청기와예식장으로 향하는 서교로가 한 축이고, 지하철역 주변 분식점 골목과 마포도서관으로 향하는 길이 두 번째 축이다. 그리고 서교호텔 인근 한식집 골목이 세 번째 축을 이루고 있다.

세븐일레븐 홍대 2호점은 홍익대 정문에서 우측 방면으로 150m에 자리하고 있다. 점포 주변은 미술학원이 10여 군데 있고, 점포 후방으로 고급 주택가가 형성돼 있다. 그리고 주변에는 1,000여 세대가 살고 있는 다세대 주택이 밀집해 있다.

홍대 정문 부근은 단연 20대 유동인구의 비중이 높다. 그러나 지하철 2호선 이용객과 양화로 대로변의 사무실 종사자들, 그리고 소형 사무실이나 디자인 사무실 또는 녹음실 등에서 근무하는 30대 이상 고객층 수요도 무시할 수 없는 상권이다. 게다가 주말이면 예식장 손님까지 수요층에 가세하는 입장이다. 홍익대 상권 수요층의 가장 큰 매출요인은 홍익대학교 내 학생층이다. 4,000명 이상의 대학생과 학교부지 안에 초·중·고교가 모두 자리하고 있다.

최적의 입지조건을 갖춘 지역이라 홍대역 근처만 4개의 세븐일레븐 점포가 운영되고 있고, 홍대 2호점은 홍대 정문을 중심으로 반경 150m 안에서 다섯 개의 여타 편의점과 경합을 벌이고 있다. 길 건너편에 훼미리마트, 홍대 정문 바로 오른쪽에 베스토아, 전철역 방면으로 60m 정도 가면 바이더웨이가 있고, 바이더웨이 뒤쪽으로 세븐일레븐 홍대 3호점이 있다. 경쟁하는 편의점이 많기는 하지만, 상권 특성상 워낙 수요가 풍부하므로 매출에 큰 타격을 입지는 않는다.

영업현황 및 상품구성

하루 평균 매출액은 평일 200만 원, 주말 250만 원 선으로, 매출은 고른 편이다. 평일 고객 수가 많지만, 객단가는 주말이 다소 높다. 음료매출이 주를 이루는 평일에 비해 유동고객이 많은 주말에 단가가 높은 상품이 많이 팔리기 때문이다. 고객 수는 고른 편이고, 상대적으로 오후 2~4시, 오후 8~10시 사이에 편의점에 오는 고객의 비중이 높다.

매출 구성비

취급품목 수는 2,150여 아이템으로, 과자, 음료, 패스트푸드, 담배의 매출이 전체 매출의 60%를 차지하고 있고, 특히 다른 편의점에 비해 패스트푸드의 비중이 높다. 일반적으로 편의점에서 패스트푸드 비중이

6~8% 정도임에 비해 전체 매출의 20% 선을 차지할 정도다. 그 이유는 야간에 간식거리를 찾는 하숙생과 학원생들의 내점 빈도가 높기 때문이다.

연령 구성비

편의점에 찾아오는 내점객의 남녀 구성비는 비슷하며, 14~20세 고객이 절반 정도를 차지하고 있다. 특히 점포 주변에 미대 입시생을 위한 미술학원만 10여 곳 있어 학원 매점 역할을 담당하고 있다. 학원생들은 휴식시간마다 점포에 들러 간단한 간식거리를 찾고 있는데, 하루에 7~8번이나 방문하는 고객들도 있다.

공부에 지친 입시생에게 홍대 2호점 점주는 동네 오빠와 같은 친근함으로 다가가서 고객과의 유대감을 강화하고 있다. 점주는 "미대를 지망하는 입시생의 내점 빈도가 높아 이들의 애로사항을 파악하고 격려해주고 있다"고 말한다. 고객에게 건네는 따뜻한 말 한마디가 단골손님 확보와 매출향상으로 이어지기 때문이다.

또한 10대 계층을 타깃으로 한 상품구색에 각별한 주의를 기울인다. 유행에 민감한 10대라 상품진열도 이들의 유행을 고려해 구성한다. 똑같은 상품이라도 디자인과 색에 따라 매출이 달라진다. 실제로 최근에 똑같은 티슈라도 헬로키티를 사용한 빨간색 계열 포장의 티슈가 여성 고객들에게 인기가 높았다는 것이 이를 말해준다. 신제품이 출시되면 직접 고객에게 권하고, 제품에 대한 호응도를 조사한다. 수시로 신촌의 가맹점주들을 방문해 조언을 듣고, 경쟁점에서 취급하는 상품들을 조사해 상품구색에 소홀함이 없도록 구색 갖추기에 힘쓴다.

취급하고 있는 생활 서비스는 휴대폰 충전, ATM, 팩스 서비스, 세탁 서비스, 전기·전화요금 수납 서비스 등이다. 특히 휴대폰 충전과 ATM 서비스는 반응이 좋고, 전기·전화요금 수납은 24시간 가능해 매달 점포를 통해 수납하는 고객이 꾸준히 늘어나고 있다.

시설 및 인원 구성

인원은 점주와 가맹직원 1명, 파트타임 아르바이트생 5명으로 구성되어 있다. 파트타이머의 경우 2인 1조로 3교대가 원칙이다. 점주는 오후 10시~오전 10시까지, 가맹직원은 오전 10시~오후 5시까지 근무한다. 점주는 "점주나 가맹직원이 없는 오후 5시~10시 사이는 파트타이머들만 있어 불안감을 느껴 제대로 쉬지 못하는 경우가 많다"면서 "파트타이머들을 믿고 맡길 수밖에 없어 상호간에 신뢰를 갖고 유대감을 형성하려고 애쓰고 있다"고 말한다.

파트타이머를 채용할 때는 인상을 많이 본다. 파트타이머의 상냥한 인상이 고객이 점포에 찾아오는 비율을 높이기 때문이다. 파트타이머들은 청소, 물건 검품, POS관리, 손님 접대를 주로 맡는다.

홍대 2호점 점주가 가장 많이 고려하는 것은 청결과 입식진열 관리이다. 특히 상품을 진열하는 매대에 상품이 비어 있지 않도록 진열하는 것에 무엇보다도 힘쓴다. 그 이유는 고객이 원하는 상품을 찾을 때 그것이 없어서 발생하는 손실을 방지하는 데 도움이 되기 때문이다. 매장에 상품이 빈 곳이 있으면 꼼꼼히 체크해 반드시 이상 유무를 확인하고 있다.

레이아웃

입구에서 오른쪽 방향으로 계산대, 패스트푸드, 냉장식품, 유제품, 음료, 잡지 순으로 설치되어 있다. 출입구 쪽에 있는 행사 매대는 본사에서 시기에 맞게 기획된 상품이 진열된다. 매달 본사에서 행사가 기획되면 점포마다 상권 특성과 레이아웃에 따라 상품을 진열하고 있다. 예를 들어 12월은 크리스마스가 있어 트리, 인형, 카드와 같은 크리스마스 용품을 취급해 매출향상을 도모하고 있다.

출입구 오른편에 휴대폰 충전기, 계산대, 유음료, 패스트푸드가 있다. 출입구를 들어서면 왼편에는 신문, 잡지와 기획매대가 있다. 계산대 옆으로 겨울에 많이 찾는 호빵과 다섯 종류의 오뎅과 소시지를 판매한다. 점포에서 직접 조리해서 판매하며, 가격은 오뎅 500원, 소시지 1,000원에 판매된다. 하루 평균 50~60개 정도 팔리고 있다.

중국인 고객이 상당수 있어 이들이 주로 찾는 초콜릿과 거즈가 결품이 나지 않도록 힘쓰고, 새벽시간에 간식거리를 찾는 하숙생이나 학원생들을 위한 패스트푸드의 구색에 각별한 주의를 기울이고 있다.

오른쪽 벽면에는 ATM기가 있고, 간편식 테이블을 설치해 점포 안에서 고객이 음식을 즐길 수 있도록 배려하고 있다.

단품관리를 통한 고객 중심적 머천다이징

■ 고객 중심의 시장에서 단품관리

단품관리란 단순한 점포운영 기법이 아니라 조직 전반에 걸쳐 존재하는 기회상실 방지와 계속적인 개선의 정신이며 기법이다. 단품관리는 현재 상태의 안주를 거부한다. 다시 말해 현 상태를 답습하는 것을 지양하고 항상 어떻게 개선시킬 것인지 생각해야 한다.

단품관리의 의미는 무엇이 팔리고 무엇이 팔리지 않는지, 또 그 이유는 무엇인지 알아내는 것이다. 그러기 위해서는 지금 현장(시장)에서 무엇이 팔리고, 무엇이 팔리지 않는지 주도면밀하게 관찰하여 분석하는 것이 필요하다.

또한 중요한 것은 '왜 팔렸는가', '왜 팔리지 않았는가'를 추상적이 아닌 구체적으로, 즉 단품별로 분석해야 한다는 것이다. 이때 두 가지 시각에 초점을 맞춰야 한다. '담당자가 왜 그 상품을 입점시켰는가' 하는 의도와 '매장(발주자)이 그 상품을 어떻게 얼마만큼 팔 것인가'에 대한 의지이다.

의도와 의지, 이것에 대한 인식이 없으면 단품관리의 실체를 이해하기 힘들다. 또한 단품관리에 대한 결과를 피드백하기 위해서는 반드시 가설을 세워서 검정해야 한다. 점포 전체의 정보를 취합하여 '이런 상품은 팔리지 않을까, 이렇게 하면 잘 팔리지 않을까' 라는 의지로서, 발생 가능한 구체적인 환경을 설정해야 한다. 이것이 가설의 개념이다.

조심할 점은 이때의 가설은 추측(감)이어서는 안 된다는 것이다. 추측과 가설은 어떻게 다른가? 추측은 주관적이지만 가설은 객관적이다. 가설은 나타난 수치, 즉 데이터를 근거로 하고 있기 때문이다. 예를 들어 손님을 초대해놓고 자기가 맥주를 좋아한다고 손님에게 맥주를 대접한다면 그것은 추측이고 강요이다. 그 손님은 맥주보다 소주를 더 좋아할 수도 있고, 전혀 술을 마시지 못할 수도 있다.

■ 가설에 의한 검정

검정은 머천다이징 정책이나 시장(매장)의 의지가 기본 바탕이 되어야 한다. 그것을 기초로 결과치를 단품별로 비교 분석해나가야 하는 것이다. 그리고 그 결과는 다음의 머천다이징 정책이나 매장으로 신속히 연결되어야 하고, 반복적이고 지속적으로 이루어져야 한다.

예를 들어 어떤 사람에게 찹쌀떡을 내놓았는데 그 사람이 먹다가 남겼다고 생각해보자. '아! 이 사람은 찹쌀떡을 싫어하는구나' 하고 끝낸다면 그것은 검정이 아니다. 입에 댔는데 왜 먹지 않았을까? 너무 달아서인가? 아니면 너무 딱딱해서인가? 아니면 본래 찹쌀떡을 싫어하는 사람인가? 등에 대해 생각해보지 않으면 안 된다.

이런 것들을 파악하여 가설을 세워두어야 한다. 그리고 그 가설을 실행해서 검정을 해두지 않으면 손님을 다시 초대했을 때 무엇을 내놓아야 할지 여전히 망설이게 된다. 또한 중요한 것은 이미 언급했듯이 단품 하나하나에 대해서 계획-집행-통제(Plan-Do-See)에 의한 일련의 과정이 반복적이고 지속적으로 이루어져야 한다.

그렇게 하는 과정에서 분석자는 새로운 사실과 더 많은 정보를 얻을 수 있고, 그것은 다음의 실행을 하는 데 유용한 도구로 쓰인다. 이러한 행위를 통해 단품관리이야말로 머천다이징 정책에서 가장 핵심적인 정책이 된다는 것을 알게 된다.

생활자 주도형 시대에서 고객의 니즈에 부응하는 길은 단품관리를 통해서만 이루어질 수 있다. 그것을 통해 고객을 만족시키고, 고객만족은 새로운 가설과 정보를 낳고, 그것은 다시 점포의 수준상승이나 매출신장으로 연결되는 것이다. 단품관리야말로 유통이라는 사업의 성공열쇠가 된다.

이상에서 언급한 단품관리의 과정을 정리해보면 〈그림 6-8〉과 같다.

그림 6-8 단품관리의 4단계 과정

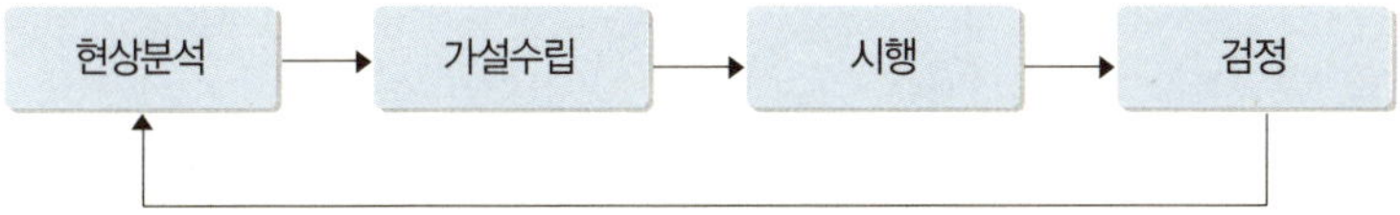

현상분석 → 가설수립 → 시행 → 검정

좀더 구체적으로 세븐일레븐의 단품관리 방법을 정리해보면 〈그림 6-9〉와 같다.

그림 6-9 세븐일레븐의 단품관리 방법

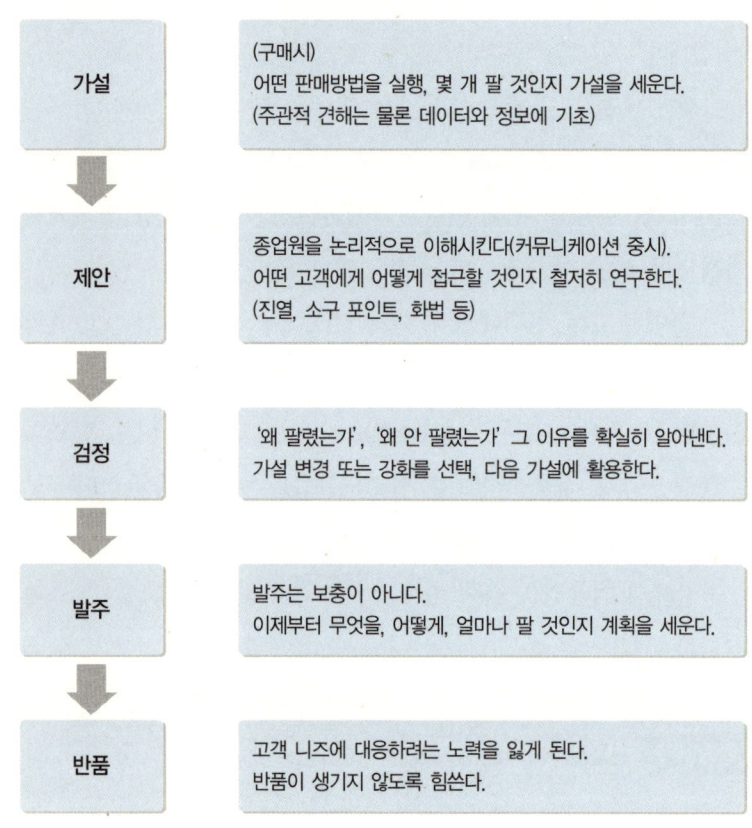

*발주는 1인 집중방식과 매장담당 분담식이 있는데 분담하는 편이 발주의 정밀도를 높일 수 있다.

　　위의 세븐일레븐의 단품관리 방법을 단품관리 과정별로 세부적으로 살펴보면 〈그림 6-10〉과 같다. 그림에 나타난 바와 같이 단품관리 과정 중 얼마나 발주할 것인지 결정하는 것은 매장에서 가장 중요한 업무라고 할 수 있다. 고객이 원하는 제품을, 원하는

그림 6-10 세븐일레븐의 단품관리 4단계 과정

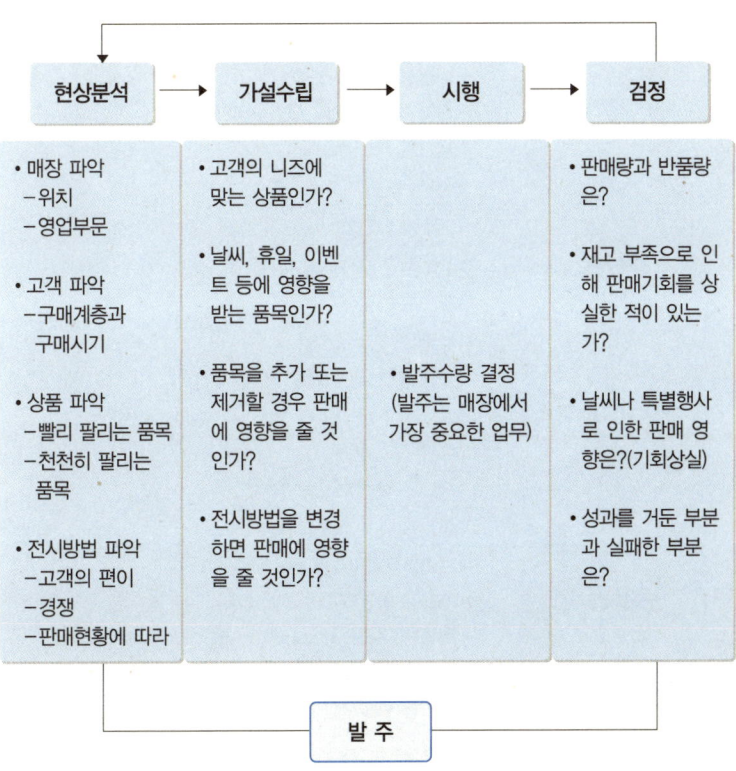

때, 원하는 서비스로 제공해주기 위해서는 발주의 정밀도를 높이는 것이 무엇보다도 중요하기 때문이다.

위의 과정에서 단품관리는 POS 시스템이 없으면 불가능하다. 세븐일레븐은 우수한 정보 시스템을 통해 1점포당 평균 3,000품목을 각 단품마다 철저하게 관리하여 발주의 정밀도를 높이고 있다. 고객의 욕구를 각 단품마다 파악하는 것은 아주 혁신적인 기

표 6-2 가설을 수립할 때 POS 이외에 필요한 정보

정보의 종류	세부 내용
시간에 따른 변화정보	• 계절적 변화는 어떤가? • 월별, 상중하순별 변화는 어떤가? • 요일별로는 어떤가? • 시간별로는 어떤가?
기후정보	• 기후는 어떤가? • 온도는 어떤가? • 습도는 어떤가?
지역고객 니즈정보	• 교통의 흐름은 어떤가? • 학교 등 각종 단체의 행사는 어떤가? • 오피스와 점포의 개폐인구 유출입은 어떤가? • 경쟁점은 어떤가? • 세대나 가족구성은 어떤가?
시장정보	• 라이프스타일은 어떤가? • 가치관은 어떤가? • 수입은 어떤가? • 유행은 어떤가? • 제조업체와 상품기획사는 무엇을 만들고 있는가? • 경기는 어떤가?
상품정보	• 제품 라이프사이클은 어떤가? • 유사상품 동향은 어떤가? • 용기와 디자인, 색, 크기, 무게는 받아들일 수 있는가? • 가격은 맞는가? • 맛과 향, 선도, 진열, 식후 느낌은 어떤가? • 기능성과 촉감은 어떤가?

법이다.

그러나 가설을 세우기 위해 POS 이외에 수집해야 할 주요 정보가 있다. 시간에 따른 변화, 기후, 지역고객의 니즈, 시장, 상품에

대한 정보를 수집해야 한다. 가설을 수립할 때 추가적으로 필요한 정보는 〈표 6-2〉에 잘 나타나 있다.

〈표 6-2〉에 나타난 것과 같이 발주를 위한 가설수립은 단순히 POS 데이터만으로 이루어지는 것이 아니다. 편의점이 처해 있는 다양한 환경에 따라 여러 가지 정보를 종합적으로 고려해야 한다. 다음에 제시하는 사례는 완벽하진 않지만 시행착오를 거쳐 단품관리를 배워나가는 편의점의 모습을 잘 보여주고 있다.

푸드 단품관리 개선사례 : 주먹김밥

점포 근무자라면 누구나 과다한 발주로 엄청난 양을 폐기하거나, 너무 소심한 발주로 기회손실이 발생한 경험이 한두 번 이상은 있을 것이다. 정확한 발주란 있을 수 없다. 다만 객관적인 데이터를 통해 가설을 세우고 단품 하나하나에 관심을 갖고 고객들에게 적극적으로 권유판매를 한다면 매출은 자연스럽게 증가할 것이다.

하지만 대부분의 점포 근무자들이 가설을 어떻게 세워야 하고, 가설을 바탕으로 발주는 어떻게 해야 하는지, 또 입고된 후의 단품관리는 어떻게 해야 하는지 제대로 숙지하지 못하고 있다. 특히 점포 근무자들이 가장 어렵게 느끼는 것이 데일리 상품(일배품)이며, 그 중에서도 푸드이다. 이에 따라 세븐일레븐 운영부는 푸드 단품관리를 개선하여 점포 근무자들의 발주기술을 향상시키고 매출도 증대할 수 있도록 노력하고 있다.

본 사례는 세븐일레븐 191호점의 푸드 단품관리 개선사례이다.

현상분석(1일차)

191호점은 지난 1월에 가맹으로 전환하였으며, 주위에 오피스, 학원,

식당, 유흥가가 밀집된 곳이다. 직장인, 학원생이 주요 고객이며, 주위 식당이 끝난 야간시간이나 영업하지 않는 일요일에 매출이 높은 점포이다.

발주자인 점주는 1월 11일 가맹 전환 이후 푸드의 중요성과 단품관리에 대해 전혀 모르고 있었다. 주먹김밥의 경우 적정 재고의 점검 결과 똑같은 수량을 발주하고 있고, 금요일 매출상승으로 금요일 발주만 약간 늘리고 있다. 지난주와 그 전주의 발주와 판매가 동일함으로써 실제적으로는 기회손실이 발생했다.

가설(1일차)

- 발주수량을 입고일 기준으로 기록한다. 정보대응의 기초자료로 활용할 수 있도록 한다.
- 3개월 정도 시간을 갖고 천천히 배워나가도록 한다.
- 단품별 POP를 부착한다.
- 주먹김밥 전체의 오전 발주는 4개로 늘리고 오후 발주는 지난주 같은 요일 100% 팔린 김치김밥만 1개 늘리기로 한다. 토요일 판매 데이터를 검증하기로 한다.

현상분석(2일차)

단품 POP를 실행한 후 고객이 주먹김밥의 종류가 3가지 있다는 것을 알게 되었다. 한편 점주는 주변에 오피스가 있기 때문에 주말에 매출이 떨어진다고 얘기하지만 실제 데이터는 지난주 금요일과 토요일 데이터가 똑같았다.

점주 부부가 푸드에 관심을 보이며 고객에게 "한번 드셔보세요"라고 권유판매를 하게 됐다.

가설(2일차)

- 주말에 근처 식당이 문을 닫음으로써 판매가 증가할 수 있는 기회이며, 발주를 늘리면 판매가 늘 것이다.
- 근처 학원의 학생들이 식사할 곳이 마땅치 않아 식사를 하러 올 것이다.
- 오픈케이스 2단의 전면부를 확대하고 색지로 테두리를 둘러 강조한다.
- 지난주 오전에 100% 판매됨으로써 기회손실이 발생했음을 감안하여 오전 발주를 증대하되 김치김밥에 포인트를 준다. 오후의 발주는 쇠고기김밥을 어제보다 1개 더 증가하여 판매해본다.

검정(1일차)

지난주 같은 요일보다 발주를 4개 늘렸으나 판매는 오히려 1개 떨어졌다.

항목	발주	판매
김치김밥	3	1
쇠고기김밥	4	3
참치김밥	3	1
합계	10	5

- 점주 의견 : 고시학원이 이사가면서 판매가 떨어졌다.
- FC 의견 : 가설을 세울 때 학원 이사에 대한 정보가 미흡했다. 정보의 중요성을 조금씩 인식하게 됐다. 단품관리에 조금씩 접근하고 있다는 느낌을 받았다.

현상분석(3일차)

일요일에는 대부분의 식당이 영업을 하지 않는다. 그런데 새학기 개강시 디자인 학원은 등록 접수를 일요일에도 받고 있으며, 주변 사무실도 일요일에 출근하는 사람이 많다.

점주와 함께 발주량을 산정하고 김밥의 진열상태를 보기 좋게 하는 작업을 하면서 점주의 사고가 조금씩 변하고 있다. 또한 근무자들도 수시로 오픈케이스에 가서 상품을 보기 좋게 진열했다.

가설(3일차)

- 휴일 오피스의 인원이 점차 증가함에 따라 푸드에 대한 니즈가 증가할 것으로 예상된다.
- 지난주 일요일 판매는 저조했으나 디자인 학원 등록일이어서 고객 수가 증가할 것으로 예상돼 발주를 늘렸다. 오전, 오후 각각 9개씩 발주했다.

검정(2일차)

판매량이 높아 점주는 매우 만족했다. 토요일 오전 판매량이 10개로 토요일 판매가 저조할 것이라는 점주의 생각과 상반된 결과가 도출됐다.

항목	1일차(금) 오후		2일차(토) 오전	
	발주	판매	발주	판매
김치김밥	3	3	4	4
쇠고기김밥	2	1	3	3
참치김밥	2	1	3	3
합계	7	5	10	10

디자인 학원생들이 식사할 곳이 마땅치 않아 푸드를 먹으러 올 것이라는 가설이 적중했다.

- 점주 의견 : 좀더 공격적으로 김밥 발주를 해보자.
- FC 의견 : 단품관리가 상당히 진전됨을 느꼈다.

현상분석

푸드는 정보 시스템의 데이터만 갖고는 발주할 수 없음을 인정했다. 현상분석과 가설 없는 강제발주는 무의미하며, 단품관리는 가설을 어떻게 세우냐가 가장 중요하다.

또한 점주가 푸드 발주에 많은 시간을 할애하지 않는 이상 판매증대는 일어나지 않는다.

가설

- 그동안 기회손실이 많이 발생함에 따라 고객에게 보이는 행위도 필요하다고 판단된다.
- 날씨가 쌀쌀하나 공격적인 발주를 해본다.
- 오후의 김치김밥 발주량을 늘렸다(지난주 금·토의 오후 판매량이 100% 증가함).

개선효과

과도하게 발주를 늘리기보다는 가설에 의한 약간의 변화로도 판매증대 및 매출증대 효과를 얻을 수 있다. 또한 이와 같은 방법을 다른 데일리 상품에 접목시킨다면 충분히 개선의 효과가 나타날 수 있다.

가설에 의한 발주를 하고 점포에 진열되었을 때 근무자들이 충분한 관심과 권유판매를 함으로써 효과가 배가될 수 있다.

그림 6-11  단품관리 전후의 발주량과 판매량 비교

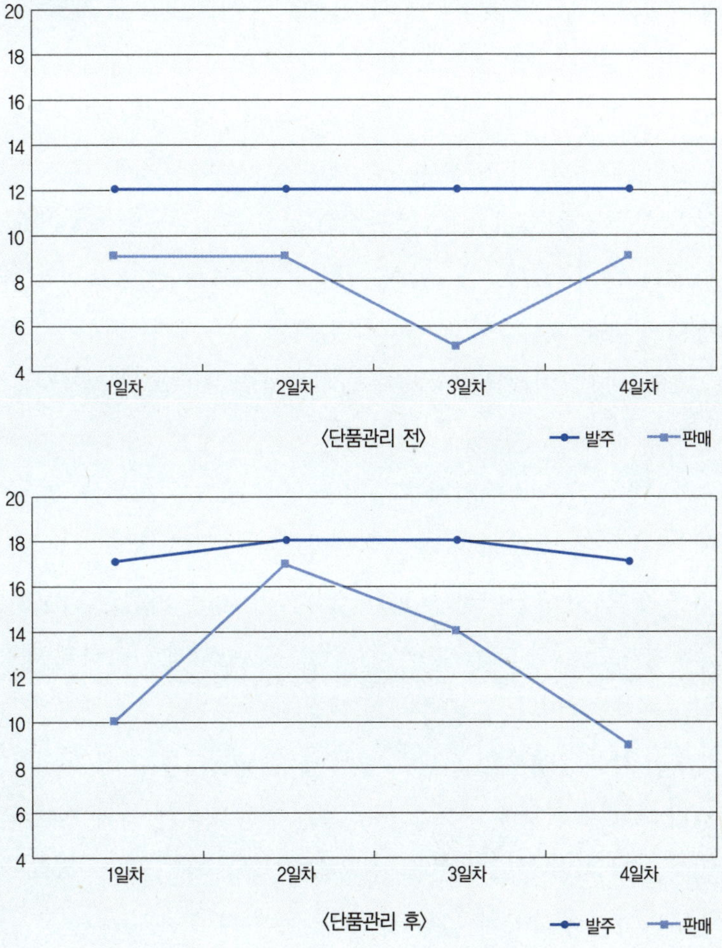

체계적인 신상품 개발

■ **앞선 상품개발 능력**

세븐일레븐이 유통의 혁신을 주도할 수 있는 또 한 가지 이유는 앞선 상품개발 능력이다. 세븐일레븐은 고객의 욕구 변화에 매우 민감하다. 최근 들어 소비자가 가격을 중시하자 이를 재빨리 인식하고, 팔릴 만한 상품 숫자를 줄인 것은 그 좋은 예라고 할 수 있다.

반면 '가격 중시 시대'의 소비패턴을 이해하지 못한 다른 업태들은 부진에 허덕이고 있다. 단순한 염가판매는 불황을 타개하는 방법이 될 수 없다. 가격할인 이전에 가격으로 인한 소비패턴의 변화에 대응하는 것이 더 중요하다.

그러면 세븐일레븐은 어떻게 소비자의 욕구 변화를 경쟁사보다 앞서서 알아차릴 수 있을까?

세븐일레븐은 소매업계에서 가장 앞선 정보 시스템을 갖고 있기 때문이다. POS에 의해 리얼타임으로 고객의 의식 변화를 살피고 있으며, 조그마한 변화도 간과하지 않고 기회로 바꾸려는 조직풍토가 있기 때문이다. 이로써 '시대 변화에 신속하게 대응'할 수 있는 것이다.

또한 세븐일레븐은 도시락 공장 및 물류센터를 연계 운영하고 있다. 세븐일레븐에 푸드를 공급하는 전용공장인 롯데 후레쉬델리카가 2000년 설립되었다. 이는 세븐일레븐이 다른 편의점과 차별화하여 앞서나가기 위해 시도하는 푸드에 대한 지대한 관심의 표출이었다.

　세븐일레븐용 도시락을 공급하고 있는 롯데 후레쉬델리카는 롯데 계열사와 일본 미쯔이물산, 그리고 세븐일레븐 재팬의 협력사인 후지푸드사가 합작 투자하여 50억 원의 자본금으로 설립된 회사이다.

　공장을 설립할 때 일본 후지푸드사로부터 기술을 지원받아 최첨단의 청결한 시설을 완비하고, 세븐일레븐 전문 유통경로에 적합한 고객 지향적 제품을 공급하기 위해 연구, 개발, 생산을 일체화시켰다. 특히 공장의 위생과 청결을 위해 마치 반도체 공장에서 하는 것과 같은 살균처리와 무균상태를 유지하고 있다.

　도시락은 신선도가 생명이다. 세븐일레븐은 가맹점에 신선도 높은 도시락을 제공할 수 있도록 정보 시스템을 사용하여 온라인으로 발주하고 있다. 가맹점 배송도 아침, 점심, 저녁의 수요가 많은 시간대에 맞춰서 1일 3회 실시한다. 배송할 때 보온차를 사용하여 도시락의 맛을 지키려는 노력도 하고 있다.

　현재 경기도 용인, 전남 광주, 경남 양산 등 3개의 푸드공장에서 세븐일레븐 전 매장에 푸드를 생산, 공급하고 있다.

■ **대형 메이커와 공동개발**

　세븐일레븐은 대형 메이커와 공동으로 신상품을 개발하고 있다. 이 방식은 '공동개발' 또는 '체인 머천다이징' 이라고 한다.

　'공동개발' 은 세븐일레븐과 메이커 양쪽 모두에게 이점이 큰 방식이다. 대형 메이커는 다음과 같은 이점을 누릴 수 있다. 첫째,

그림 6-12　롯데 후레쉬델리카

자사 상품을 전국에 1,000여 개의 세븐일레븐 점포에서 판매할 수 있다. 둘째, 자사 상품의 테스트 마케팅 결과를 세븐일레븐의 POS 시스템을 통해 얻을 수 있다. 셋째, 장래 상품개발에 필요한 소비자나 시장과 관련된 귀중한 데이터를 얻을 수 있다.

한편 세븐일레븐측에는 다음과 같은 이점이 있다. 첫째, 공동개발 상품을 세븐일레븐 점포에서 일정 기간 독점적으로 판매할 수 있으며, 타사와의 상품 차별화를 꾀할 수 있다. 둘째, 경쟁사보다 앞서서 메이커측의 정보를 수집할 수 있다.

주목해야 할 점은 '공동개발'이 세븐일레븐의 주도로 이루어진다는 것이다. 대형 메이커는 대부분 소비자와 직접 접촉할 기회가 없다. 따라서 소비자 정보를 구하기가 어렵다. 소비자의 기호

| 그림 6-13 | 공동개발 과정의 변화

과거 : 메이커 주체의 개발

메이커로부터의 제안상품
- 과거 판매한 상품
- 지금까지 판매한 적이 없는 상품

담당 MD가 각각의 메이커로부터 제안된 상품에 대하여 협의 검토

현재 : 세븐일레븐의 상품정책에 의거, 추천계획 입안
- 원재료, 용기를 포함해서 팀 머천다이징에서 연구
- 메뉴마다 프로젝트 단위로 상품화

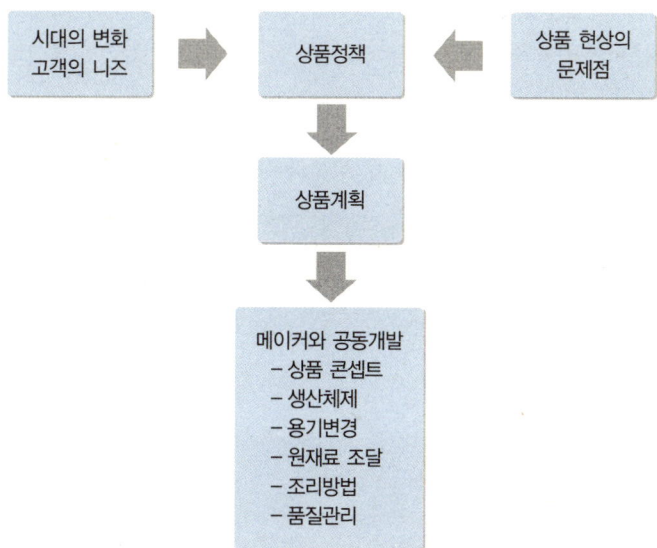

변화가 심한 시대에는 메이커가 개발한 상품으로는 소비자의 요구를 충족시키지 못한다.

팔리는 상품을 개발하려면 현 시점의 소비자 정보가 꼭 필요하

다. 그 때문에 메이커 입장에서는 히트상품을 만들어내기 위해 세븐일레븐의 POS 정보가 유용하게 활용된다. 이것이 '공동개발'에서 세븐일레븐이 주도권을 잡을 수 있는 이유이다.

POS 정보가 소매업과 대형 메이커의 지위를 역전시키고 있는 것은 '극심한 변화의 시대'를 상징한다.

■ **세븐일레븐의 상품개발 과정**

세븐일레븐의 상품개발은 정보수집, 가설수립, 가설검정, 신규 출시, 결과검정 순으로 진행된다. 정보수집 단계에서는 기존 상품개발의 경험 정보들과 최근의 상품개발 관련 정보들을 구체적이고 정확하게 수집한다.

이렇게 수집된 정보들은 철저한 분석을 통해 가설수립으로 연결되고, 잠정적인 상품으로 개발된다. 이렇게 개발된 상품은 테스트 판매를 거치면서 고객의 니즈에 부합될 때까지 상품개선 과정을 거치는데, 이 단계가 검증단계이다.

검증된 상품은 신규 출시된다. 이때 상품이 출시되었다고 모든 일이 끝나는 것이 아니고, 출시된 이후에도 지속적인 정보수집이 이루어져야 한다.

마지막 단계인 결과검정에서는 출시 후 상품에 관한 다양한 정보를 수집하고 분석해야 한다. 이때 만약 상품의 판매가 부진하거나 콘셉트가 잘 전달되지 않았거나, 판촉활동의 효과가 작을 경우, 그 원인을 분석하고 개선해야 한다. 뿐만 아니라 다음에 신상품을 개발할 때 선행 정보로 진지하게 고려해야 한다.

그림 6-14 세븐일레븐의 신상품 개발과정

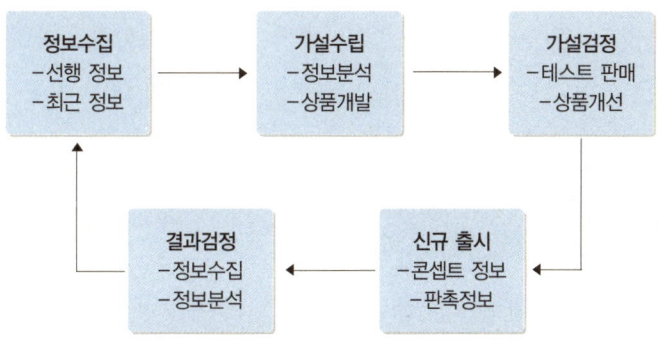

이를 그림으로 나타내면 〈그림 6-14〉와 같다.

정보화 및 물류관리

세븐일레븐은 혁신적인 물류 시스템을 운영하면서 물류비용을 상당히 절감하였고, 이는 다른 업체에 비해 경쟁우위로 작용하고 있다. 물류비용을 줄이기 위한 세븐일레븐의 노력은 다양한 방향으로 전개되고 있다.

우선 '도미넌트 방식'이라는 점포출점 방식을 들 수 있다. 세븐일레븐은 현재 국내의 편의점 업계에서 가장 많은 점포 수를 가지고 있지만, 모든 지역에 방대하게 걸쳐 있지는 않다. 대신 일정한 지역에 집중적으로 점포를 출점하고 있는데 이러한 점포출점 방식을 '도미넌트 방식'이라고 한다.

그 결과 점포가 좁은 지역에 집중되어 있기 때문에 상품의 배송 거리와 배송시간이 단축되어 물류비용을 줄일 수 있다. 즉 인구 밀도가 높은 지역에 역량을 집중하는 전략을 취함으로써 물류비용을 줄이고 다수에게 높은 만족감을 줄 수 있게 되었다.

또한 혁신적인 물류방식인 '집적배송', '공동배송'을 전개하고 있고, 종합정보 시스템 구축에 많은 투자를 하여 물류비용을 줄이기 위해 노력하고 있다.

■ **집적배송과 공동배송**

집적배송이란 제품을 일단 1차 거래선에 집적시킨 후, 그곳에서 특정 지역의 배송을 담당케 하여 각 지역별 세븐일레븐 점포

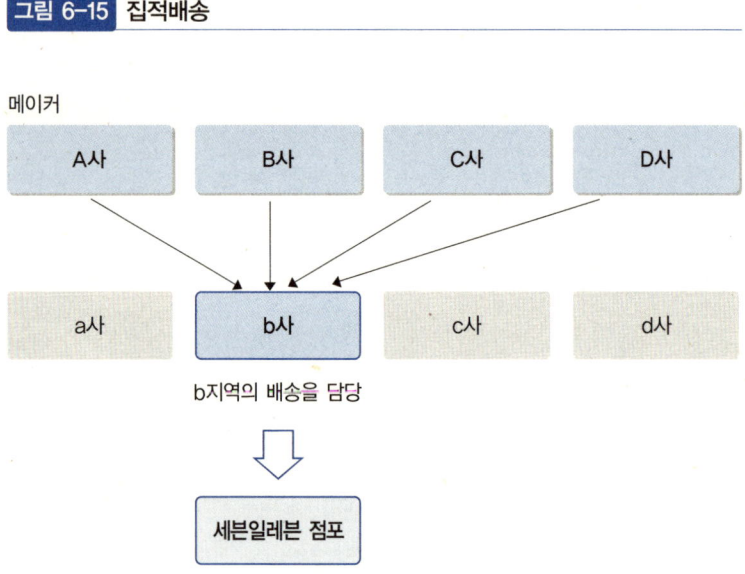

그림 6-15 집적배송

그림 6-16 공동배송

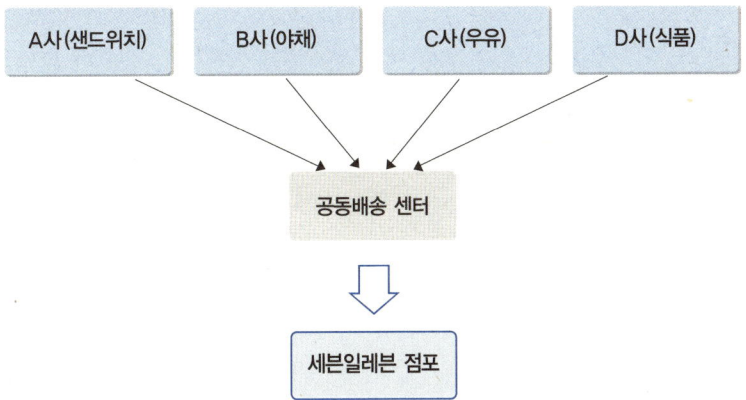

로 배송하는 방법을 말한다. 집적배송 시스템은 배송거리와 배송시간을 단축할 수 있고, 배송차량의 수를 줄일 수 있다. 또한 차량 1편당 점포 배송량이 늘고, 적재할 수 있는 양이 많아진다.

세븐일레븐은 집적배송에 그치지 않고 공동배송을 이용하여 물류흐름의 효율성을 높이기도 하였다. 공동배송이란 여러 회사의 제품을 공동배송 센터로 집결시킨 다음 각 점포별로 배송하는 형태를 말한다. 공동배송을 할 경우 다른 메이커나 도매업자로부터 구입한 상품을 온도대별로 나누어 한 대의 트럭에 혼재하는 방식이 가능하다.

세븐일레븐은 제조업체의 협조를 받아서 100~200점포마다 상품그룹(온도대로 구분한)별로 공동배송 센터를 설치하였다. 공동배송 시스템에서는 담당지구의 점포에서 주문하면 모든 상품을 일단 공동배송 센터에 모아 배송할 지구별로 상품을 구분한다. 공동배송 센터에서는 전용 배송차로 담당지구에 있는 점포에 배송한다. 이러한 공동배송 시스템은 하나의 점포로 보면 상품의 양은 적지만 담당지구 전체로 보면 일정한 배송량을 확보할 수 있다는 장점을 지니고 있다.

또한 공동배송 시스템은 정보의 흐름이 제조업체에서 시작되던 종래의 방식을 깨고 각 점포에서 발주정보가 시작되도록 하는 물류혁신의 기폭제 역할을 하였다. 즉 각 점포의 소비자 한 명 한 명의 구매동향이 물류 시스템 전체에 영향을 미치는 시대가 도래했음을 알리는 계기가 되었다.

이처럼 집적배송과 공동배송이라는 계획배송 구조를 통해 세븐일레븐은 물류비용을 줄이고 효율적인 제품조달을 가능하게 하였다.

이상에서 우리는 도·소매 프랜차이즈의 성공모델인 세븐일레븐이 어떻게 소매 마케팅을 전개하는지 살펴보았다. 세븐일레븐은 도·소매 프랜차이즈를 연구하는 연구자와 실무자에게 좋은 벤치마킹 사례가 될 것이다.

Part 7

외식 프랜차이즈 전략 연구 :
햄버거 프랜차이즈 사례를 중심으로

외식 프랜차이즈의 대표주자 롯데리아

　맥도날드는 전 세계 119개국 3만여 개의 매장에서 매일 5,000만 명에게 서비스를 제공하고 있으며, 외식업뿐 아니라 체인점 사업규모에서도 세계 최대를 자랑하고 있다. 그야말로 세계에서 가장 크고 유명한 푸드 서비스 업체이다.
　이처럼 맥도날드는 1955년 1호점을 오픈한 이래 승승장구하며 성장해왔다. 맥도날드의 우수한 품질과 뛰어난 서비스를 경험한 전 세계 많은 국가들은 맥도날드에 두 손을 들었고, 맥도날드는 거의 모든 국가에서 No. 1 패스트푸드 업체로 군림하게 되었다. 더욱이 우리나라와 식생활 문화가 비슷한 중국과 일본에서도 맥도날드는 현재 최고의 위치를 점유하고 있다. 이러한 상황에서 최근 한국능률협회컨설팅에서 발표한 2007년 한국 브랜드 파워 조사 결과는 흥미로운 사실을 보여주고 있다.

표 7-1. 2007년 한국 산업의 브랜드 파워 1위 브랜드

구분	브랜드명	회사명
패밀리레스토랑	아웃백스테이크하우스	아웃백스테이크하우스코리아
패션주얼리전문점	미니골드	(주)에이치오엔
패스트푸드점	롯데리아	(주)롯데리아
편의점	훼미리마트	(주)보광훼미리마트
포털	네이버	엔에이치엔(주)
학습지	대교눈높이	(주)대교
항공사	대한항공	(주)대한항공
호텔	롯데호텔	(주)호텔롯데
TV홈쇼핑	CJ홈쇼핑	(주)씨제이홈쇼핑

〈표 7-1〉을 보면 패스트푸드점 분야에서 브랜드 파워 1위 브랜드는 맥도날드가 아닌 롯데리아로 나타나 있다. 이는 전 세계를 맥도날드가 평정하고 있는 패스트푸드 시장에서 매우 놀라운 사실이다.

그렇다면 이와 같이 맥도날드보다 앞서가고 있는 롯데리아는 과연 어떤 회사이며, 롯데리아가 맥도날드를 앞서고 있는 이유는 무엇인가? 먼저 롯데리아라는 회사를 살펴보자.

롯데리아는 1979년 새로운 식생활 문화 창조와 고객만족 추구라는 기업정신으로 한국에 패스트푸드를 처음 선보였다. 이후 끊임없는 연구개발로 우리 입맛에 맞는 다양한 햄버거를 개발하여 패스트푸드의 토착화, 한국화에 공헌하였으며, 외식산업 전반에 걸쳐 선구자적으로 업계 발전을 이끌어왔다.

점포 수를 보면 1979년 10월 25일 국내 최초 패스트푸드점 소

공점(1호점)을 개점하였고, 1990년 제주점을 개점하여 전국적인 점포망을 구축하였다. 이후 급격한 점포 수 성장을 이루어 1992년 100호점(대학로점), 1995년 200호점(인천 월미점), 1996년 300호점(광주 운암점), 1998년 400호점(숙대역점), 2000년 500호점(호남터미널점), 2001년 1월 600호점(안산 Drive Through점), 2001년 9월 700호점(부산터미널점), 2002년 7월 800호점(혜화점)을 돌파하였다.

이제 롯데리아는 전국 어느 곳에서나 찾아볼 수 있는 한국 대표 패스트푸드 체인이 되었다. 심지어 공항, 새마을호 열차 내, 고속도로 휴게소, 고속버스 터미널에서도 롯데리아를 볼 수 있게 되었다.

그림 7-1 롯데리아 점포 수 성장

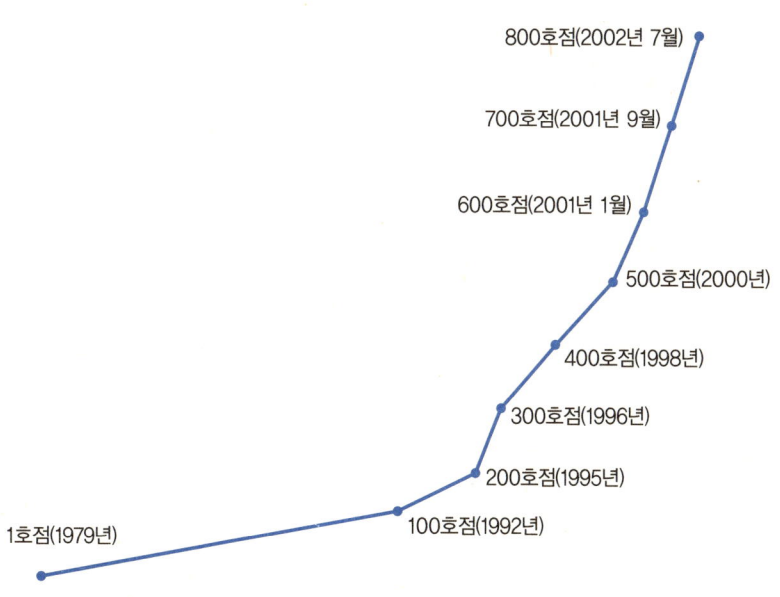

롯데리아는 외형적인 성장만 이룬 것이 아니다. 롯데리아는 2003년 10월 말 ISO9001, RvA HACCP 인증을 획득함으로써 국내 외식업계에서 최초로 품질경영, 식품안전에 관한 2개 분야의 인증을 획득하였다. 품질과 서비스에 관한 인증인 ISO9001과 식품 위해요소 분석 및 중점 관리기준인 RvA HACCP 인증 획득으로 품질경영 시스템과 식품의 위생관리 체계까지 국제적으로 인정받았다.

그 중 RvA HACCP(식품 위해요소 분석 및 중점 관리기준에 관한 네덜란드, 벨기에 국제 인증)는 각종 식중독 세균과 중금속 및 화학물질로부터 식품의 위생안전을 효과적으로 제어하는 세계적으로 공인된 위생관리 기법이다. 식품의 위생안전에 대한 관심이 고조되고 있는 가운데 롯데리아는 환경보호와 품질 및 위생관리를 위한 최고의 시스템으로 업계를 주도하고 있다.

뿐만 아니라 롯데리아는 사회에 기여하는 모습도 보여주고 있다. 1995년에는 전국 점포 사용 폐식용유를 수거해 재활용 세탁비누를 생산하는 정책을 실시해 환경보호에 앞장섰고, 1999년과 2000년 2회에 걸쳐 환경보호 콘서트를 개최하였다. 1998년 시행되었던 태극기 사랑 캠페인도 롯데리아가 실시한 활동이다. 특히 1998년부터 '좋은 세상 만들기 캠페인'을 통하여 불우한 이웃을 돕고 환경보호 활동을 지원하는 등 사회와 더불어 하는 일을 조용히 그리고 꾸준히 실시해왔다. 2006년에는 소아암 환자 돕기, 불우 안면기형 아동환자 돕기, 소년소녀 가장 돕기 등 어린이를 돕는 일에 앞장서고 있다.

이상을 종합해볼 때 롯데리아는 국내 외식업 프랜차이즈의 대표적인 업체라 할 수 있고, 롯데리아의 프랜차이즈 마케팅 사례를 연구하는 것이 외식 프랜차이즈를 이해하는 데 기준이 된다고 할 수 있다. 다음은 롯데리아의 햄버거 프랜차이즈 마케팅 실제 사례를 살펴보자.

외식 프랜차이즈의 환경분석

프랜차이즈 마케팅 전략의 환경분석은 크게 거시환경, 과업환경, 내부환경의 세 가지 차원에서 이루어진다. 이 중 거시환경은 불확실성이 가장 크고, 기업에 따라 미치는 영향이 매우 다르게 나타나기 때문에 여기에서는 프랜차이즈 마케팅 전략수립에 직접적으로 관련이 되는 과업환경과 내부환경을 중심으로 설명하겠다.

또한 과업환경 중에서는 가장 중요한 고객과 경쟁을 중심으로, 내부환경에서는 전략수립의 근간이라 할 수 있는 회사의 핵심역량을 중심으로 설명하겠다. 국내 햄버거 프랜차이즈는 롯데리아와 맥도날드가 산업의 대부분을 차지하고 있기 때문에 두 회사를 비교하는 형식으로 이를 설명하겠다.

고객분석

■ 고객의 특징

우리나라 햄버거의 주 고객은 크게 두 가지 집단으로 나눌 수 있다. 하나는 소위 말하는 'N세대' 젊은이 고객집단이라고 할 수 있고, 다른 하나는 어린이 고객 또는 어린이+부모 고객집단이다. N세대 고객집단은 13~18세의 중·고생과 18~23세의 대학생 연령층을 의미하며, 네트워크상에서 생활하는 세대를 말한다.

N세대를 공략하기 위해 매장에 인터넷 시설을 갖춰놓는 햄버거 매장이 늘어나는 것에서도 볼 수 있듯이 그들은 인터넷과 밀접한 세대이며, 친구들과 함께 이야기를 나눈다든지 게임과 같은 즐거운 활동을 할 수 있는 공간을 필요로 한다. 한번 몰입하게 된 일에는 많은 자원을 투자해 열성적으로 매달리는 모습을 보이면서도, 욕구의 변화가 빠르고 계속해서 새로운 것을 추구하는 경향이 있다.

한편 어린이 또는 어린이+부모 고객집단은 13세 이하의 어린이들로 부모, 그 중에서도 엄마의 손을 매장으로 이끌고 오는 경우가 많다. 그럼 이제 롯데리아와 맥도날드 고객의 모습을 살펴보자.

〈그림 7-2〉는 롯데리아와 맥도날드 이용고객의 연령대를 보여주고 있다. 그림에서 보여주듯이 롯데리아와 맥도날드의 주 고객은 공통적으로 20대 후반이 가장 높은 비율을 차지한다. 그러나 맥도날드는 10대 후반, 20대 초반의 비율이 상대적으로 높게 나

그림 7-2 롯데리아와 맥도날드 이용고객의 연령과 직업, 결혼 여부

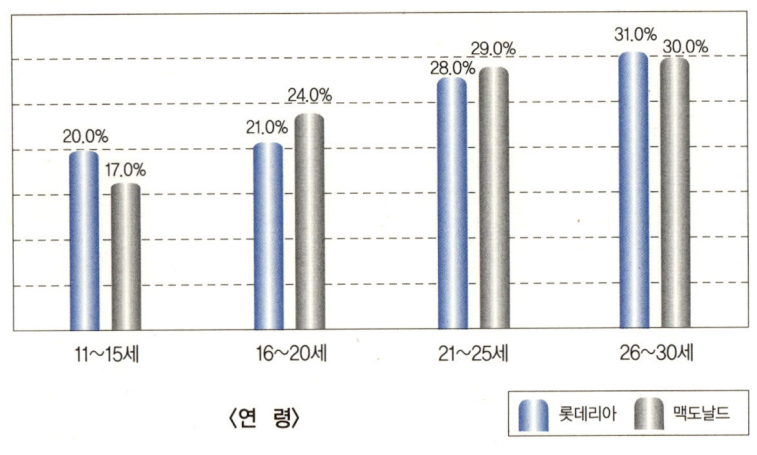

〈연 령〉

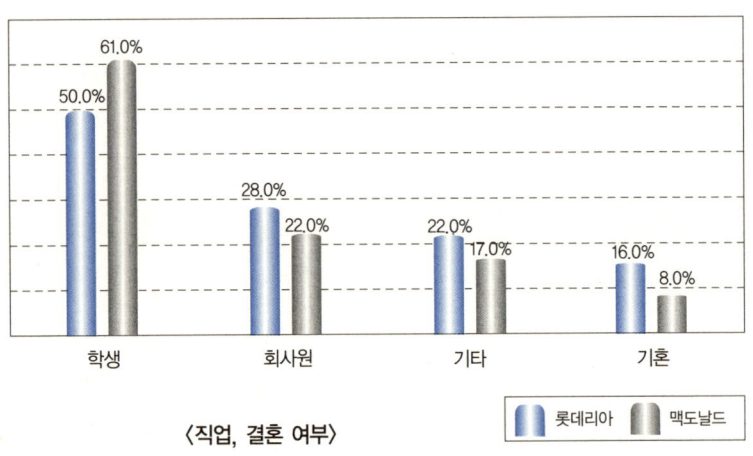

〈직업, 결혼 여부〉

타나고, 롯데리아는 10대 초반, 20대 후반의 비율이 상대적으로 높게 나타나 표적고객이 다르다고 볼 수 있다.

물론 10대 후반, 20대 초반 연령대가 향후 소비를 이끌어갈 연

령대이므로 시장을 선점할 수 있긴 하지만, 10대 초반 어린이와 20대 후반 연령대를 공략하는 것은 가족단위의 고객을 유치함으로써 매장의 객단가를 높일 수 있다는 장점을 가지고 있다. 뿐만 아니라 맥도날드 고객들은 학생의 비율이 상대적으로 높게 나타나지만, 롯데리아는 회사원과 기혼자의 비율이 상대적으로 높게 나타난다.

〈그림 7-3〉을 보자. 전체적으로는 200만 원대 소득수준이 가장 많지만, 맥도날드는 300만 원 내외 소득자의 비율이 상대적으로 높게 나타나는 반면, 롯데리아는 200만 원 내외의 소득자 비율이 상대적으로 높게 나타난다.

이는 롯데리아가 보다 저렴한 가격의 햄버거를 제공하고 있으므로 경제적 능력이 없는 어린이들이 주요 고객이기 때문이라고

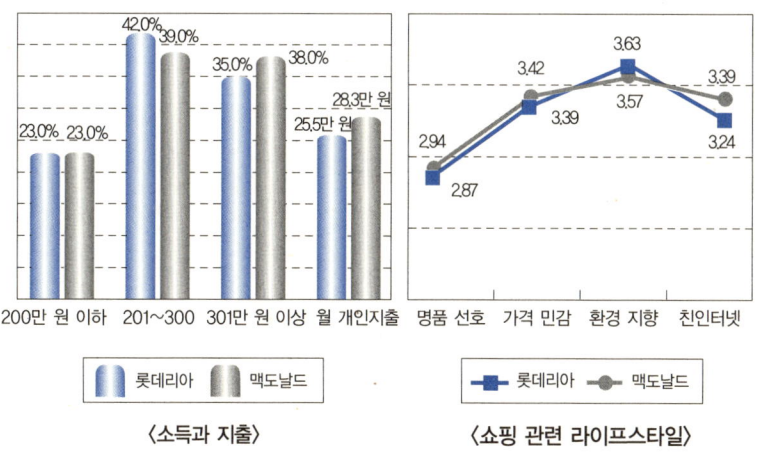

그림 7-3 롯데리아와 맥도날드 이용고객의 소득과 지출, 쇼핑 관련 라이프스타일

〈소득과 지출〉   〈쇼핑 관련 라이프스타일〉

생각할 수 있다. 롯데리아 이용고객의 월 개인 소비지출이 25만 5,000원으로 맥도날드의 28만 3,000원보다 적은 것도 같은 이유라 할 수 있다.

한편 햄버거 전문점 이용고객의 쇼핑 관련 라이프스타일을 보면, 롯데리아와 맥도날드 고객 모두 명품 선호 경향이 적고 환경지향적 경향이 많은 것으로 나타난다.

롯데리아는 이러한 고객의 라이프스타일에 적절히 대응하고 있다. 친환경 지향적인 이벤트 활동, 즉 일회용품 안 쓰기 운동을 벌여 2001년 4월 27일부터 세계 최초로 일회용품을 쓰지 않는 매장을 운영하고 있다.

또한 1999년부터 환경 콘서트를 개최하여 환경에 대한 경각심을 일깨우는 동시에 롯데리아의 이미지를 환경친화적으로 제고시키는 데 일조하고 있다.

최근 조사해본 바에 의하면 거의 모든 사람이 광우병에 대해 알고 있었으며(99%), 광우병 파동이 있을 때 73%가 햄버거 소비를 줄인 것으로 나타났다.

친환경적인 기업경영을 실천하고 있는 롯데리아는 이러한 고객의 반응에 대한 신속한 대처방안으로 새우버거 등의 신상품을 신속히 개발하기도 하였다.

■ **햄버거 프랜차이즈 이용상황**

앞에서 우리는 롯데리아와 맥도날드 주 고객이 누구인지 파악했다. 다음으로는 그 고객들이 언제, 얼마나 자주, 무엇을, 어떻

그림 7-4 언제 이용하는가

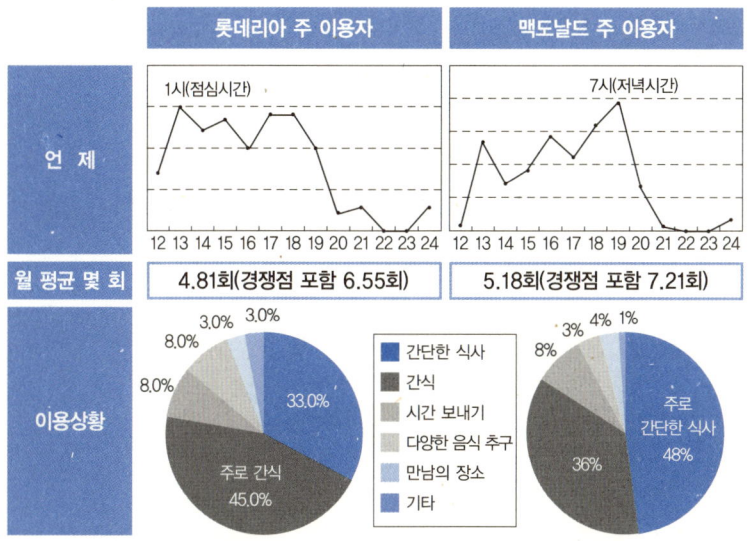

게, 어떤 상황에서 이용하는지 파악해야 한다. 그러고 나서 각 고객군에 따라 그들의 욕구에 맞춰 고객 지향적 마케팅 전략을 수립해야 한다.

전반적으로 맥도날드 고객의 이용시간은 저녁 7시가 가장 많으며, 이용자는 월 평균 5.18회 방문한다. 롯데리아의 경우 고객이 가장 많은 시간대는 오후 1시이며, 월 평균 4.81회 매장을 방문한다. 그리고 이용상황은 모두 간단한 식사 혹은 간식으로 생각하는데, 롯데리아에서는 간식(45%)으로 이용하는 고객의 비율이 가장 높다.

〈그림 7-5〉를 보면 주 이용자는 롯데리아나 맥도날드나 주로

친구나 연인들과 같이 오지만, 맥도날드(81%)가 롯데리아(70%)보다 더 많은 비율을 차지하고 있다.

한편 롯데리아는 맥도날드보다 상대적으로 가족과 함께 방문하는 비율이 높다. 그리고 20대 후반 고객의 비율도 높다. 롯데리아는 표적고객을 10대 초반, 20대 후반으로 두면서 적극적인 마케팅 활동을 펴고 있다. 물론 10대 후반, 20대 초반 고객이 매우 중요하므로 이에 대해서도 소홀히 하지는 않지만, 가족단위 고객을 유치하여 객단가를 높이려는 롯데리아의 노력을 여기에서도 엿볼 수 있다.

그림 7-5 어떻게 이용하는가

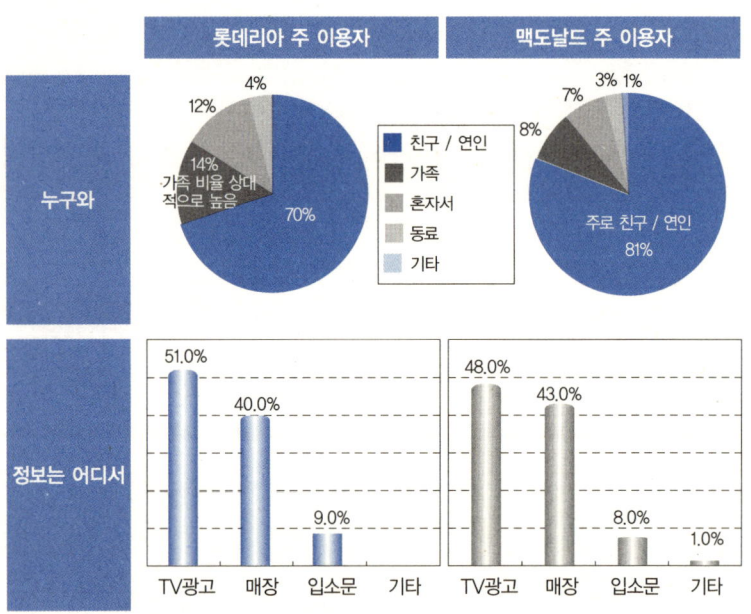

다음으로 햄버거 이용 관련 정보탐색 방법을 살펴보면 롯데리아와 맥도날드 고객 모두 TV광고, 매장, 입소문 순이다. 물론 TV광고에서 정보를 얻는 경우가 가장 많지만, 그림에 나타난 바와 같이 매장 내에서 정보를 탐색하는 경우가 40% 이상 높게 나타나고 있다. 롯데리아나 맥도날드가 점포 내 촉진(In-Store-Merchandising)에 많은 노력을 보이는 것은 이러한 이유 때문이라 할 수 있다.

〈그림 7-6〉을 보면 고객이 햄버거 전문점을 방문하는 이유는 햄버거 맛, 점포위치, 판촉활동, 점포 분위기, 서비스 순으로 나타났다. 이는 국내 햄버거 고객들이 단순히 시간을 보내거나, 약속 장소로 햄버거 전문점을 이용하기보다는 햄버거 맛을 즐기기 위해 방문하고 있음을 보여주고 있다. 그만큼 햄버거 시장의 고객욕구가 매우 다양화되고 있다는 걸 알 수 있다.

한편 롯데리아와 맥도날드 이용고객을 비교해보면 롯데리아는 햄버거 맛의 비율이, 맥도날드는 점포위치, 판촉활동, 점포 분위기 등의 비율이 각각 상대적으로 높게 나타났다.

■ 핵심편익 요소

일반적으로 고객만족은 하드웨어적 요소, 소프트웨어적 요소, 휴먼웨어적 요소가 골고루 맞아야만 고객의 기대가치를 만족시킬 수 있다.

햄버거 전문점도 마찬가지이다. 〈그림 7-7〉을 보면 고객이 가장 중요시 여기는 속성은 충분한 좌석, 먹기 편리함, 공손한 판매

그림 7-6 왜 이용하는가

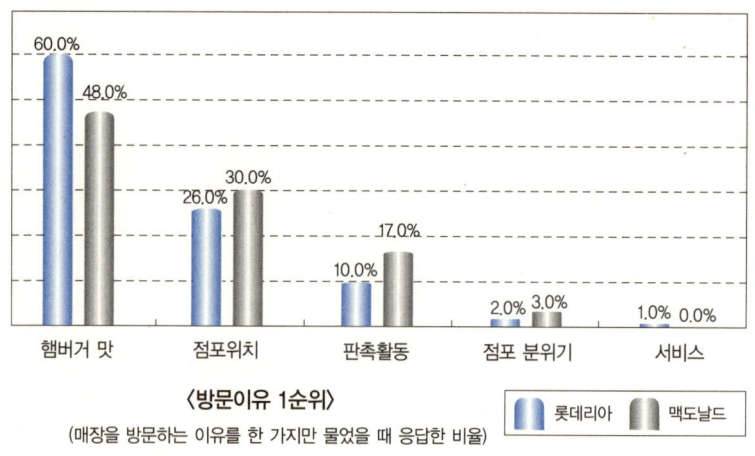

〈방문이유 1순위〉
(매장을 방문하는 이유를 한 가지만 물었을 때 응답한 비율)

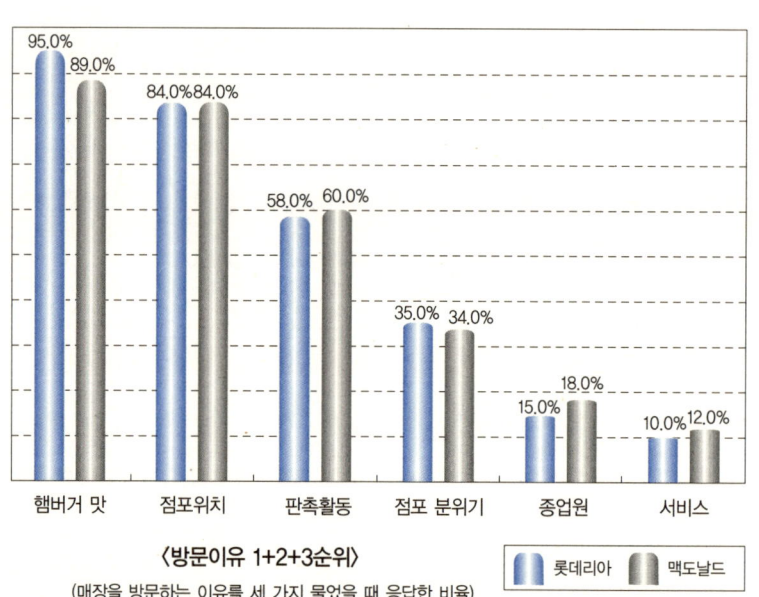

〈방문이유 1+2+3순위〉
(매장을 방문하는 이유를 세 가지 물었을 때 응답한 비율)

원, 위생적임, 찾기 편리, 다양한 먹을거리, 햄버거 종류 순으로 보여 하드웨어적 · 소프트웨어적 · 휴먼웨어적 요소가 복합적으로 나타났다.

〈그림 7-7〉은 햄버거 전문점에 대한 고객의 욕구를 세분화해서 보여주고 있다. 먼저 세로축은 고객의 말로 표현된 중요도(햄버거 전문점의 속성별 중요도를 응답자에게 직접 질문하여 구한 중요도)를 의미하고, 가로축은 통계적으로 측정한 중요도(고객 만족도, 재방문 의도, 타인 추천 의도와의 상관관계)를 의미한다.

그림에서 1사분면은 고객이 중요하다고 하였고, 실제 통계적으

그림 7-7   햄버거 전문점에 대한 고객의 욕구

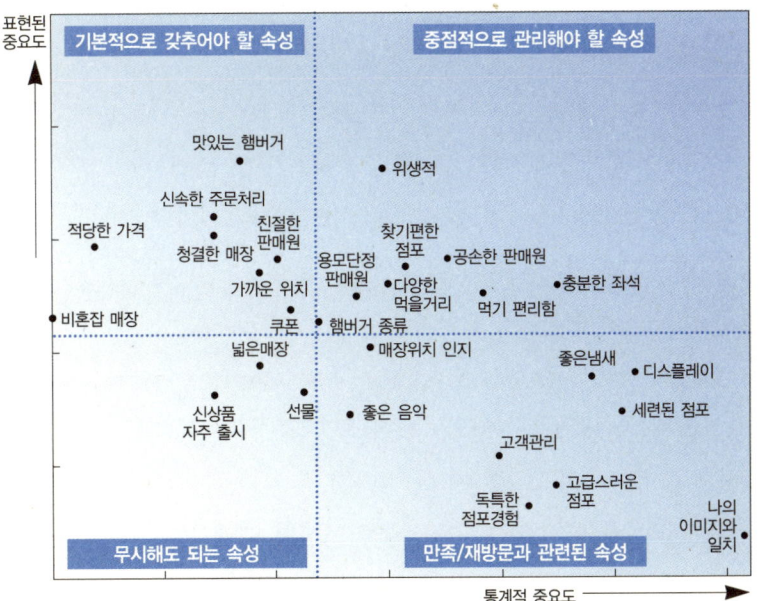

Part 7 외식 프랜차이즈 전략 연구   253

로도 중요한 속성을 나타낸다. 그림을 보면 충분한 좌석, 먹기 편리함, 공손한 판매원, 위생적 등의 속성이 1사분면에 해당되는데, 이러한 속성들은 중점적으로 관리해야 할 욕구라고 볼 수 있다.

다음 2사분면은 고객이 중요하다고 말했지만, 통계적으로는 덜 중요한 속성을 나타낸다. 그림을 보면 적당한 가격, 비혼잡한 매장, 신속한 주문처리, 청결한 매장, 맛있는 햄버거 등의 속성이 2사분면에 속한다. 이러한 속성들은 햄버거 전문점이라면 기본적으로 갖추어야 할 속성이다.

3사분면은 고객이 덜 중요하다고 말했을 뿐 아니라 통계적으로도 고객만족과 관련이 적은 속성들이다. 신상품 자주 출시, 넓은 매장, 선물 등의 속성이 여기에 속한다. 이러한 속성은 무시해도 되는 속성들이다. 무분별한 신상품 출시, 넓기만 한 매장, 조악한 선물 등은 고객에게 전혀 중요하지 않다.

마지막으로 4사분면은 고객이 중요하지 않다고 말했지만, 통계적으로 고객만족과 관련이 많은 속성들이다. 나의 이미지와 일치, 디스플레이, 세련된 점포, 좋은 냄새, 고급스러운 점포 등이 여기에 해당된다. 이 속성은 고객들이 중요하다고 표현하지는 않았지만 무시해서는 안 될 속성들이다.

이상에서 햄버거 전문점에 대한 고객의 욕구를 심층적으로 살펴보았다. 이제 롯데리아와 맥도날드 고객들이 그들의 욕구에 대해 얼마나 만족하고 있는지 살펴보겠다.

〈그림 7-8〉과 〈그림 7-9〉는 롯데리아와 맥도날드 고객이 어떠한 속성을 중요시하고, 또 그 속성에 대해 얼마나 만족하는지를

그림 7-8 롯데리아 고객의 미충족 욕구

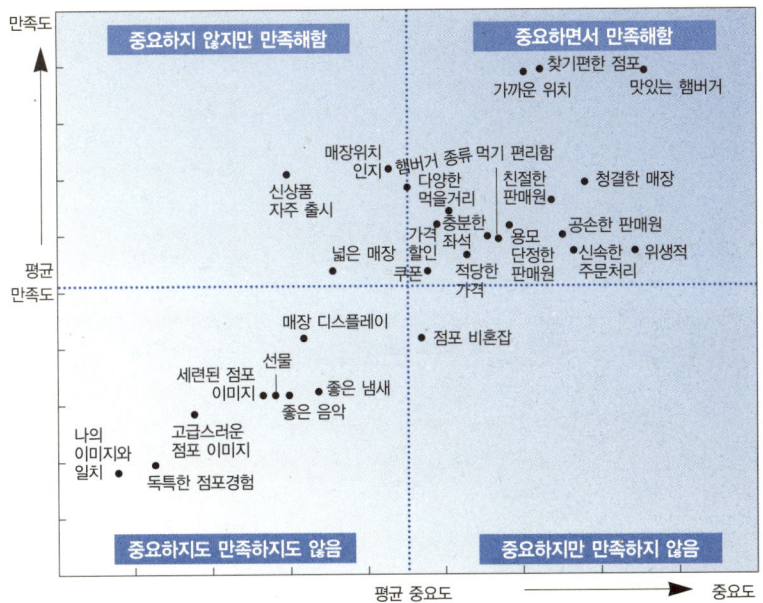

 나타내는 것이다. 그림의 1사분면은 고객들이 중요하게 여기면서 만족도가 높은 속성이고, 2사분면은 고객들이 만족해하긴 하지만 그다지 중요하다고 말하지 않은 속성이며, 3사분면은 중요하지도, 만족하지도 않은 속성이다.

 소매 마케팅 관리자로서 가장 중요한 곳은 4사분면인데, 이곳은 고객들에게 중요한데도 불구하고 만족하지 못한 속성들이다. 그림을 보면 고객에게 중요한데도 충분히 만족하지 못한 속성은 롯데리아와 맥도날드 모두 점포 비혼잡(점포가 혼잡하지 않은 상태를 의미함) 속성이다. 즉 고객들은 롯데리아와 맥도날드 모두 점포

그림 7-9 맥도날드 고객의 미충족 욕구

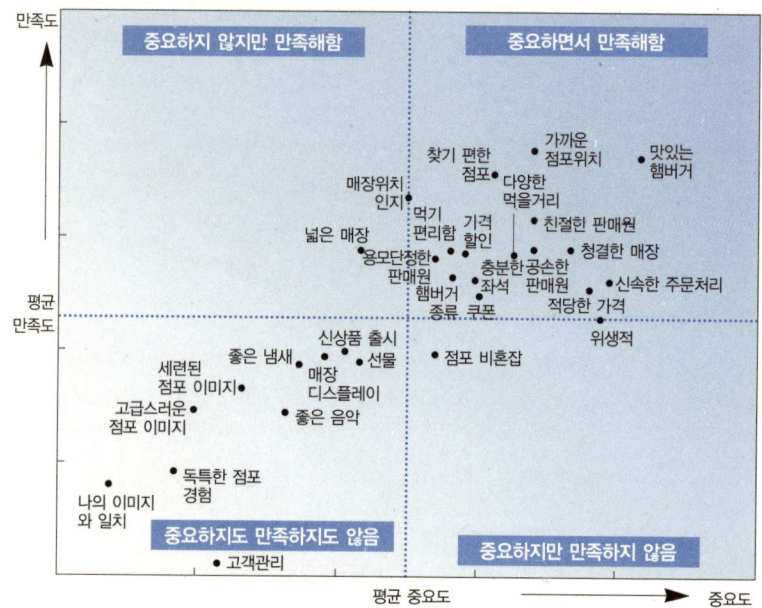

가 혼잡하다고 생각하고 있으며, 이에 대해 불만족하고 있다. 하지만 전반적으로 보았을 때, 국내 햄버거 전문점의 대명사인 롯데리아와 맥도날드는 고객들에게 중요한 속성을 거의 모두 만족시켜주고 있다.

경쟁분석

마케팅은 인식의 싸움이다. 기업이 장기적인 경쟁력을 갖기 위해서 가장 중요한 것은 고객의 인식이므로, 한 기업이 고객의 관

:: 읽을거리
롯데리아의 고객욕구 파악 전략

롯데리아는 차별적인 전략을 펼치기 위해 여러 방면에서 고객욕구를 파악하려는 노력을 하고 있다.

1. 각 점포별 매출내역을 종합하여 정기적으로 보고하게 한다. 롯데리아는 어떤 고객층이 어떤 상품을 선호하고, 어느 지역의 점포를 자주 찾으며, 고객욕구의 흐름이 어떤지를 파악하고 있다.
2. 한 달에 2~3회 이상 설문조사를 실시하고 있다. 이는 롯데리아에 대한 고객의 의견을 한꺼번에 수렴할 수 있다는 장점이 있다.
3. 자사 홈페이지에 '고객의 소리'를 마련하고 있다. 롯데리아에 대한 고객들의 구체적인 의견에 귀를 기울이고 있다. 더불어 고객들의 의견에 일일이 답변함으로써 기업 이미지 제고에 힘쓰고 있다.

점에서 보았을 때 강력한 포지셔닝을 가지고 있다면, 그 기업은 고객의 마음속에서 빨리 떠오르고, 좋은 이미지로 연상되며, 그 기업에서 만드는 제품의 품질에 대해서도 좋게 인식되어 장기적으로 충성하게 된다.

여기서는 고객의 눈으로 본 롯데리아와 맥도날드의 인식에 대해 살펴보고, 그들의 강약점을 분석해보자.

■ 브랜드 인지도

〈그림 7-10〉은 햄버거 프랜차이즈에 대한 최초 상기도(특정 브

랜드를 최초로 상기하는 비율), 비보조 인지도(조사자의 도움 없이 브랜드를 상기하는 비율), 보조 인지도(조사자가 브랜드명을 제시했을 때 그 브랜드를 상기하는 비율), 광고 인지도(광고매체를 통해 실시한 광고를 상기하는 비율, 여기에서는 TV광고 인지도를 의미)를 조사한 결과를 보여주고 있다.

롯데리아와 맥도날드는 대표적인 햄버거 프랜차이즈답게 인지도를 측정하는 모든 항목에서 높은 수치를 보여주고 있다. 특히 최초 상기도가 두 브랜드 모두 50%에 가까운 수치를 보이고 있고 (롯데리아 43.5%, 맥도날드 44.5%), 두 브랜드를 합치면 88%의 매우 높은 수치를 보여주고 있다. 이는 우리나라 고객의 마음속에 가장 먼저 떠오르는 브랜드는 두 브랜드 중 하나임을 말해주고 있다.

뿐만 아니라 비보조 인지도와 보조 인지도, 광고 인지도를 보아도 두 브랜드는 거의 100% 고객에게 인지되고 있다. 이는 두 브

그림 7-10 롯데리아 vs 맥도날드 브랜드 인지도

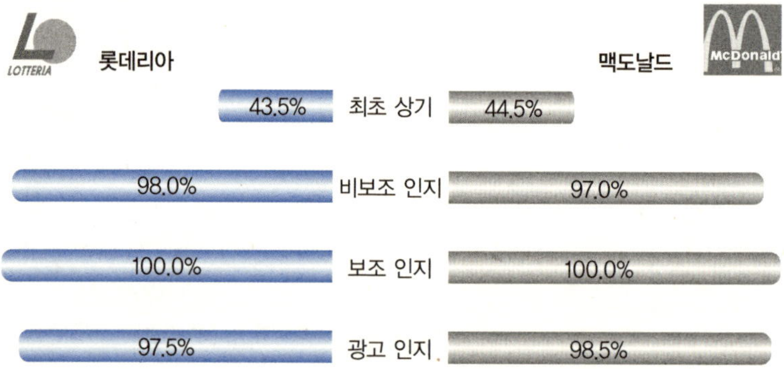

	롯데리아		맥도날드
최초 상기	43.5%	44.5%	
비보조 인지	98.0%	97.0%	
보조 인지	100.0%	100.0%	
광고 인지	97.5%	98.5%	

랜드가 고객의 마음속에 강력하게 자리잡고 있음을 보여주는 명백한 증거라 할 수 있다. 인지도만 보면 아직 어떤 브랜드가 우월하다고 말하기 어렵다.

■ **지각된 품질**

지각된 품질은 크게 6가지 측면에서 살펴보았다. 상품기획(Merchandising), 판매원, 판매촉진, 위치, 식사환경, 매장 분위기이다. 먼저 두 브랜드의 상품기획을 비교해보자.

〈그림 7-11〉은 롯데리아와 맥도날드의 상품기획에 대한 고객의 평가를 보여주고 있다. 그림에서 진한 사각형 모양 선은 롯데리아 이용고객의 롯데리아에 대한 평가(롯-롯데리아)이고, 연한 사각형 모양 선은 맥도날드 이용고객의 롯데리아에 대한 평가

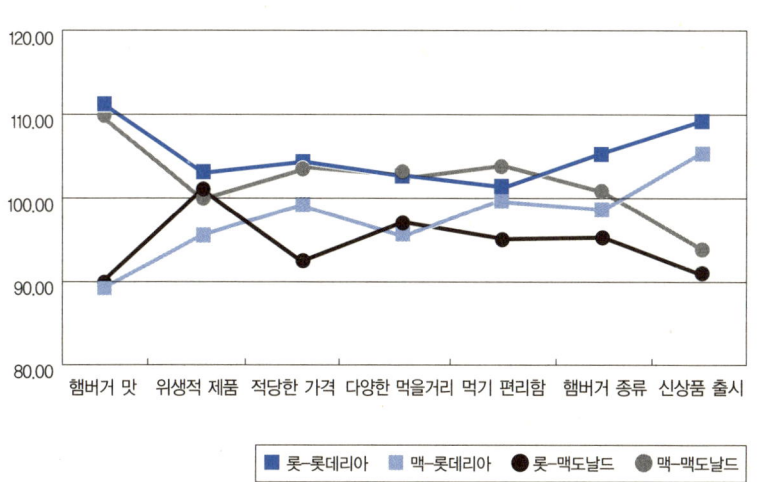

그림 7-11 롯데리아 vs 맥도날드 상품기획 비교

(맥-롯데리아)이다. 또한 진한 동그라미 모양 선은 롯데리아 이용고객의 맥도날드에 대한 평가(롯-맥도날드)이고, 연한 동그라미 모양 선은 맥도날드 이용고객의 맥도날드에 대한 평가(맥-맥도날드)이다.

그림을 보면 롯데리아와 맥도날드는 상품기획 측면에서 전반적으로 비슷한 수준을 보이고 있다. 또한 두 브랜드의 이용고객 모두 각자 자신이 애용하는 브랜드의 햄버거 맛을 매우 좋게 평가하고 있다.

하지만 롯데리아가 신상품 출시 측면에서 맥도날드에 비해 우수하게 인식되고 있다. 이는 롯데리아 이용고객만의 평가가 아닌 맥도날드 이용고객들의 평가이기도 하다.

한편 고객의 불만점을 보면 롯데리아 고객은 맥도날드의 햄버거 맛, 신상품 출시, 가격 등에 불만족한 반면, 맥도날드 고객은 롯데리아의 햄버거 맛에 불만족하고 있다.

두 번째로 두 브랜드의 판매원과 판촉활동을 비교해보자.

〈그림 7-12〉를 보면 롯데리아는 판매원 및 판촉활동 측면에서 맥도날드에 비해 전반적으로 약하게 인식되고 있다. 다만 롯데리아의 고객관리에 대한 롯데리아 고객의 평가가 맥도날드에 비해 앞서 있다.

이와 같은 결과는 매장 내에서의 판매원 활동, 판촉활동에 맥도날드가 더 많은 노력을 기울이고 있음을 보여주고 있다. 이는 판매원의 선발 및 교육·훈련과정에 롯데리아의 더 많은 노력이 필요함을 보여주고 있다.

그림 7-12 롯데리아 vs 맥도날드 판매원, 판촉활동 비교

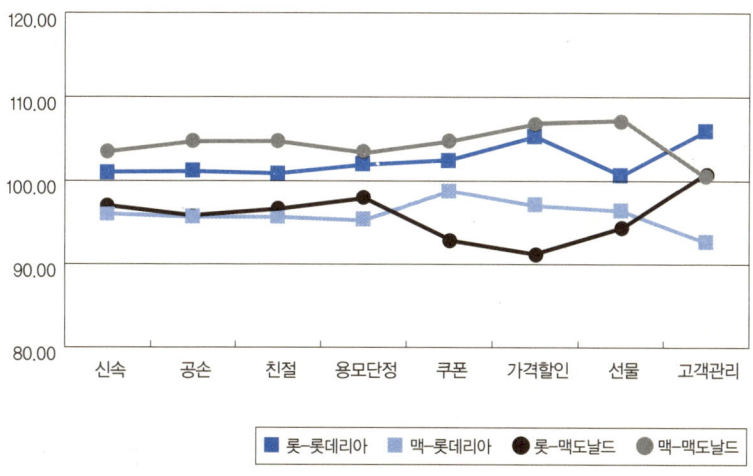

한편 고객의 불만점을 보면 롯데리아 고객은 맥도날드의 가격할인에 불만족하고 있으며, 맥도날드 고객은 롯데리아의 고객관리에 불만족하고 있다.

다음으로 점포위치와 식사환경을 비교해보자.

〈그림 7-13〉을 보면 롯데리아는 맥도날드에 비해 '찾기 편하다'는 위치 측면의 강점을 가지고 있다. 이는 롯데리아의 매장이 맥도날드에 비해 2배 이상 많고, 좋은 위치에 입점해 있기 때문이라 할 수 있다.

하지만 롯데리아는 맥도날드에 비해 '충분한 좌석', '혼잡하지 않음', '넓은 매장', '냄새' 등의 식사환경 측면에서는 약하게 인식되고 있다.

한편 고객의 불만점을 보면, 롯데리아 고객이나 맥도날드 고객

그림 7-13 롯데리아 vs 맥도날드 점포위치, 식사환경 비교

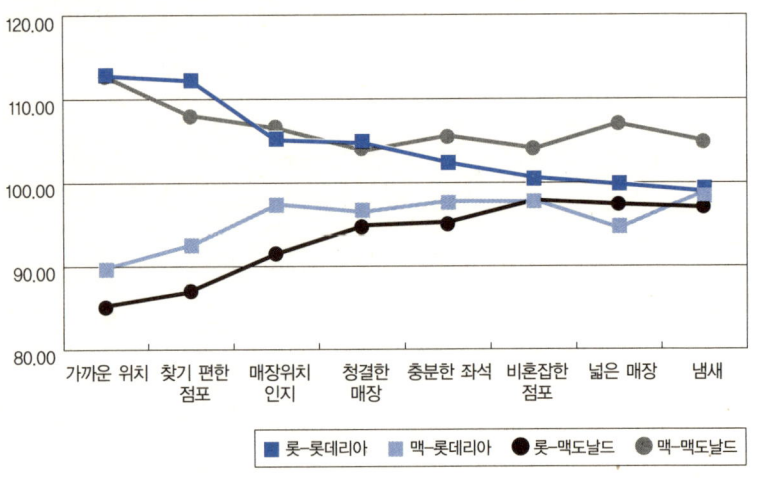

모두 타 브랜드의 매장위치에 불만을 가지고 있으며 찾기 어려워하고 있다.

마지막으로 매장의 분위기를 살펴보자.

〈그림 7-14〉를 보면 롯데리아는 맥도날드의 매장 분위기 중 디스플레이, 세련된 이미지, 고급 이미지 측면에서 약하게 인식되고 있다. 하지만 음악, 독특한 점포경험, 나의 이미지와 일치(매장 이미지가 나의 이미지와 어울리는 정도) 측면에서 강하게 인식되고 있다.

이는 맥도날드가 매장의 물리적 환경을 고급스럽고 세련되게 추구하는 반면, 롯데리아는 고객이 매장 내에서 독특한 경험을 할 수 있도록 만드는 데 노력하고 있음을 보여주고 있다.

한편 고객의 불만점을 보면, 롯데리아 고객은 맥도날드에 대해

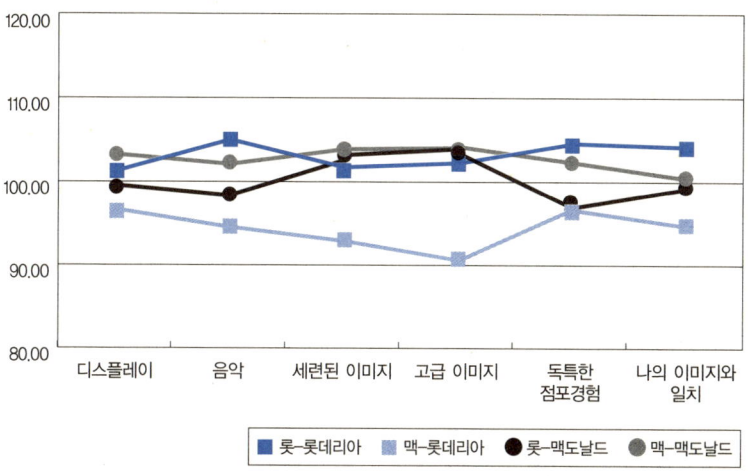

그림 7-14 롯데리아 vs 맥도날드 매장 분위기 비교

서 크게 불만족하지 않지만, 맥도날드 고객은 롯데리아의 매장 이미지가 고급스럽지 않고 세련되지 않다고 생각하고 있다.

■ 브랜드 충성도

〈그림 7-15〉는 롯데리아와 맥도날드 점포의 브랜드 충성도를 간접적으로 나타내는 지표로 점포 만족도(특정 소매점포를 이용한 뒤 점포에 대해 만족하는 정도), 재방문 의도(특정 소매점포를 다시 찾으려고 하는 정도), 주변 추천 의도(가족이나 친구 등의 주변 사람에게 특정 소매점포를 추천하려는 정도)를 나타내고 있다. 그림에 나타난 수치는 각각 점포에 대해 만족하고 있는 사람의 백분율, 재방문 의도가 있는 사람의 백분율, 주변 추천 의도가 있는 사람의 백분율을 의미한다.

그림 7-15 롯데리아 vs 맥도날드 점포 충성도 비교

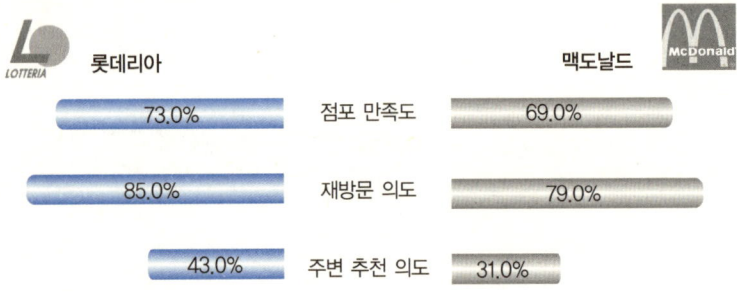

그림에 의하면 종합적인 점포 만족도 측면에서 롯데리아(73%)가 맥도날드(69%)보다 앞서고 있고, 재방문 의도 측면에서도 앞서 있으며(롯데리아 85%, 맥도날드 79%), 주변 추천 의도 또한 앞서 있는 것으로 나타나 있다(롯데리아 43%, 맥도날드 31%).

이는 롯데리아가 지각된 품질의 개별적 속성에서는 맥도날드에 비해 뒤지는 측면이 몇 가지 있지만(예를 들면 판매원, 판촉활동, 매장 이미지 등), 롯데리아 특유의 강한 상품 이미지가 전반적인 고객 만족도와 브랜드 충성도를 높이고 있음을 말해준다.

■ **롯데리아와 맥도날드의 강약점 분석**

이상에서 롯데리아와 맥도날드의 브랜드 인지도, 연상 이미지, 지각된 품질, 브랜드 충성도 등을 비교해보았다. 그 내용을 종합 정리하여 롯데리아와 맥도날드의 강약점을 분석해보면 〈표 7-2〉와 같다.

〈표 7-2〉를 보면 롯데리아는 높은 인지도와 강한 제품 이미지,

표 7-2　롯데리아 vs 맥도날드 강약점 분석

구분	롯데리아	맥도날드
강점	• 높은 인지도 • 강한 제품 이미지 • 높은 점포 충성도 • 다양한 제품 • 고객관리 • 점포위치	• 높은 인지도 • 브랜드 이미지 • 높은 점포 충성도 • 먹기 편리한 제품 • 신속, 공손, 친절, 용모 단정한 판매원 • 쿠폰, 가격할인, 선물 등의 판촉활동 • 충분한 좌석, 혼잡도, 매장 넓이 등의 식사환경 • 매장 디스플레이 • 점포 이미지
약점	• 제품력에 비해 브랜드력이 다소 부족 • 판매원 • 판촉활동 • 매장 내 식사환경 • 매장 디스플레이, 매장 이미지	• 햄버거 종류(한국화된 제품의 부족) • 고객관리 • 위치가 다소 찾기 불편함 • 음악, 점포 내 경험상의 특징이 없음

다양한 제품, 편리한 점포위치, 높은 점포 충성도를 가지고 있지만 제품력에 비해 브랜드력이 다소 부족하고, 판매원 및 판촉활동, 매장 내 식사환경, 매장 이미지 등이 약점으로 발견되고 있다.

따라서 롯데리아는 '롯데리아' 브랜드의 브랜드 자산을 구축하기 위해 광고 및 홍보 등의 마케팅 활동을 강화해야 하고, 자질 있는 판매원의 선발 및 교육·훈련, 표준화된 판매원 서비스 등을 강화해야 하며, 매장의 물리적인 환경 개선을 위해 노력해야 할 것이다.

물론 현재 강한 상품력과 편리한 점포위치만으로도 업계를 이끌어나가기에 충분하지만 장기적으로 경쟁력을 갖추기 위한 노력을 게을리해서는 안 된다.

그렇다면 장기적인 경쟁력을 갖추기 위해 마케팅 측면에서 가장 먼저 해야 할 일은 무엇인가? 맥도날드와는 다른 롯데리아만의 차별적인 포지셔닝을 구축해야 한다. 이를 위해서는 고객이 추구하는 핵심편익 요소에 의해 고객을 세분화하고, 기업의 역량을 집중할 표적고객을 선정해야 한다.

핵심역량 분석

롯데리아의 핵심역량은 4가지 측면에서 생각해볼 수 있다. 첫째, 고객 관점에서의 기업문화, 둘째, 긴밀한 관계 구축을 통한 시너지 창출, 셋째, 한국형 프랜차이즈 시스템, 넷째, 기본에 충실한

그림 7-16 롯데리아의 핵심역량

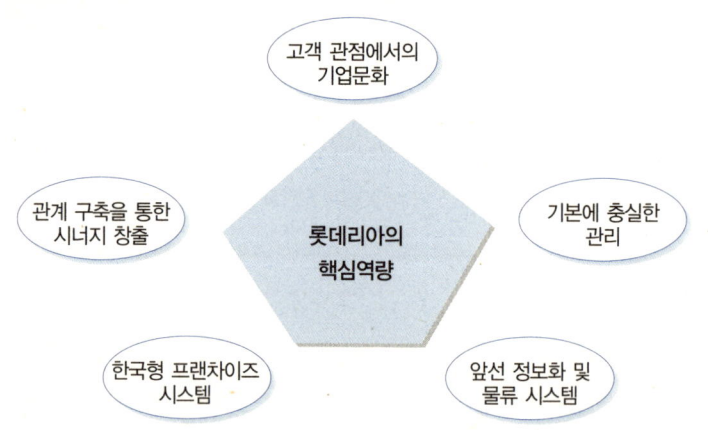

관리, 다섯째, 정보화 및 물류 시스템이다.

■ 고객 관점에서의 기업문화

기업은 각기 나름대로의 고유한 문화를 지니고 있다. 비슷한 환경에 직면한 동종 산업에서 경쟁을 하는 기업간에도 그들이 지닌 문화에 따라서 나타나는 성과는 상당한 차이를 보인다. 롯데리아는 '고객 최우선주의' 의 기업문화를 지니고 있고, 이를 모든 전략의 핵심으로 삼고 있다. '고객 최우선주의' 기업문화는 기업사명에 잘 나타나 있다.

롯데리아 사명
• 고객과 환경을 먼저 생각하고 미래를 지향한다. • 식생활 개선으로 즐겁고 편안한 삶의 공간을 가꾼다. • 서로 돕고 더불어 커가는 조직문화를 구현한다.

위의 사명에서 볼 수 있듯이 롯데리아가 최우선적으로 염두에 두고 있는 대상은 바로 고객이다. 국내 패스트푸드 산업도 초기 공급자 위주의 시장에서 벗어나 이제 고객 위주의 시장으로 변모하였고, 요즘은 고객 위주를 넘어서 철저한 고객만족, 고객감동의 시대를 전개하고 있다. 새로운 식생활 문화 창조에 앞장서면서도 그 밑바탕에는 고객만족이라는 최우선 과제를 두고 있는 롯데리아는 이러한 시대적 변화에도 잘 대응하고 있다.

또한 롯데리아의 사명 중 고객들의 식생활 개선에 기여한다는 점도 빼놓을 수 없는 사항이다. 과거에는 패스트푸드로 한 끼 식사를 때우기에는 뭔가 부족하고 영양가가 없다고 생각되는 것이 일반적이었다. 하지만 롯데리아는 라이스버거, 김치버거 등의 신상품을 개발하면서 패스트푸드를 단순한 간식이 아닌 한 끼 식사의 영양을 갖춘 음식으로 새롭게 포지셔닝하였다. 이로써 롯데리아 점포는 고객 의식주의 일부로서, 또한 고객들의 삶의 한 공간으로서 자리매김할 수 있었다.

뿐만 아니라 롯데리아는 더불어 커가는 사회를 지향한다는 사명 아래 각종 캠페인을 시행하고 있다. '좋은 세상 만들기 캠페인'의 기금을 모아 지역 불우이웃을 돕고 있으며, 사랑의 햄버거를 나눠주는 행사, 결식아동 돕기 기금 마련, 장애인 행사 및 사랑의 집짓기 운동 등 기업이윤의 꾸준한 사회환원을 실천하는 이미지를 쌓아나가고 있다.

■ 관계 구축을 통한 시너지 창출

기업의 경쟁력은 기업 자체의 힘만으로 구축되기 힘들다. 기업과 관련 있는 협력사들과 좋은 관계를 맺고 이를 통해 시너지를 창출할 때 비로소 경쟁력을 발휘할 수 있다. 롯데리아는 롯데그룹의 다른 관계사들뿐만 아니라 일본 롯데리아와의 협력을 통해 패스트푸드 업계에서 부동의 1위를 차지하고 있다.

먼저 롯데리아는 롯데그룹 관계사와의 시너지를 창출하고 있는데, 롯데그룹 중앙연구소와의 신상품 개발 공조체제 사례를 들 수 있다. 롯데리아는 별도로 자체 연구소를 두지 않고, 롯데그룹 중앙연구소에 롯데리아 팀을 두어 연구작업을 하고 있다. 이를 통해 자체 연구소 보유에 따른 비용과 투자위험을 줄일 수 있었다.

또한 식료품 업계에서 오랫동안 노하우를 축적한 다른 롯데 계열사들과의 공조체제도 롯데리아의 발전에 많은 도움을 주고 있다. 롯데리아는 롯데제과나 롯데삼강, 롯데칠성 등으로부터 그들만의 식품 관련 노하우를 제공받을 수 있고, 이를 통해 신제품을 개발할 때 계열사간 효과적인 시너지를 발휘할 수 있다. 예를 들면 팥빙수에 첨가되는 팥잼은 생산에 있어서 국내 최고의 기술과 최적의 설비를 갖춘 롯데삼강의 기술과 노하우를 전수받았다. 이를 통해 패스트푸드 업계 최초로 팥빙수를 메뉴에 첨가시켰고, 큰 성공을 거둘 수 있었다.

뿐만 아니라 롯데리아는 롯데그룹 계열사들을 통해 원재료를 공급받기도 한다. 예를 들면 소스는 롯데삼강에서, 음료는 롯데칠성에서, 패티는 롯데햄으로부터 공급받는다. 이를 통해 원료 비용을 절감할 수 있고, 믿을 수 있는 양질의 재료를 원활하게 공급받을 수 있다.

한편 롯데그룹 유통업체들로부터 유통 노하우도 전수받고 있다. 잘 알려진 바와 같이 세븐일레븐은 국내의 대표적인 편의점 프랜차이즈 업체이다. 롯데리아보다 늦게 프랜차이즈 사업을 시작했음에도 불구하고, 현재 1,400점 이상의 많은 가맹점을 모집하였다. 이런 과정에서 가맹점과의 시각 차이로 인해 발생하는 여러 문제점과 그 해결방안에 대한 노하우를 상당히 축적할 수 있었다.

그림 7-17 롯데리아의 관계 구축을 통한 시너지 창출

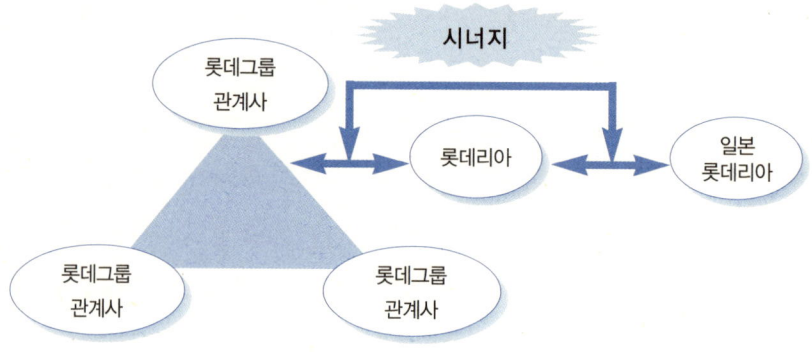

이러한 노하우는 롯데리아에 많은 도움을 주었다. 특히 롯데리아는 같은 프랜차이즈 사업을 전개하고 있는 세븐일레븐과 프랜차이즈 시스템 및 물류, 유통 등에 관한 노하우를 공유함으로써 시너지 효과를 창출하고 있다.

또한 가장 고급화된 고객 서비스를 제공하는 업체인 롯데쇼핑으로부터 고객 특성 트렌드 변화에 대한 정보를 제공받기도 한다. 이처럼 롯데리아는 그룹 내 유통 관련 업체들과 협력하여 경쟁력을 높일 수 있었다.

이상에서 보듯이 롯데리아는 롯데그룹 계열사와의 시너지 효과를 통해 많은 부분에서 전문적인 노하우를 보유하게 되었다. 롯데그룹의 계열사들은 맥도날드를 비롯한 외국 업체들보다 롯데리아가 시장선도자의 위치에서 뛰어난 성과를 내도록 도와주는 든든한 후원자라고 할 수 있다.

마지막으로 일본 롯데리아와의 업무협력도 강점 중 하나이다. 롯데리아가 사업을 시작할 당시만 해도 국내에는 서구식 패스트푸드점이 전무했다. 또한 패스트푸드에 대한 사회적 인지도나 기업에 축적된 관련 지식과 정보가 거의 백지상태였다. 이러한 상황에서 일본에서 이미 사업을 시작하여 외국계 업체와 경쟁하고 있던 일본 롯데리아는 한국 롯데리아에 방향을 제시해주는 나침반 역할을 하였다.

롯데리아는 초기 사업전개에 필요한 기기 도입이라든지, 체인점 확장에 따른 전산 시스템 도입, 물류 시스템 개발 등에 관해서 일본 롯데리아로부터 기술적인 지원을 받았다. 또한 신규 개발 제품 및 신규 오퍼레이션 매뉴얼(Operational Manual : 운영·작업 지시서) 등에 관련된 노하우를 확보하기 위해 일본에 많은 직원을 보내 파견교육을 받게 하기도 했다. 물론 점포운영에서부터 관리업무는 물론 접객요령 등의 제반 사항은 우리 실정에 맞게 새롭게 정립하였다.

경험이나 실례가 전무한 국내 사정상 시행착오를 겪을 위험이 많았지만, 이미 이러한 시행착오를 겪고 이를 극복하는 노하우를 축적한 일본 롯데리아와 협력함으로써 시행착오를 최소화하고 단기간에 고속성장을 거둘 수 있었다.

과거의 협력관계가 일본으로부터의 일방적인 기술이전이었다면 지금은 기술교류 차원의 협력이 이루어지고 있다. 가령 한국 롯데리아에서 도입한 JIT 시스템의 경우 일본 롯데리아에서 직접 와서 생산방식과 생산설비 등에 관해 배워가기도 했다.

■ 한국형 프랜차이즈 시스템

맥도날드는 규모나 노하우 면에서 30년이 채 안 되는 역사를 지닌 롯데리아에 비해 월등한 자원을 가지고 있다. 하지만 국내에서만은 롯데리아에 뒤진 2위 업체일 뿐이다.

롯데리아가 이러한 세계적인 업체인 맥도날드를 앞설 수 있는 이유 중 하나는, 한국에 맞는 프랜차이즈 시스템을 도입하여 그 노하우를 축적하고 경험을 쌓아가면서 이를 강력한 시스템으로 구축해나갔기 때문이다.

예를 들어 맥도날드의 프랜차이즈 시스템은 마스터 프랜차이즈이다. 마스터 프랜차이즈란 프랜차이즈 본부가 각 나라마다 일정한 권리를 부여하는 방식으로 맥도날드의 프랜차이즈 전개방식이다. 맥도날드는 마스터 프랜차이즈 방식으로 90% 이상의 점포를 직영점 형태로 운영하고 있으며, 선별된 소수의 개인들에게만 점포운영권을 주고 있다.

이러한 마스터 프랜차이즈 시스템의 의무적인 장기 계약은 한국적 정서와는 맞지 않는 개념이다. 맥도날드와 프랜차이즈 계약을 하려는 사람은 하나의 가게를 수십 년이나 운영해야 한다는 조건에 쉽게 사업결정을 내리지 못한다. 빠르게 유행이 바뀌고, 경기 변화에 따른 영향을 많이 받는 한국 외식업의 특성상 이러한 장기 계약조건은 계약 당사자에게 상당한 부담감을 안겨 줄 수 있다.

또한 점포개설 전에 반드시 거쳐야만 하는 1년에 달하는 의무교육 역시 무엇이든 바로 시작하고 싶어하는 우리나라 사람들의 특성에 맞지 않는다. 그리고 애국심이 강한 우리나라의 정서상 매출액의 10%를 미국 본사에 로열티로 지불해야 한다는 점 역시 맥도날드 가맹점의 매력을 떨어뜨리는 하나의 요인이라고 할 수 있다.

이러한 한국적 상황에 그다지 부합하지 않는 프랜차이즈 계약 조건은 열성적으로 점포를 운영하고 싶어하는 창업자들의 관심을 다른 업체로 돌리는 요소가 되고 있다.

뿐만 아니라 맥도날드는 특유의 정책을 엄격하게 준수해야 한다. 맥도날드는 수십 년 동안 세계 거의 전 지역에서 패스트푸드 사업을 하고 있기 때문에, 이를 통제하기 위해서 엄격한 자신들만의 방침을 고수하고 있다.

가맹점들은 이러한 본사의 방침에서 조금이라도 이탈하면 가맹점으로서의 권리를 빼앗기게 되므로, 자신의 독특한 사업환경을 전혀 고려하지 못한 채 따라갈 수밖에 없다. 즉 맥도날드 가맹점은 사업상의 자율권을 전혀 부여받지 못한 채, 본사의 일괄적이고 획일적인 정책을 따라야 한다.

반면 롯데리아는 다이렉트 프랜차이즈 형태를 취하고 있다. 다이렉트 프랜차이즈 방식은 프랜차이즈 본사와 1:1 계약을 통해 개인이 사업권을 부여받는 방식이다. 이러한 프랜차이즈 전개방식의 특징을 살펴보면, 우선 별도의 가맹계약에 대한 엄격한 기준이 없어 가맹점 계약자에게 부담을 주지 않는다는 점이다.

또한 프랜차이즈 계약과 함께 교육을 받아야 하지만, 대부분 점포운영의 기본적인 것에 대한 교육이고, 많은 부분은 점포에서 실제 사업을 하면서 어느 정도 자율적으로 익혀가도록 한다. 즉 가맹점주 입장에서는 타 업체에 비해 본사로부터 상당 부분 경영의 자율권을 부여받을 수 있으므로 자신의 사업이라는 생각이 강해져 보다 사업에 몰두하게 되고, 이에 따라 경영실적 역시 좋아지는 장점이 있다.

또한 외국계 프랜차이즈 업체와는 달리 해외로 나가는 로열티가 없는 데다 로열티의 비율도 높지 않기 때문에 이윤을 높일 수 있고, 점포운영의 위험을 줄이는 효과도 주고 있다.

롯데리아의 가맹점 전개방식이 장점만 있는 것은 아니다. 현재 점포 수가 700개를 넘어서면서 이에 대한 관리의 문제가 상당 부분 어려운 것이 사실이다. 게다가 80% 이상이 가맹점 형태이기 때문에 본사의 방침을 쉽게 전달하기 어렵고, 통제에 문제가 있기 때문에 이에 대한 관리비용도 적지 않다는 문제점이 있다.

롯데리아는 이러한 문제점을 해결하기 위해서 우선 정보 시스템을 활용하고 있다. 또한 가맹점들과의 컨벤션을 개최하여 본사와 가맹점이 지향해야 할 가치를 분명히 전달해줌으로써 본사와 가맹점 간의 시너지 효과를 극대화하고 있다. 뿐만 아니라 70여 명의 슈퍼바이저들이 점주들에게 본사의 방침을 전달하고, 가맹점의 경영상 어려운 점을 본사에 전달하여 서로 신뢰를 쌓을 수 있도록 하고 있다.

롯데리아는 다이렉트 프랜차이즈 방식을 통해 전국적으로 꾸준히 점포 수를 늘릴 수 있었고, 국내 최대의 패스트푸드 업체로 발돋움하는 계기를 마련할 수 있었다.

■ 기본에 충실한 관리(QCST)

롯데리아 점포의 가장 근본적인 운영방침은 기본에 충실하자는 것이다. 패스트푸드 사업의 기본적인 핵심은 QCST로 표현되는 품질, 청결, 서비스, 신속이라고 할 수 있다.

이러한 기본 4원칙은 '점포는 손님을 위해 존재한다'는 명제 아래 고객의 점포에 대한 충성도를 높이는 주요 요인이 되고 있다. 롯데리아는 경제위기나 경쟁업체의 도전에 맞설 때 이러한 기본 4원칙을 가장 중시하였고, 이를 바탕으로 위기를 극복해나갔다.

먼저 품질관리(Quality)는 패스트푸드의 가장 기본적인 사항이라고 할 수 있다. '품질관리'는 신선도가 높은 상품을 정해진 조건으로 제공하는 것을 뜻한다.

롯데리아는 햄버거 패티의 재료 성분은 물론, 햄버거에 쓰이는 고기의 지방 함유율, 굽는 온도, 제조 후 판매시간까지 완벽한 매뉴얼에 의해 세부 항목으로 규정하고 있다. 모든 요소를 완벽하게 매뉴얼화하여 규정함으로써, 고객들에게 제공되는 제품은 항상 신선도가 유지되도록 세심한 주의를 기울이고 있다. 이와 같이 롯데리아는 외식사업의 가장 기본인 음식의 품질을 중시하여 품질을 향상시키는 데 지속적인 노력을 하고 있다.

가장 기본이 되는 원료를 입고할 때 위해물질 분석, 원료를 공급하는 협력업체의 현장 위생점검 실시, 모든 원부재료의 입고검사, 냉동·냉장·상온의 온도별 배송 시스템 구축, 다양한 종류의 패티 제공, 법적인 유통기한에 비해 짧은 유통기한 준수, 가능한 한 국산 원재료 사용 등은 롯데리아의 품질관리를 위한 노력

그림 7-18 롯데리아의 기본 4원칙

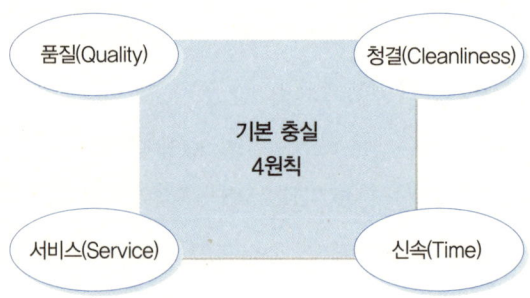

의 좋은 예라 할 수 있다.

두 번째로 롯데리아는 청결 및 위생관리(Cleanliness)를 패스트푸드점의 기본으로 생각하여 충실히 관리하고 있다. 예를 들어 점포 내 모든 조리작업의 매뉴얼화, 원부재료의 생산공장 현장 품질검사를 하고, 월 단위로 모든 점포에 5개 중점 품목에 대한 미생물 검사, 다운작업 등은 좋은 예이다.

여기서 다운작업이란 그날 사용한 모든 주방기기를 완전히 분해한 후 눈에 보이지 않는 부분까지 깨끗이 청소한 다음 건조시키는 것을 의미한다.

세 번째로 롯데리아는 서비스 관리(Service) 면에서도 차별적인 가치를 제공함으로써 우위를 점하고 있다. 예를 들어 접점직원(메이트)들에 대한 교육 강화, 매년 서비스 경진대회 실시, 4S운동 (Smile, Speed, Sincerity, Speaking)과 신바람 고객감동 운동, 엔젤제도 등이 좋은 예이다.

:: 읽을거리
광주 충장점의 위기극복 사례

롯데리아 광주 충장점은 1997년에 91평, 148석 규모의 매장을 광주 중심가에 개점하였다. 그런데 1999년 100평 면적에 객석 194석의 압도적 여건을 지닌 맥도날드가 바로 옆에 개점하게 되었다. 맥도날드는 아르바이트생을 다 합쳐 총 50여 명이 근무하고 있었고, 롯데리아에는 단 23명의 직원이 일을 하고 있었다. 두 점포의 경쟁은 누가 봐도 규모 면에서 압도적인 맥도날드의 우세였다.

하지만 경쟁사가 막대한 자금력과 제품할인을 통해 압박했음에도 불구하고, 이 지역에서 롯데리아 점포가 경쟁사 점포에 비해 훨씬 더 우수한 경영실적을 기록하였다. 이 점포의 점장은 성공요인을 맥도날드와의 출혈경쟁을 피하고, 맛과 서비스에서 차별화로 승부를 걸겠다는 목표 아래 가장 기본이 되는 QCST(Quality, Cleanliness, Service, Time)의 관리에 최선을 다한 결과라고 평가했다. 특히 평상시에는 QCST를 통해 점포의 고객관리를 철저히 하고, 각종 이벤트 행사를 통해 단골고객을 늘려갔던 것이 주효했다. 물론 본부의 여러 가지 지원정책도 빼놓을 수 없는 성공비결이라 할 수 있다.

마지막으로 신속관리(Time)를 위해 롯데리아는 모든 과정이 매뉴얼을 통해 진행되도록 하고 있으며, 점포별로 매일매일의 데이터를 활용하여 고객의 흐름을 파악하고, 가설설정과 개선과정을 통해 정보를 축적해간다. 이를 통해 시간대별 수요량을 예측하고, 고객에게 바로 만든 신선한 제품을 제공할 수 있다. 또한 업계 최초로 JIT(Just In Time) 시스템을 도입하여 신선한 양질의 제품을 보다 신속하게 제공하고 있다.

■ 정보화 및 물류 시스템

프랜차이즈 체인점 수가 늘어날수록 그 중요성이 확대되는 것이 정보 시스템과 물류 시스템이다. 점포 수가 많지 않을 때는 별다른 시스템이 없어도 본사에서 점포에 정책을 전달하거나 점포의 경영상 어려움을 해결해주는 일이 그다지 어렵지 않다. 하지만 체인망이 확대될 경우 통제 및 원부재료의 배송, 점포 경영실적 등에 관한 작업이 점점 어려워진다.

이를 해결할 수 있는 방안은 정보화 시스템과 물류 시스템을 갖추는 일이다. 롯데리아는 국내에서는 가장 큰 체인망을 갖추고 있기 때문에 이에 대한 필요성이 어느 업체보다도 크다고 할 수 있다.

또한 롯데리아는 1989년 패스트푸드 업계 최초로 효율적인 관리를 위한 POS 시스템을 도입하였다. 점포 전산화를 위한 POS 시스템 프로그램은 일일 매출실적 관리, 일일 재고현황(창고, 점포), 일일 배송신청 및 직송품 관리, 회계관리, 급여관리 및 인사관리 등에 관한 것이다.

POS 시스템의 가동으로 과거에는 점포에서 본사에 보고하던 매출일보나 기타 부기업무 등에 소요되던 제반 경비를 절감할 수 있었다. 또한 본사에서는 판매현황, 재고관리 및 배송계획 등을 직접 관장함으로써 점포의 부담을 덜어줌은 물론, 고객이 원하는 제품을 적시에 공급할 수 있게 되어 서비스의 질적 향상과 함께 다른 업체와의 경쟁에서도 한 발 앞서가는 계기를 마련할 수 있었다.

POS 시스템의 도입은 당시로서는 상당히 앞선 단계에서 이루어진 것이었다. 이를 통해 롯데리아가 어느 업체보다도 정보화에 일찍 눈을 돌렸음을 알 수 있다.

　뿐만 아니라 롯데리아는 다가올 1,000점포 시대에 대응하기 위해 신정보 시스템을 개발하였다. 기본 방침인 '본사와 가맹점, 그리고 협력업체가 한 배를 탄 공동운명체라는 인식 아래 가맹점 중심 경영'을 정착시키기 위해서는 본사가 일관적으로 점포를 관리하는 것은 효율적인 측면에서 거의 불가능한 일이라고 할 수 있다. 〈그림 7-19〉는 신정보 시스템이 어떤 방식으로 운영되는지 보여주고 있다.

　이러한 신정보 시스템을 활용하면 한 점포에서 발생하는 하나의 정보가 전체 시스템 망에서 모두 인식된다. 매입, 물류, 회계 및 예산정보가 실시간으로 업데이트되고, 이에 따라 원가정보 및 인사급여, 인센티브 등에 관한 정보가 다시 영향을 받게 된다. 롯데리아는 이러한 종합적 시스템을 갖춤으로써 1,000점포 시대에도 수많은 점포에 대한 경영관리와 업무통제에 순조롭게 대응할 수 있을 것이다.

　뿐만 아니라 롯데리아는 지식관리 시스템인 'RIA NET'를 2000년 말에 완성하여 본사 직원들간의 정보교류를 원활하게 하고 있다.

　한편 패스트푸드의 생명은 신선도인데, 이를 위해서는 물류 시스템을 얼마나 잘 갖추느냐가 매우 중요하다. 롯데리아는 물류 시스템의 중요성을 일찌감치 간파하고 업계 최초로 '물류센터'를

그림 7-19 롯데리아의 신정보 시스템 개념도

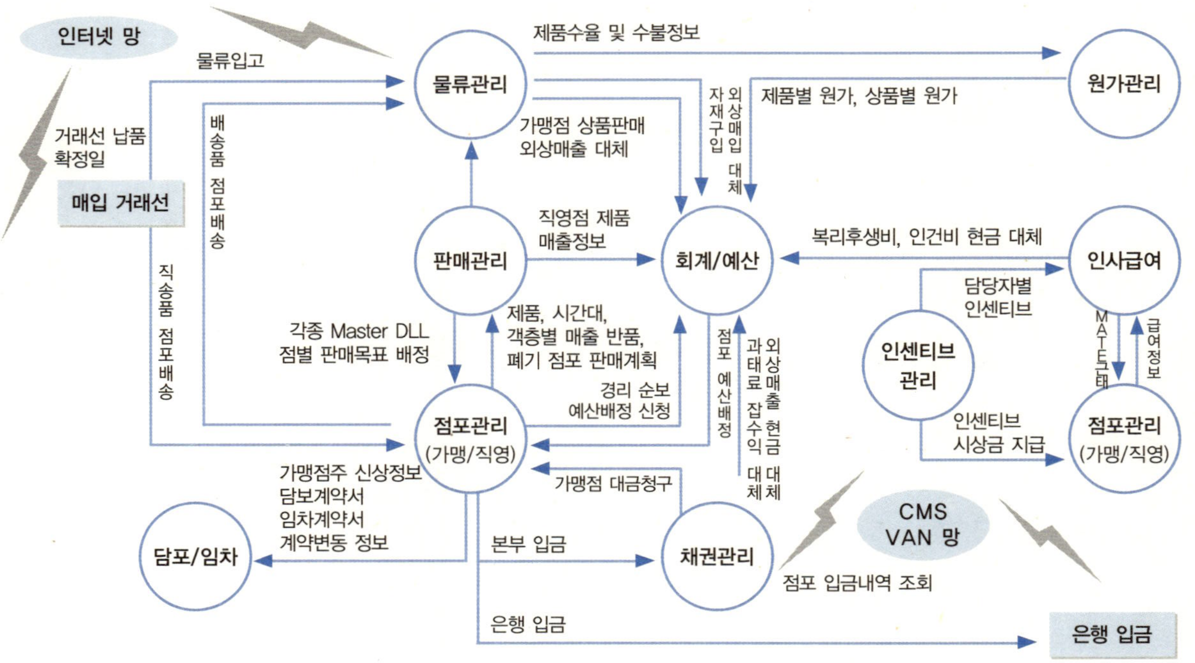

운영하여 원부자재의 회전율을 높였다.

또한 잦은 배송과 적시배송 시스템으로 손실을 최소함으로써 점포경영의 합리화를 꾀하였다. 현재는 수도권을 담당하는 기흥물류센터와 중부지방을 담당하는 중부물류센터, 남부지방을 담당하는 김해물류센터가 운영되고 있으며, 원부재료의 배송에 관해서 업계 최고의 정확성과 신속성을 자랑하고 있다.

외식 프랜차이즈 시장 세분화, 표적고객 선정, 포지셔닝

시장 세분화란 전체 시장을 전략적으로 관리하고, 자원을 집중할 수 있는 크기로 나누는 것을 의미한다. 일반적으로는 연령, 성별, 직업, 라이프스타일 등의 고객 특성이나 구매시기, 구매장소, 구매량, 구매방식 등의 구매행동을 기준으로 시장을 나누는 경우가 많다.

하지만 고객 특성이나 구매행동만으로는 고객의 욕구를 정확히 구분하기 어렵고, 고객 특성이나 구매행동이 다른 고객일지라도 같은 구매욕구를 가지고 있는 경우가 많으므로, 고객욕구를 기준으로 시장을 나누는 것이 가장 바람직하다 할 수 있다.

다음은 고객욕구를 기초로 국내 햄버거 시장을 나누어보겠다.

시장 세분화를 위한 첫 번째 단계는 고객의 구매욕구가 무엇인지 발견해야 한다.

구매욕구군의 추출

소비자 조사 결과, 햄버거 전문점에서 가장 중요하다고 여기는 부분은 크게 6가지 요인으로 나타났다. 매장 분위기, 식사환경, 위치, 판매원, 상품기획, MD, 판매촉진이다. 각 요인은 세부적으로 고객이 어떻게 느끼는지에 따라 고객 만족도와 고객 충성도를 높이는 데 민감하게 작용한다.

표 7-3 구매욕구군

제1요인 : 매장 분위기 관련 요인

- 높은 인지도
- 독특한 매장경험을 제공해준다
- 매장 디스플레이가 좋다
- 매장과 나의 이미지가 일치한다
- 매장의 음악이 마음에 든다
- 매장 이미지가 세련되다

제2요인 : 식사환경 관련 요인

- 매장에 앉을 좌석이 충분하다
- 매장이 넓다
- 좋은 냄새가 난다
- 매장이 청결하다
- 매장이 혼잡하지 않다

제3요인 : 위치 관련 요인

- 매장위치를 알고 있다
- 매장위치가 가깝다
- 매장이 찾기 편하다

제4요인 : 판매원 관련 요인

- 판매원이 친절하다
- 판매원이 공손하다
- 판매원이 용모 단정하다
- 주문처리가 신속하다

제5요인 : MD 관련 요인

- 햄버거가 맛이 있다
- 다양한 먹을거리를 판다
- 신상품을 자주 출시한다
- 가격이 적당하다
- 햄버거 종류가 많다
- 위생적이다
- 먹기 편리하다

제6요인 : 판매촉진 관련 요인

- 많이 주문하면 선물을 준다
- 쿠폰을 쓸 수 있다
- 종종 가격을 할인해준다

시장 세분화와 포지셔닝

이러한 6가지 구매욕구군을 기초로 통계적인 분석방법을 통해 시장을 세분화했을 때, 고객은 크게 4부류로 나누어졌다. 분위기 추구형 고객(45.7%), 제품·서비스 추구형 고객(14.2%), 경제성 추구형 고객(20.8%), 식사 추구형 고객(19.3%)이다. 이들 고객집단의 특징을 구체적으로 살펴보면 〈표 7-4〉와 같다.

표에 나타난 바와 같이 햄버거 전문점 고객은 분위기를 추구하는 고객이 가장 많다. 이들은 월 소비지출이 많은 20대 초반의 대학생들로서, 저녁시간에 분위기 있는 매장에서 친구 또는 연인과 간식을 즐기기 위해 매장을 방문하는 고객들이 대부분이다. 다음으로 많은 집단은 경제성 추구형 집단인데, 이들은 20대 후반의 남학생 또는 남자 직장인으로서, 별다른 욕구 없이 햄버거로 간단한 식사를 대신하려는 고객이다.

표 7-4 세분화된 고객집단

구분	분위기 추구형(45.7%)	제품·서비스 추구형(14.2%)
고객 정의	월 소비지출이 많은 20대 초반의 대학생으로서, 저녁시간에 분위기 있는 매장에서 친구 또는 연인과 간식을 즐기기 위해 매장을 방문하는 고객	월 소비지출이 적은 10대 초반의 여자 어린이로서, 가격에 민감하며 친구들과 햄버거를 먹기 위해 매장을 방문하는 고객
주요 특성	-20대 초반 대학생 -월 소비지출 31만 원 -명품 선호, 친인터넷 성향 -월 평균 7.13회 방문 (방문횟수 가장 많음) -매장에서 정보탐색 -햄버거 세트 구매 -맥도날드 주 이용	-10대 초반 초등학생 -여자 비율이 다소 높음 -월 소비지출 17만 원 -가격 민감, 환경 지향 성향 -TV에서 정보탐색 -햄버거 단품 구매 -롯데리아 주 이용
구분	경제성 추구형(20.8%)	식사 추구형(19.3%)
고객 정의	20대 후반의 남학생 또는 남자 직장인으로서, 별다른 욕구 없이 햄버거로 간단한 식사를 대신하려고 매장을 방문하는 고객	10대 후반의 구매력을 갖춘 여자 중고등학생으로서, 저녁시간에 친구들과 특별한 식사를 하기 위해 매장을 방문하는 고객
주요 특성	-20대 후반 대학생 또는 직장인 -남자 비율이 가장 높음 -월 소비지출 25만 원 -TV에서 정보탐색 -햄버거 단품 구매 (단품 구매비율이 가장 높음) -롯데리아 주 이용	-10대 후반 중고등학생 -여자 비율이 다소 높음 -월 소비지출 28만 원 -환경 지향 성향 -매장에서 정보탐색 -햄버거 단품 구매 -맥도날드 주 이용

| 그림 7-20 | 고객집단의 도식화

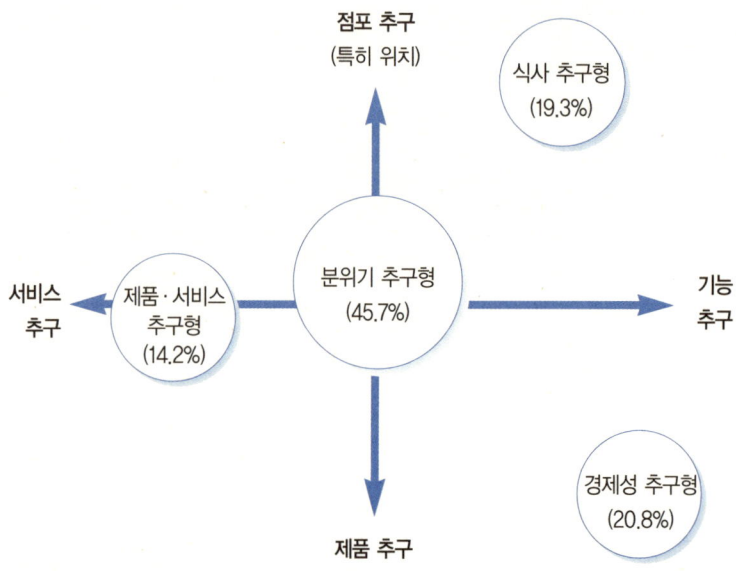

이밖에 저녁시간에 친구들과 특별한 식사를 하기 위해 매장을 방문하는 식사 추구형 고객집단, 가격에 민감하고 친구들과 햄버거를 먹기 위해 방문하는 어린이 집단 등으로 나눌 수 있다. 이들 4개 고객집단의 각기 차별적인 위치를 도식화해보면 〈그림 7-20〉과 같다.

이상적인 햄버거 전문점 스타일

이제 나누어진 고객집단별로 그 집단에 가장 적합한 점포 스타일을 찾아보자. 햄버거 전문점은 점포 스타일에 따라 4가지로 나누어볼 수 있다. 분위기 추구형 소매점포, 제품·서비스 추구형 소매점포, 경제성 추구형 소매점포, 식사 추구형 소매점포이다. 각 소매점포는 고객의 욕구가 다르므로 그 욕구를 반영하기 위해 다양하게 나타난다. 〈표 7-5〉는 4가지 소매점포에 대해 자세하게 정리한 것이다.

표에 나타난 바와 같이 햄버거 전문점에 대한 고객의 욕구는 매

표 7-5 이상적인 햄버거 전문점 유형

분위기 추구형

서비스 콘셉트	독특한 경험과 즐거움이 있는 만남을 제공
매장 분위기	-매장 내, 특히 천장이나 벽, 화장실 등을 흥미로운 장식, 그림 등으로 디자인 -현장에서 즉석으로 햄버거를 요리하는 코너와 요리사 비치 → 요리하는 모습을 일종의 '쇼'와 같이 연출하여 고객에게 즐거움 제공 -간단한 오락(오늘의 운세, 행운 퀴즈 등)을 할 수 있는 터치스크린 설치 -매장이 혼잡하지 않도록 좌석간 통로를 넓게 함 -TV 모니터 등을 설치해서 기다리는 고객이 심심하지 않게 함
식사환경	-테이블 모양이나 배치를 보다 다양하게 함 -테이블에 서랍이나 걸이를 설치하여, 고객의 가방이나 짐을 놓을 수 있게 함 -딱딱한 의자보다는 편안함을 줄 수 있는 인체공학적 의자 비치
위치	-대학로, 신촌 등과 같은 대학가에 입지 -길거리에 안내 광고판을 설치하여 매장에 대한 호기심을 유발
판매원·판촉	-햄버거의 특징, 재료, 유행 등을 고객에게 설명해주는 햄버거 전문가 배치 -인터넷을 잘 사용하므로, 인터넷을 이용한 광고·홍보활동 개시
MD	-햄버거 포장에 친구들끼리 즐길 수 있는 간단한 게임(가위바위보 등) 인쇄 -다양한 맛과 모양의 미니버거를 마련해, 이것저것 골라먹는 즐거움을 제공 -기념일을 맞은 고객에게는 햄버거 케이크를 햄버거 단품 가격으로 제공

제품·서비스 추구형

서비스 콘셉트	어린이를 위한 맛과 가치를 제공
매장 분위기	- 어린이들이 좋아하는 캐릭터와 그림으로 매장, 테이블, 좌석 등을 디자인 - 매장 내에 가격할인 품목, 저가 품목에 대한 안내 포스터, POP 부착
식사환경	- 높이가 낮은 어린이용 전용 좌석, 또는 어린이용 이동 좌석을 비치 - 햄버거와 관련된 재미있는 내용이 담긴 글 또는 만화를 테이블에 부착
위치	- 주택가, 공원 주변 등에 입지 - 점포 외관, 조명, 음악, 로고, 캐릭터 등을 어린이들의 눈에 띄기 쉽게 사용
판매원·판촉	- 햄버거 단품을 구매하는 어린이 고객에게 친절 - 가격할인 및 쿠폰사용 확대
MD	- 크기가 작고 가격이 저렴한 어린이용 햄버거 제공 - 적은 비용으로 여러 가지 햄버거를 맛볼 수 있는 미니버거 제공

경제성 추구형

서비스 콘셉트	바쁜 직장인을 위한 간편하고 빠른 식사 제공
매장 분위기	- 매장에 테이크아웃 코너를 설치 → 매장 밖에서 햄버거를 주문하여 들고 갈 수 있게 함 - 맛있는 냄새가 매장 주변에 나도록 별도의 요리시설을 테이크아웃 코너에 설치 - 인터넷 검색, e메일 확인 등을 할 수 있는 간단한 컴퓨터 시설 설치
식사환경	- 혼자서 먹을 수 있는 1인용 테이블 설치 - 서서 먹을 수 있는 테이블 설치
위치	- 도심, 사무실이 밀집되어 있는 지역, 학교 주변 등에 입지
판매원·판촉	- 이른 아침, 늦은 밤에도 테이크아웃 코너는 운영 - 테이크아웃 제품은 가격을 할인해줌
MD	- 따뜻한 우유 등이 포함된 Breakfast Set 제공 - 따뜻한 커피 등이 포함된 Midnight Meal Set 제공 - 들고 가면서 먹을 수 있는 제품포장 개발

식사 추구형

서비스 콘셉트	색다른 맛과 특별한 식사 제공(일상적인 식사로부터 탈출)
매장 분위기	- 셀프요리 코너 설치 → 판매대에서 요리재료를 구입하여 셀프요리 코너에서 직접 요리해서 먹음 - 매장, 화장실 등이 청결하고 위생적이란 느낌이 들 수 있도록 청소 철저
식사환경	- 인체공학적인 편안한 의자 비치 - 이동 가능한 테이블 및 좌석을 비치
위치	- 번화가, 대학가 등에 입지 - 학생들이 많이 모이는 곳에 입지
판매원·판촉	- 고객이 요리한 햄버거를 포장할 경우 '롯데리아 홍길동(고객 이름) 버거'라고 적힌 스티커 부착 - 고객의 요리를 조언해주고 맛을 평가해줄 수 있는 요리 전문가 배치 - 고객의 옆에서 청소(특히 대걸레질)하지 않음
MD	- 다양한 맛의 재료와 다양한 모양, 크기의 빵을 구비 - 각종 미니버거를 제공해주고 고객이 스스로 세트를 구성할 수 있게 함

우 다양하며, 이에 부응하기 위해서는 표적고객 집단에 맞는 점포차별화 전략을 수행해야 한다. 예를 들어 분위기 추구형 집단을 표적고객 집단으로 선정하였다면, 독특한 경험과 즐거움(Fun)이 있는 만남을 제공해주어야 한다. 이를 위해 매장 내, 특히 천장이나 벽, 화장실 등을 흥미로운 장식으로 디자인해야 하며, '요리쇼'와 같은 이벤트를 개최하고, 매장 내에서 간단한 오락, TV시청 등을 할 수 있게 배려해주는 것이 중요하다.

보다 즐거운 식사를 위해 테이블 디자인이나 배치에도 관심을 가져야 하며, 햄버거에 대한 다양한 지식을 제공해주는 햄버거 전문가를 매장 내에 배치하는 것도 좋은 방법이다. 또한 햄버거도 단순히 맛있는 제품을 제공한다기보다 포장이나 제품 디자인 등을 통해 즐거움을 제공해줄 수 있어야 한다.

롯데리아의 소매 마케팅 전략

롯데리아 소매 마케팅의 특징은 다음 5가지로 요약할 수 있다. 첫째, 체계적인 고객관리, 둘째, 독특한 신상품 개발, 셋째, 제품 중심의 커뮤니케이션, 넷째, 가치 극대화 전략, 다섯째, 다점포화 전략이다.

체계적인 고객관리 : CRM을 통해 고객을 만족시킨다

롯데리아의 고객관리는 크게 세 가지 측면에서 살펴볼 수 있다. 'CRM 구축을 통한 고객만족 실현', '고객친화 정책', '신세대의 빠른 취향 변화에 신속한 대응'이다.

먼저 CRM은 고객과 관련된 자료를 분석하여 고객 특성에 기초한 마케팅 활동을 계획, 지원 평가하여 개별 고객에게 맞는 서비

| 그림 7-21 | 롯데리아 소매 마케팅의 특징

체계적인 고객관리
CRM을 통해 고객을 만족시킨다

독특한 신상품 개발
한국인의 입맛에 맞춘다

롯데리아의 소매 마케팅

다점포화 전략
고객이 원하는 곳은 어디든지 간다

제품 중심의 커뮤니케이션
광고를 통해 브랜드 이미지를 높인다

가치 극대화 전략
가격보다는 가치를 추구한다

스를 제공하고 고객의 수익 극대화를 지향하는 시스템이다. 개별 고객에게 맞춤 서비스를 제공하고 고객의 불만을 적시에 해소하여 고객 서비스의 신속성과 고객만족을 지향할 수 있도록 운영되고 있다.

이렇게 구축된 CRM 인프라를 기초로 하여 롯데리아 고객 서비스팀에서는 고객의 다양한 욕구를 파악하고 정확한 분석을 하여 고객과의 커뮤니케이션 확대, 고객이 원하는 다양한 프로모션 설정, 고객에 대한 피드백을 지속적으로 실시, 궁극적인 고객만족과 감동에 큰 역할을 하고 있다.

다음으로 롯데리아는 고객친화적인 정책을 기반으로 고객들이 언제 어디에서나 고품질의 제품을 부담없는 가격에 맛볼 수 있도록 최선을 다했고, 재미있고 웃음을 주는 CF 광고로 더욱 친숙하게 고객들에게 다가갔으며, 더 나아가 기업의 이윤을 사회에 환원함으로써 고객들을 붙잡아두는 데 성공했다.

마지막으로 롯데리아는 신세대의 빠른 취향 변화에 신속하게 대응하고 있다. 신세대들은 보편적이고 대중적인 서비스를 거부한다. 그들은 각자의 개성에 맞는 서비스를 원하고 빠르게 변화하고 있다. 신세대의 변화에 대응하기 위한 롯데리아의 대응책은 이미지 개선, 차별화된 서비스 제공, 다양한 할인·이벤트·판촉 행사 등으로 압축할 수 있다.

이미지 개선이란 계속적으로 재미있고 경쾌한 광고를 통해 신세대 이미지를 확보하면서 전반적인 로고, 유니폼, 매장 인테리어를 개선하여 신세대의 변화에 발맞추어가는 것을 말한다.

개성이 강한 신세대에게는 1:1 서비스 수준을 갖추지 않으면 안 된다. 따라서 롯데리아에선 신세대뿐만 아니라 모든 고객들에게 고객카드를 매개로 차별화된 서비스를 제공할 것이다. 한편 할인·판촉·이벤트 등을 통해서 롯데리아는 계속적으로 신세대의 취향 변화를 모니터링하면서 변화에 대응해나가고 있다.

독특한 신상품 개발 : 한국인의 입맛에 맞춘다

■ 맛 : 가장 미국적인 음식을 가장 한국적으로 만들다

롯데리아가 세계적 브랜드 파워를 지닌 맥도날드를 누르고 시장우위를 차지하기 위해서는 자신만의 강점으로 상대의 약점을 공격해야만 했다. 맥도날드의 세계적으로 표준화된 맛은 바로 약점이 되었으며, 롯데리아는 1990년대 들어 '햄버거 독립'이라는 사명을 내걸고 한국식 햄버거 개발에 온 힘을 쏟았다.

롯데리아는 1987년 한국의 대표 음식이라 할 수 있는 불고기를 햄버거와 접목시켜 '불고기버거'를 개발했고, 이를 필두로 1998년 불갈비버거, 1999년 라이스버거, 2000년 새우라이스버거와 디저트 메뉴인 오징어링, 2001년에는 김치버거, 2004년 한우불고기버거와 불타는 오징어버거를 선보이는 등 한국인의 입맛을 공략한 신제품을 가장 먼저 출시하면서 시장을 선점하고 있다.

또한 강한 소스맛을 좋아하는 한국인의 기호에 맞춰 제품의 소스를 다른 업체에 비해 좀더 진하게 만들어내고 있으며, 제품의 원료배합 비율도 1년에 2~3회 이상 수정하는 등 한국인의 입맛에 다가서기 위한 노력을 게을리 하지 않고 있다.

한편 롯데리아는 입맛뿐만 아니라 한국인의 정서까지 고려하고 있다. 예를 들어 IMF 당시 IMF버거를 출시한 것이나, 매출액보다는 상징적 의미가 강한 라이스버거류를 선보인 것 등이 그 좋은 예이다.

■ 브랜드 : 우리 브랜드를 키운다

롯데리아의 브랜드명을 살펴보면 롯데리아(Lotteria)는 롯데(Lotte)와 카페테리아(Cafeteria)의 합성어이다. 즉 'Lotteria'는 우리나라 기업인 롯데에서 운영하는 셀프 서비스 형태의 서구식 햄버거점을 의미한다.

외식사업의 특성상, 특히 버거류라는 아이템의 특성상 애국심

:: 읽을거리
김치 원조 코리아 : 코리아 대표버거, 김치버거!

롯데리아는 새로운 토종 메뉴 '김치버거'를 2001년 9월 1일 본격 시판하였다. 김치버거는 수년간의 제품개발과 철저한 소비자 기호조사를 통해 얻어낸 롯데리아의 야심작이다. 수천 번이 넘는 테스트를 통해 우리 입맛에 가장 잘 맞는 김치맛을 찾아낸 롯데리아 상품개발팀은 "김치 없이 못 사는 한국인의 입맛에 맞추기 위해 사각사각 씹히는 김치와 밥으로 만든 번스, 부드러운 치즈로 맛의 조화를 이루었다"고 김치버거를 표현했다.

2002년 월드컵을 계기로 김치버거는 한국을 방문한 많은 외국인들로부터 큰 관심을 모았고 세계인의 입맛을 사로잡았다. 스위스 제네바에서 열린 제24차 국제식품규격위원회(Codex)에서 우리의 김치(KIMCH)가 일본의 기무치(KIMUCH)의 도전을 꺾고 공식적으로 인정받아 이제 한국은 공인 김치 종주국이 되었다.

또 김치의 주재료인 고추의 캡사이신이라는 성분이 아드레날린의 분비를 늘려 체지방의 분해를 촉진시킨다는 사실이 여러 연구를 통해 밝혀진 바 있다. 이렇게 김치에 대한 관심이 고조되는 가운데 롯데리아는 김치버거를 출시하여 다시 한 번 토종 햄버거의 자부심을 불러일으키고 있다.

새로운 맛을 추구하는 신세대와 햄버거의 느끼함을 꺼리는 중장년층 모두에게 인기를 얻고 있는 김치버거는 출시하자마자 날개 돋친 듯 팔려나가 8월 한 달에만 180만여 개가 판매되었다.

김치버거가 갖는 의미는 사회문화적인 측면에만 국한되는 것이 아니다. 경제적 측면에서 볼 때 쌀 소비를 촉진시키는 효과도 가지고 있다. 식생활 문화가 변하면서 연간 쌀 소비량은 1인당 93kg까지 떨어졌고 재고량도 연 160만 톤에 이르는 상황이다. 이렇게 밥을 외면하는 식생활 문화가 확산되고 있는 최근의 동향에 대해 쌀 소비를 촉진하려는 방안으로 쌀 응용 가공식품들이 속속 개발되고 있다. 김치버거도 이러한 쌀 응용식품의 연장선상에 있다.

에 소구하는 브랜드 전략이 이상적인 전략이라고 할 수는 없다. 특히 단기적으로는 롯데리아가 로컬 브랜드(Local Brand)가 아닌 외국의 브랜드였더라면 성장이 훨씬 빠르고 수월했을 것이라고 보는 견해도 많다.

실제로 롯데리아도 초기에 소공동에 1호점을 개점했을 당시 종업원들이 문법에 맞지 않는 어색한 영어로 주문을 복창함으로써 외국의 브랜드를 들여왔다는 차원에서 소비자들에게 소구하였다. 또한 당시 롯데가 우리나라 사람에 의해 창업되긴 했지만 일본 기업이라는 인식이 소비자들 사이에 많이 깔려 있던 시기라 롯데리아는 미국 브랜드 같기도 하고 일본 브랜드 같기도 한 애매모호한 브랜드 이미지를 가지고 있었다.

그후 맥도날드나 버거킹 등 외국 브랜드들이 국내에 상륙하면서 롯데리아는 버거의 원조인 미국에는 없는 브랜드라는 이유로 많은 고전을 하였고, 정면돌파라는 차원에서 토종 브랜드임을 강조해가며 외국 브랜드에 대응하였다. 외국 브랜드에 비해 어려운 길을 택한 것은 사실이지만, 장기적인 관점에서 하나의 브랜드를 키워내고 그 브랜드의 가치를 갖게 한다는 기업전략이 성공을 거둔 사례라고 할 수 있다.

■ 제품 디자인 : 좋은 원재료가 맛의 비결이다

고객의 입맛을 최우선으로 생각하는 롯데리아는 항상 고객의 생활습관이나 기호를 조사하여 고객의 입맛에 맞는 신제품을 개발하고 있다. 음식은 비록 외국에서 온 것이라도 맛만은 우리 입

그림 7-22 롯데리아의 신상품 개발과정

아이디어 회의
- 국내시장 조사
- 해외시장 조사
- 소비자 성향 조사
- 신제품 자료 수집
- 관련 부서 아이디어 공유
- 인터넷 정보검색

기초조사
- 영업, 마케팅, 중앙연구소 등 관련 부서간 조사내용 공유
- 해외시장 조사
- 소비자 성향 조사
- 신제품 자료 수집
- 신소재, 신기술 조사

방향설정
- 표적시장 결정
- 상품성 검토
- 메뉴의 특성 및 활용방안 마련
- 기존 제품의 개선 가능성 검토
- 방향 조사
- 벤치마킹

연구개발
- 내용 구성물 결정
- 각종 원료의 배합구성 조합
- 공급업체 조사
- 업체의 시장성 및 생산 가능성 검토
- 예상 기초원가 산정
- 제조공정의 연구 보완

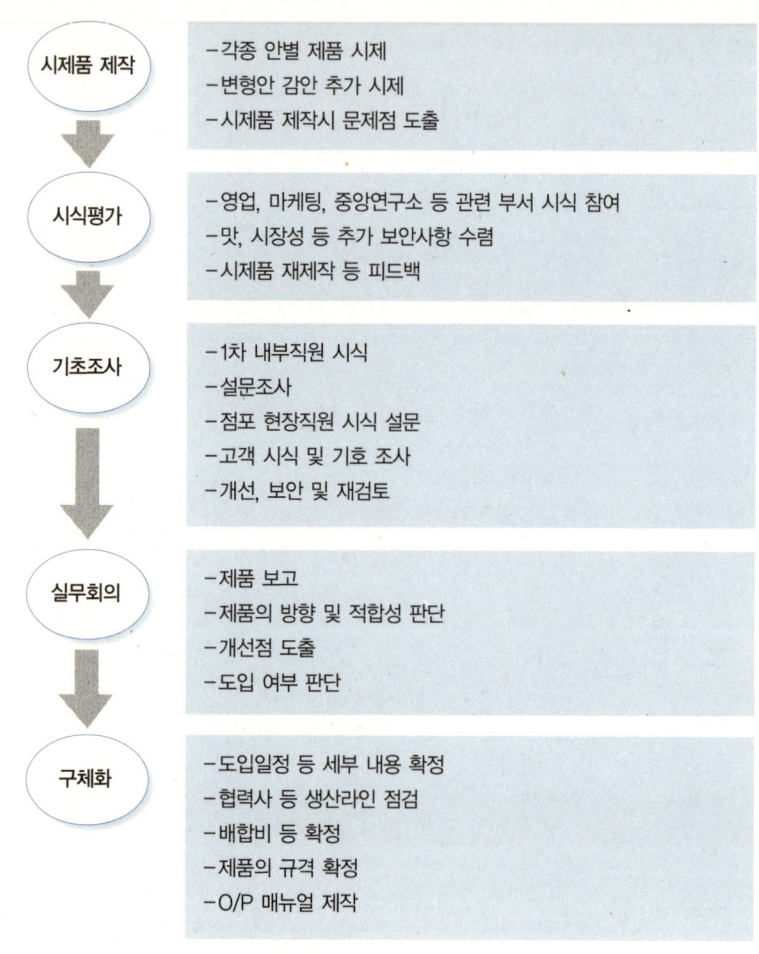

맛에 맞게 개발하고자 하는 창의적인 노력을 본사의 상품개발팀과 롯데그룹의 중앙연구소에서 지속적으로 하고 있다. 〈그림 7-22〉는 롯데리아의 신상품 개발과정을 도식화한 것이다.

〈그림 7-22〉를 보면 롯데리아의 신상품 개발과정은 고객이 만

족할 때까지 반복되는 제품개발과 테스트, 그리고 제품수정으로 이루어지고 있다. 그리고 무엇보다도 좋은 원재료를 사용하고자 하는 롯데리아의 정성이 담겨 있다.

롯데리아 햄버거는 신선하고 필수영양소를 충분히 함유한 원재료로 만든다. 제아무리 맛있는 음식이라도 몇 번 이상 먹으면 그 맛에 질리게 마련이다. 햄버거 역시 이런 현상에서 벗어나지는 못한다.

롯데리아는 이러한 소비자들의 반응에 대비하기 위해 다양한 메뉴를 개발한다. 새우버거, 불고기버거 등은 경쟁사에서 출시하기 오래전부터 롯데리아의 메뉴판을 장식하고 있던 제품이다. 이는 롯데리아가 상당히 빠르게 많은 메뉴를 개발해왔음을 보여주고 있다.

롯데리아는 새로운 제품의 개발에도 노력을 기울이지만 기존 제품의 특성을 보다 개선시키는 노력도 지속하고 있다. 새우라이스버거가 그 예이다. 새우라이스버거는 기존의 새우버거와 라이스버거의 맛을 내어 소비자들이 다양한 종류의 제품을 선택할 수 있도록 만들어낸 것이다.

■ 포장 : 환경친화적으로 접근한다

롯데리아는 쓰레기 문제를 해결하기 위한 시민운동협의회와 공동으로 일회용품 없는 햄버거점을 운영하기 위해 매장 방문객이 가장 많은 점포 중 하나인 종로 관철점을 시범매장을 지정하고 캠페인을 진행한 바 있다.

그림 7-23 일회용품 안 쓰기 캠페인 시범점포

2003년 5월부터 실시된 일회용품 안 쓰기 캠페인은 컵, 스푼 등의 일회용품을 여러 번 사용할 수 있는 것으로 대체하고 쟁반에 깔아주는 트레이 매트를 사용하지 않으며, 컵 뚜껑, 빨대, 물수건 등은 원하는 고객에게만 제공한다. 특히 개인용 컵을 소지하고 있는 고객들에게는 탄산음료를 무료로 제공한다.

■ 로고 : 어필할 수 있는 로고가 필요하다

1990년대 중반 이후 롯데리아의 전국 점포망이 급격히 증가해 실질적인 의미에서 다점포 시대가 시작되었고, 경쟁업체 역시 점포망이 증가하였다. 이에 따라 이들과 차별화되고 소비자들이 한눈에 롯데리아를 알아볼 수 있도록 하는 통일성 문제가 더욱 부

그림 7-24 롯데리아와 맥도날드의 심벌마크

롯데리아　　　　　　　맥도날드

각되었다.

　심벌마크는 영문 LOTTERIA의 L과 O를 모티브로 삼아 제작된 것으로, L의 직선은 안전과 안심을 뜻한다. O는 고객의 요구와 시장의 변화에 능동적으로 대응하는 유연한 기업임을 의미한다. 색상은 붉은색을 기조로 하여 햄버거 번(Bun)의 오렌지색을 배색으로 선정하였다.

　롯데리아의 심벌마크는 맥도날드의 M처럼 아직 소비자들에게 각인되어 있지도 않고 한국적인 토종 브랜드라는 사실을 소구해 주지도 않는다.

　또한 빨간색과 오렌지색이 보색관계가 아니다 보니 시각적으로 눈에 확 띄지도 않아 브랜드나 제품의 디자인, 기능에 비해서는 약한 부분으로 지적받고 있다.

■ **제품 관련 서비스 : 서비스는 환경과 위생에서 시작된다**

　롯데리아는 2000년 10월 2일 국제표준화기구에서 제정한 품질

그림 7-25 롯데리아 ISO9001 인증 획득

　경영 및 품질보증에 관한 세계 최고의 권위를 자랑하는 ISO인증 기관 SGS ICS KOREA로부터 롯데리아 본사 및 직영점을 대상으로 ISO9001 인증을 획득하였다.
　이에 따라 롯데리아는 날로 심화되고 있는 햄버거 업계 경쟁에서 우위를 확고히 하고 양질의 서비스를 제공할 수 있게 되었으며, 이번 인증 획득의 주역인 직영점은 다른 햄버거 업체의 벤치마킹 대상이 되었다.
　이처럼 롯데리아는 ISO9001 인증 획득을 계기로 체계적이고 표준화된 품질경영 시스템을 통해 업무의 효율성을 높이고, 사내 품질검사와 교육·훈련 등을 지속적으로 전개하고 있다.

제품 중심의 커뮤니케이션 : 광고를 통해 브랜드 이미지를 높인다

롯데리아의 소매 커뮤니케이션 전략은 광고, 홍보, 판촉, 판매원, 점포 분위기 측면에서 살펴볼 수 있다.

■ 광고

롯데리아의 광고 콘셉트는 '즐거움, 유머, 코믹' 이다. 롯데리아 광고는 소비자에게 즐거움을 준다. 이 즐거움은 광고에서 끝나는 것이 아니라 소비자로 하여금 롯데리아 매장을 더 자주 찾게 만든다.

그리고 그 광고 속의 이미지를 떠올리며 햄버거를 구입하게 한다. 즉 롯데리아 햄버거는 기능적인 제품만 강조하는 것이 아니라 엔터테인먼트가 담겨 있는 감정적인 기쁨을 강조하는 감각적 제품이라는 것을 설명해주기도 한다.

그림 7-26 즐거움, 유머, 코믹을 제공해주는 롯데리아의 광고

그림 7-27 롯데리아 광고의 독특한 광고문안

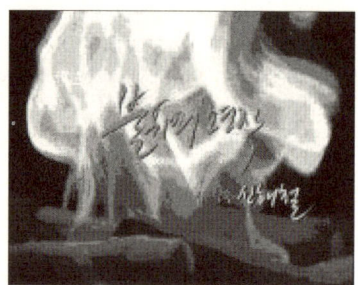

롯데리아는 광고문구가 좋기로도 유명하다. 〈그림 7-27〉에 나타난 광고는 광고카피가 잘된 사례라 할 수 있다.

롯데리아는 김치버거의 신제품 론칭 광고를 할 때 제품의 속성을 강조하는 이성적 광고가 좀더 효과적일 것이라는 판단에 '김치가 식탁을 떠났습니다. 김치의 화려한 변신-롯데리아 김치버거' 라는 문안을 사용했다.

이는 식탁에서 빠질 수 없는 반찬으로 인식되어오던 김치를 가장 서양적인 음식인 햄버거에 접목시키는 과정에서, 김치는 식탁에서나 볼 수 있는 음식이라는 소비자의 고정관념을 깨뜨리는 퓨전 제품으로 포지셔닝한 것이다.

또한 한때 선풍적인 인기를 끌었던 크랩버거의 경우 '니들이 게맛을 알아', 최근 텐더그릴치킨버거는 '불위의 명작' 등으로 즐거우면서도 제품의 특징을 정확히 전달하는 광고 카피를 사용하고 있다.

■ 홍보

롯데리아는 홍보를 통해서도 롯데리아 햄버거의 우수성을 알리고 있다. 다음은 김치버거에 대한 신문기사 내용의 일부로 롯데리아 김치버거에 대한 고객의 신뢰를 높여주고 있다.

다음 기사에서 알 수 있듯이 최근 쌀 소비량이 줄어 사회적 문제가 되고 있는데 쌀 소비를 늘린다는 기사는 롯데리아에 대한 좋은 이미지를 심어줄 수 있다. 그리고 이 기사는 김치버거를 간접적으로 홍보하는 효과도 발생시켜 사람들에게 김치버거에 대한 호기심을 불러일으킬 수 있다.

이밖에도 '좋은 세상 만들기' 캠페인, 기금운동, 여러 가지 상장 수상 등은 롯데리아를 홍보하는 데 매우 큰 역할을 하고 있다.

:: 읽을거리
김치버거에 대한 신문기사

롯데리아는 김치 퓨전인 김치버거가 쌀과 김치의 소비를 늘리는 사회·경제적 효과가 있다는 이색 주장을 내놨다. 지난 1998년 이후 김치 소비가 해마다 2~7%씩 감소하고, 쌀 소비량도 1인당 연 93kg까지 떨어졌는데, 이는 젊은 세대의 입맛이 서구화되면서 밥과 김치를 기피하기 때문이라고 분석했다. 결국 세대에 따라 식생활이 이처럼 변하는 가운데 밥과 김치를 치즈 등과 함께 퓨전으로 개발한 김치버거가 나와 김치와 쌀 소비를 늘리게 됐다는 얘기다.

김치버거는 9월 초 시판돼 24일까지 100만여 개나 팔렸다. 김치버거 한 개에 들어가는 쌀은 110g이며 연간 1,500만 개를 판다면 쌀 소비량만 연 1,650톤에 이른다. 이는 우리 나라 전체 쌀 소비량의 0.04%이다.

최근에는 소아암환자 돕기, 불우 안면기형 아동환자 돕기, 소년소녀 가장 돕기, 결식아동을 위한 명품버거 사랑나눔 캠페인 등 표적고객을 위한 활발한 홍보활동을 하고 있다.

그림 7-28 롯데리아의 홍보활동

■ **판매촉진**

롯데리아는 다양한 판촉활동도 수행하고 있다. 어린이 세트를 구매하는 모든 고객에게 특별선물로 춤추는 동물인형을 증정하였고, 또한 김치버거의 전 점포 시판을 기념해 김치버거 세트 구매시 100% 당첨 스크래치 카드를 제공, 즉석에서 김치버거 할인권과 별주부 해로가 드리는 '꼬비꼬비' 만화영화 VCD 등의 경품을 증정했다. 롯데리아 홈페이지에서는 고객카드를 작성한 고객들에게 LCD모니터, 디지털카메라, MP3플레이어 제품교환권 등 푸짐한 경품을 주는 행사도 하였다.

뿐만 아니라 롯데리아에서는 가격할인 행사와 더불어 고객카드 발급행사도 한층 더 강화하고 있다. 특히 롯데그룹 계열사에서 공통으로 사용할 수 있는 롯데포인트를 적립 및 이용할 수 있게 하고 있다. 최근에는 오전 11:00~오후 2:00 점심시간에 4,000원 상당의 햄버거를 3,000원에 먹을 수 있게 했으며, 신제품 텐더그릴치킨버거의 구매고객에게 가수 신해철 목소리의 통화연결음을 제공하기도 하였다.

롯데리아는 이러한 여러 가지 판촉활동을 통해 소비자가 기존에 가지고 있던 가격과 가치 간의 관계를 변화시키고 궁극적으로 판매량을 증가시킬 수 있었고, 여러 가지 프리미엄을 이용해 반복구매를 이끌어내기도 했다.

■ **판매원**

롯데리아는 판매원 관리에도 강점을 가지고 있다. 롯데리아는

그림 7-29 롯데리아의 다양한 판매촉진

1980년에 연수센터를 설립했고, 1995년 서조빌딩에 햄버거대학 개념의 새로운 연수센터를 설립했다. 연수센터에서는 판매, 고객, 원부자재, 회계, 인력관리 등 모든 분야의 업무를 교육하여 관리자를 양성한다.

특히 실제 점포와 같은 교육장에서 직원들간에 롤 플레이(Role Play)를 통해 현장교육 및 실습을 실시하는 MGR 육성과정은 다양한 정기교육과 특별교육을 실시함으로써, 현장 근무자 및 상품개발 담당자에 이르기까지 다양한 현장감각을 익히고 경험하게 한다. 또한 전국 지점 산하에 교육장을 확대하고 있으며, 우수 근무자를 선발하여 해외연수를 보내 외국의 선진 패스트푸드 시스템을 배우게 하고 있다.

사원들에 대한 교육제도뿐 아니라 복지제도도 잘 되어 있다. 복지사항으로는 보험혜택, 인센티브 제도, 휴가, 콘도 운영, 서클활동 지원 등이 있다. 또한 점포관리자 육성 차원에서 필요한 전문지식과 기술을 지속적으로 교육받게 하여, 개인의 능력과 자질을 향상시킨다. 차후 적성 및 능력에 따라 중국, 베트남 등의 해외지역 영업의 기회가 주어지며, 상품개발 및 점포개발 등의 경력을 쌓을 기회도 주어진다.

판매원에 대한 회사의 이러한 적극적인 교육·복지제도로 인해 롯데리아 사원들은 자사에 대한 정보, 고객의 사전욕구를 파악하는 데 전문가가 되고 있으며, 소비자의 욕구에 따라 즉각적인 반응을 보여주어 고객을 만족시킨다.

뿐만 아니라 롯데리아는 엔젤제도를 실시하고 있다. 엔젤은 객석 전문 도우미이다. 수시로 매장을 돌아다니면서 좌석을 정리하고, 동시에 불편과 불만을 해결해주면서 고객 서비스를 강화하는 제도이다.

이렇게 함으로써 일반적 고객 서비스 시스템과 달리 좀더 고객 가까이에서 고객의 목소리를 듣는 제도를 마련하였다. 게다가 '안녕하세요' 라는 인사말과 '기다리게 해서 죄송합니다' 라는 말이 직원들의 입에 철저히 배어 있게 함으로써 고객이 편안한 마음으로 서비스를 받게 하고 있다.

■ 점포 분위기

롯데리아는 화려하고 깔끔한 점포환경을 위해 매장을 항상 청결하게 유지한다. 특히 매장 벽면이 매장의 전체적인 분위기를 좌우하므로 매장 벽면을 청결하게 유지하고 있다.

롯데리아 매장에서 가장 엄격한 일 중 하나는 클로징이라는 작업이다. 클로징팀은 건장한 남자 직원들로 구성되며, 이들은 매장영업이 끝난 후부터 본격적인 활동에 들어간다. 이들의 임무는 매장 내 조리 기자재 거의 대부분의 기기와 장비를 낱낱이 분해하여 소독하고 닦고 말리며, 바닥과 벽, 식탁, 의자 등 눈에 보이는 대부분의 부위를 닦는 것이다.

또한 평소 일하는 아르바이트 직원이 하루에 손을 소독하는 횟수는 최소한 열 번일 정도로 위생적이다. 이로 인해 고객에게 안전한 음식을 제공하고, 그만큼 믿고 다시 찾을 수 있는 곳으로 만들고 있다.

점포의 청결뿐만 아니라 인테리어도 롯데리아의 이미지에 맞게 꾸미고 있다. 특히 색상은 활기차고 롯데리아를 상징하는 빨간색으로 되어 있어 롯데리아에 대한 인식이 더욱 확고하게 구축된다. 색상은 음악이나 조명과도 잘 조화를 이루고 있다.

또한 고객의 욕구를 파악하여 지루하지 않게 음악을 수시로 바꿔주고 있다. 롯데리아는 조명으로 상품을 돋보이게 하고, 공간을 장식하며, 점포에 좋은 인상을 주어 고객이 점포에 들어섰을 때 즐거운 분위기를 느끼도록 도와주며, 나아가 쇼핑 고객의 시선을 끌면서 점포로 유인하는 효과도 가져다준다.

〈그림 7-30〉은 롯데리아 신인테리어 설문조사 이벤트에 관한 것이다. 롯데리아는 점포 분위기도 계속적으로 개선해나가기 위해 많은 노력을 기울이고 있다. 뿐만 아니라 고객의 욕구에 맞추

그림 7-30 점포 분위기를 개선하기 위한 롯데리아의 노력

기 위해 롯데리아 신인테리어 설문지 이벤트를 열어 설문지에 대답한 고객들을 추첨하여 사은품을 주는 행사도 실시했다.

가치 극대화 전략 : 가격보다는 가치를 추구한다

국내 햄버거 시장은 매장 수가 급속히 확대되면서, 업체들간의 경쟁이 심화되고 있다. 마케팅에서 흔히 말하는 제품 수명주기의 성숙기에 나타나는 현상이 여기저기서 보이고 있다. 제품이 매우 다양해졌고, 경쟁이 치열해졌으며, 롯데리아나 맥도날드 같은 대표적인 브랜드는 표적시장에서 브랜드 인지율이 100%에 가깝게 나타나고 있다. 더 이상 제품의 차별화를 추구하는 것이 쉽지 않으며, 그에 따라 치열한 가격경쟁이 벌어지고 있다.

롯데리아는 2000년부터 TV CF '절반편'을 통해 햄버거 업계에서 파격적인 50% 가격할인 행사를 대대적으로 홍보하면서 본격적인 가격할인 경쟁에 뛰어들었다. 하지만 롯데리아는 가격보다는 가치를 추구하고 있다. 앞서 언급한 QCST 원칙을 통해 가장 기본적인 제품의 맛과 품질을 높일 뿐 아니라 고객들에게 다양한 편익을 제공해주고 있다.

■ 롯데리아는 즐겁다-Love Station Lotteria

일단 매장을 방문한 고객들에게 만족을 주려면 제품 이외의 요소도 필요하다. 메뉴가 얼마나 다양하고 얼마나 맛이 있는가도 물론 중요하지만, 단순히 '먹는 행위'에 초점을 맞추는 것이 아니라, 고객이 햄버거를 먹으면서 보내는 시간 동안 최대한 편안한 마음으로 즐겁게 즐길 수 있는 환경을 제공해주어야 한다.

롯데리아는 '매장환경이 고객의 첫인상을 결정한다'는 생각으로 즐겁고 편안한 분위기로 고객에게 다가가려고 애쓴다. 기존의 롯데리아 매장은 할리우드 스타일과 스포츠 스타일의 콘셉트로 꾸몄으나, 최근 리뉴얼하여 오픈한 종로점부터는 새로운 콘셉트의 인테리어를 도입하였다.

매장을 방문하는 고객들이 브랜드에 대한 정보를 감지할 수 있도록 유도하는 데 중점을 둔 매장 인테리어로 롯데리아를 상징하는 색을 사용, 단순한 디자인으로 미니멀리즘을 추구한다. 또 타원형과 유선형을 매장 전반에 사용하여 현재 미국 등 선진국에서 유행하는 이미지를 국내 감각에 맞게 변모시켰다. 롯데리아는 첨단, 세련됨, 고급스러움을 지향하는 새로운 인테리어 콘셉트를 도입하여 기존의 이미지를 한층 높이는 데 주력하고 있다.

또한 'Love Station Lotteria'라는 슬로건으로 'a Place for Family'라는 맥도날드의 브랜드 이미지에 대항하여 친근하고 가족적인 이미지 정착을 꾀하고 있으며, 그와 함께 즐거움이 있는 롯데리아, 기쁨이 있는 롯데리아를 지향하고 있다.

또한 롯데리아는 전체적인 매장 분위기에 신경 쓰는 한편, 고객의 욕구를 세밀하게 파악하여 고객에게 편의를 제공하려고 노력한다. 여기서는 가장 특징적인 서비스, 즉 은행 서비스, 신김포공항점 서비스, 신정보 시스템 서비스, 엔젤제도, 고객 클레임 처리의 5가지 서비스 사례를 중심으로 살펴보겠다.

■ 은행 서비스

롯데리아는 2001년 7월, 패스트푸드 업계 최초로 매장에 최첨단 ATM(금융 자동화 기기)을 설치, 매장 방문고객들이 다양한 금융 서비스를 이용할 수 있게 하였다. 또한 롯데리아는 @bank 서비스를 실시하여, 고객들이 은행이나 증권, 보험사에 일일이 찾아갈 필요 없이 가까운 롯데리아 매점에서 대부분의 금융업무를 간편하게 처리할 수 있게 되었다.

처음에는 서울지역 2개 점포(종로점, 영등포 공원점)에서 시범 운영하였으며, 이후 서울과 경기지역의 모든 직영점으로 서비스를 확대하였고, 최근에는 전국 모든 점포에서 롯데리아 @bank 서비스를 이용할 수 있도록 하였다. 전국 매장으로 서비스가 확대되어 수도권에 비해 상대적으로 금융 서비스 환경이 열악한 지역 주민들까지도 롯데리아 매장을 방문하여 편리한 금융 서비스의 혜택을 누릴 수 있다.

롯데리아 @bank 이용고객은 기본적인 현금 입출금 및 조회, 계좌이체, 서비스 이체, 대출이자 납부 등의 은행 업무와 카드론을 비롯한 신용카드 거래, 각종 정보조회와 매매주문 서비스가 제공되는 증권거래, 보험료의 송금과 제증명 발급, 정보조회 등의 보험거래 서비스를 이용할 수 있다.

향후 롯데리아는 이 서비스를 각종 공과금 수납, 연극, 영화, 콘도, 호텔 등의 티켓 발매 및 예약, 이메일 확인으로까지 확대 시행할 예정이다.

■ 신김포공항점의 새로운 서비스

2001년 개점한 신김포공항점의 새로운 서비스는 롯데리아가 고객만족을 위해 한 걸음 더 나아간 것이라고 평가할 수 있다.

첫 번째 신규 서비스는 비즈니스맨과 네티즌들을 위한 인터넷 공간과 사이버 스페이스를 제공하는 것으로, 전체 매장규모의 40%에 가까운 80여 평의 공간을 무선 인터넷을 사용할 수 있게 만들었다.

무선 랜카드가 장착되어 있는 노트북 사용자들은 훨씬 간편하게 인터넷을 이용할 수 있으며, PDA와 이동통신기기들과 연계가 가능하여 많은 고객들에게 편리한 공간으로 자리잡았다.

물론 인터넷 서비스를 이용할 수 있는 최신형 PC도 설치되어 있다. 현재 7대의 PC를 설치하고 롯데리아 고객이면 누구나 무료로 인터넷을 이용할 수 있게 했으며, 향후 고객들의 반응을 고려하여 PC를 추가 설치할 예정이다.

두 번째 신규 서비스는 매장 내 최초로 여성 전용 파우더룸을 설치한 것이다. 백화점이나 고급 레스토랑 등에서 여성 고객들의 편의를 위해 설치하던 파우더룸이 이제 햄버거 매장 내에 최초로 도입되었다. 이는 매장 한편에 별도의 공간으로 설치되어 여성들이 타인의 시선을 의식하지 않으며 화장을 고치거나 휴식을 취할 수 있도록 배려하였다.

20대 여성들은 패스트푸드의 주 고객층으로서 향후 패스트푸드의 지속적인 성장을 의미하며, 외식시장에 전반적으로 매우 큰 영향을 주고 있다.

| 그림 7-31 | 롯데리아의 새로운 서비스 |

▲ 인터넷 공간과 사이버 스페이스 제공

▶ 여성 전용 파우더룸 설치

따라서 이들의 욕구를 파악하고 적절히 수용하는 것은 의미 있는 일이라 할 수 있다. 파우더룸 공간 역시 고객들의 반응을 살펴 향후 확대 실시할 예정이다.

최근 압구정점에서도 인터넷 시설과 차별화된 테이블 구성, 간이 세면대 설치 등으로 고객의 만족을 얻고 있다.

롯데리아에서 가장 우선시하는 것은 대고객 서비스이다. 롯데리아의 이용고객은 월 평균 2,000만 명에 달한다. 따라서 서비스 품질향상을 통한 고객만족 없이는 롯데리아 자체가 존재할 수 없을 것이다.

■ 엔젤제도

롯데리아에서는 매장 내에 고객 서비스만 전담하는 엔젤을 두는 엔젤제도를 통해서 한 차원 높은 서비스를 제공하고 있다. 한 번에 여러 가지 일을 담당해야 하는 점원들은 바쁠수록 고객에 대한 서비스에 소홀해지기 쉽다.

따라서 고객 서비스만 맡고 있는 점원을 배치하는 것은 고객의 불만이나 불편을 한 걸음 더 가까이서 직접 듣고 해결해줄 수 있는 기반을 마련해준다.

또한 롯데리아는 햄버거점이지만 카운터 서비스(고객이 직접 음식을 가져가고 치우는 것)와 테이블 서비스(고객의 자리까지 직접 음식을 가져다주는 등의 서비스)를 병행 실시함으로써 고객 편의를 최대한 도모하고 있다.

■ 고객 클레임 처리

고객 클레임 접수 경로는 자사 홈페이지(www.lotteria.com)의 '고객의 소리'를 이용하거나 각 지점에 설치 운영 중인 080 고객의 전화, 또는 롯데리아에서 운영하는 고객 상담센터를 이용할 수 있다.

고객 C/S팀은 홈페이지나 080 고객의 전화를 통해 접수된 고객 클레임 사항에 대해 문제점을 파악하고 처리를 전담하여, 고객의 입장에서 클레임이 완벽하게 해결될 수 있도록 세부사항이 진행된다.

점포 현장에서 접수되는 고객 클레임 사항은 현장에서 근무자가 즉시 처리하여 고객의 불만을 적시에 해소하고 고객 서비스의 신속성과 고객만족을 지향할 수 있도록 운영되고 있다.

다점포화 전략 : 고객이 원하는 곳은 어디든지 간다

롯데리아 홈페이지에 가면 전국의 매장을 찾아볼 수 있다. '어디에나 롯데리아' 라는 제목으로 시작되는 매장위치 안내 서비스는 '기차역마다', '지하철역마다', '고속터미널마다', '대형 매장마다' 로 분류되어 있다. 얼마나 많은 곳에 롯데리아가 진출해 있는지 알 수 있는 단적인 예이다.

〈그림 7-32〉를 보면 알 수 있듯이 '어디에나' 롯데리아 매장이 있다. 이제 롯데리아의 다점포화를 통한 시장확대 전략을 보다 구체적으로 살펴보자.

그림 7-32 롯데리아 매장찾기 '어디에나 롯데리아'

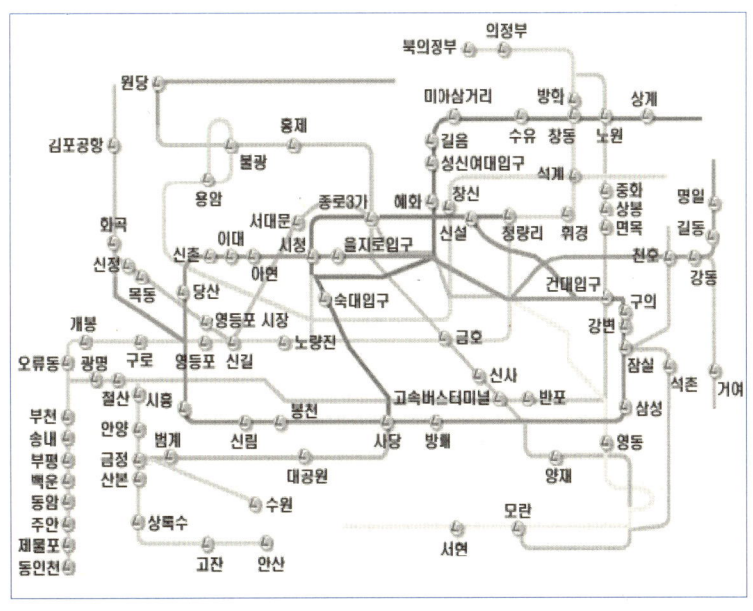

■ 다점포 전략을 통한 시장확대

롯데리아의 현재(2007년 6월 기준) 점포 수는 전국 730점이다. 1979년 10월 25일 롯데리아 출범과 동시에 제1호점인 소공점이 첫발을 내딛은 이후 28년이 지난 지금은 무려 730개의 점포가 전국적으로 생겨난 것이다. 이제 어디를 가든지 롯데리아를 찾기는 어렵지 않다.

이러한 성장을 이루기까지 많은 어려움이 있었던 것이 사실이다. 롯데리아가 햄버거를 도입할 당시만 해도 국내의 식생활 문화가 햄버거를 의아한 시선으로 바라보고 있었기 때문에 초반에는 고전을 면치 못했다. 이후 외국계 패스트푸드 업체들의 본격적인 국내 진출과 그에 따른 치열한 경쟁 등 오늘의 롯데리아가 있기까지는 많은 난관을 거쳐야 했다. 이런 점에서 볼 때 롯데리아가 이뤄낸 성공은 더욱 뜻깊은 것이라 할 수 있다.

특히 1998년 이후 우리 경제는 IMF 외환위기를 겪으면서 급격히 냉각되었고, 대부분의 기업들이 구조조정 내지는 사업규모 축소로 위기상황을 극복하려는 시도를 보여주었다. 그러나 롯데리아는 오히려 이러한 상황이 사업확장의 호기라고 판단했다.

외식산업에서 햄버거나 치킨류 시장은 비교적 저가의 상품들로 구성되어 있어 경기의 영향이 상대적으로 적었고, 고가 시장인 패밀리레스토랑이나 기호상품 시장에 가까운 커피전문점의 시장 축소가 예상되어, 역으로 롯데리아는 공격적인 매장확대 전략에 나선 것이다.

더욱이 외국계 햄버거점들이 국내에 진출해서 프랜차이즈의 본래 의미와 상반되는 직영점 형태의 매장만 운영한 데 반해, 롯데리아는 적극적으로 가맹점 유치를 추진해왔기에 이러한 매장확대 전략이 더욱 용이했다.

이와 더불어 광고비의 증액과 여러 가지 캠페인 시행, 지속적인 신제품 출시 등 공격적인 마케팅 전략은 시장점유율을 높이고 고객 선호도를 급상승시키는 결과를 보여주었다.

1990년대 중반기는 패밀리레스토랑 부문에서 대기업의 외식산업 참여가 더욱 가열되었고, 성장기를 구가하고 있던 국내 햄버거 업계는 선두업체간에 경쟁이 한층 격화된 시기였다. 특히 이

시기에는 자본력과 기술력에서 열세를 면치 못했던 국내 자생업체들이 대부분 퇴출되었고, 맥도날드 등 외국의 유명 브랜드를 내세운 다국적 기업들의 공격적인 마케팅이 두드러진 때였다.

그런 의미에서 창업 이래 업계 정상을 지켜온 롯데리아는 세계적인 다국적 기업인 외국계 브랜드에 맞서 국내 햄버거 시장을 보호하는 방패막이 역할을 훌륭히 수행했다는 데 산업적으로 큰 의의를 갖고 있다.

■ 새로운 형태의 점포개발

1996년에 국내 경제는 심각한 침체기를 겪었다. 롯데리아는 1997년 경영방침을 고객의 욕구를 적극적으로 충족시킬 수 있는 고객밀착 전략과 지역상권에 알맞은 영업전략 강화에 초점을 맞추었다.

아울러 국내 햄버거 시장에서 맥도날드 등 외국계 경쟁업체에 대한 압도적인 우위를 확보해 전국 시장을 석권하는 것은 물론, 향후 중국과 동남아 등지로 진출해 세계적인 외식 기업으로 성장한다는 장기 목표를 수립하였다.

이에 따라 기본 오퍼레이션에 충실함으로써 고객들을 기다리지 않게 하는 오퍼레이션 시스템 구축, 지역상권에 밀착할 수 있는 상권 특성별 점포 출점으로 브랜드 이미지 강화, 점포 특성에 맞는 광고 및 판촉행사 강화, 경쟁업체와의 차별화된 제품 이미지 캠페인 전개 및 대외홍보 강화 등을 기본 방침으로 설정하였다.

이러한 방침에 따라 1997년의 점포개발은 예년과 달리 직영점

| 그림 7-33 | 드라이브 스루 점포 |

을 적극적으로 개발하면서 업계 최초로 미래형 점포인 드라이브 스루점을 선보이는가 하면, 지역상권에 밀착된 새로운 점포개발 형태로 새틀라이트 점포(위성점포)를 선보였다. 아울러 가맹점 개발에도 더욱 박차를 가해 업계 최대의 점포망을 더욱 확대시켰다.

이제 롯데리아는 여행객들에게도 친숙하다. 항공여행을 하는 고객들을 위해서 공항에, 철도여행을 하는 사람들을 위해서 새마을호 열차 내에까지 들어갔다. 또한 드라이브 스루점까지……. 롯데리아는 이제 그야말로 '어디에나' 롯데리아가 되었다.

이상으로 외식 프랜차이즈의 소매 마케팅을 어떻게 수행하는지 롯데리아 사례를 통해 살펴보았다. 물론 외식 프랜차이즈는 매우 다양하고, 각 업체마다 처한 상황도 모두 다르다. 하지만 롯데리아의 성공적인 소매 마케팅 사례는 프랜차이즈를 연구하는 사람들뿐 아니라 외식 프랜차이즈업에 종사하는 실무자들에게도 벤치마킹의 좋은 대상이 될 것이다.

**중앙경제평론사
중앙생활사**

Joongang Economy Publishing Co./Joongang Life Publishing Co.

중앙경제평론사는 오늘보다 나은 내일을 창조한다는 신념 아래 설립된 경제·경영서 전문 출판사로서 성공을 꿈꾸는 직장인, 경영인에게 전문지식과 자기계발의 지혜를 주는 책을 발간하고 있습니다.

손에 잡히는 프랜차이즈 경영

초판 1쇄 발행 | 2008년 1월 23일
초판 3쇄 발행 | 2012년 4월 5일

지은이 | 오세조·김상덕(Sejo Oh·Sangdeog Kim)
펴낸이 | 최점옥(Jeomog Choi)
펴낸곳 | 중앙경제평론사(Joongang Economy Publishing Co.)

대　표 | 김용주
편　집 | 한옥수
기　획 | 정두철
디자인 | 이여비
마케팅 | 서선교
관　리 | 김영진
인터넷 | 김회승

출력 | 국제피알　종이 | 한솔PNS　인쇄 | 삼덕정판사　제본 | 광신제책사

잘못된 책은 바꾸어 드립니다.
가격은 표지 뒷면에 있습니다.

ISBN 978-89-6054-033-0(04320)
ISBN 978-89-6054-000-2(세트)

등록 | 1991년 4월 10일 제2-1153호
주소 | ㉾100-826 서울시 중구 다산로20길 5(신당4동 340-128) 중앙빌딩 4층
전화 | (02)2253-4463(代) 팩스 | (02)2253-7988
홈페이지 | www.japub.co.kr　이메일 | japub@naver.com | japub21@empas.com
♣ 중앙경제평론사는 중앙생활사·중앙에듀북스와 자매회사입니다.

Copyright ⓒ 2008 by 오세조·김상덕
이 책은 중앙경제평론사가 저작권자와의 계약에 따라 발행한 것이므로 본사의 서면 허락 없이는 어떠한 형태나 수단으로도 이 책의 내용을 이용하지 못합니다.
※ 이 책에 쓰인 본문 종이 E라이트는 국내 기술로 개발한 최신 종이로, 기존의 모조지나 서적지보다 더욱 가볍고 안전하며 눈의 피로를 덜도록 품질을 한 단계 높인 고급지입니다.

▶홈페이지에서 구입하시면 많은 혜택이 있습니다

※ 이 도서의 국립중앙도서관 출판시도서목록(CIP)은 e-CIP 홈페이지(www.nl.go.kr/cip.php)에서 이용하실 수 있습니다.(CIP제어번호: CIP2007004158)